大汉400年

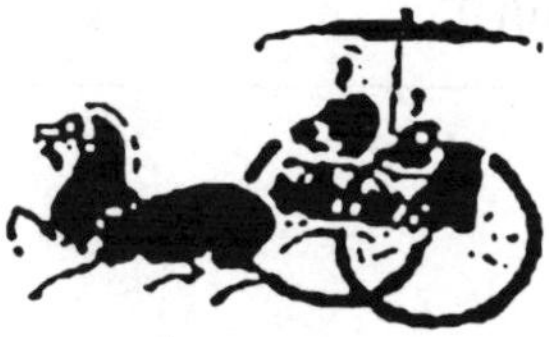

张嶔◎著

新世界出版社
NEW WORLD PRESS

图书在版编目（CIP）数据

大汉400年 / 张嵚著. -- 北京：新世界出版社，
2023.2（2025.3重印）
ISBN 978-7-5104-7632-7

Ⅰ. ①大… Ⅱ. ①张… Ⅲ. ①中国历史—汉代—通俗读物 Ⅳ. ① K234.09

中国版本图书馆CIP数据核字（2022）第231441号

大汉400年

作　　者：张　嵚
责任编辑：曲静敏
责任校对：宣　慧
责任印制：王宝根
出　　版：新世界出版社
网　　址：http://www.nwp.com.cn
社　　址：北京西城区百万庄大街24号（100037）
发 行 部：(010)6899 5968（电话） (010)6899 0635（电话）
总 编 室：(010)6899 5424（电话） (010)6832 6679（传真）
版 权 部：+8610 6899 6306（电话） nwpcd@sina.com（电邮）
印　　刷：天津旭丰源印刷有限公司
经　　销：新华书店
开　　本：710mm × 1000mm　1/16　尺寸：170mm × 240mm
字　　数：259千字　印张：19
版　　次：2023年2月第1版　2025年3月第5次印刷
书　　号：ISBN 978-7-5104-7632-7
定　　价：60.00元

目录

一 大汉帝王本纪

汉高祖刘邦：第一位草根皇帝

从公元前202年正月西楚霸王项羽乌江自刎，到二月二十八刘邦定陶登基，西汉建国，这短短的一个月里，刘邦干了很多大事。比如急匆匆地赶到山东，闪电般夺了齐王韩信的指挥权，把他的嫡系军队牢牢抓在手里；又比如煞费苦心地筹划登基典礼，册封母亲和妻儿，确立太子。

而除此之外，还有一件鲜为人知的“小事”，就是消灭项羽的最后一支嫡系——鲁公国。在楚怀王麾下时，项羽的封号就是鲁公，封地就在鲁国。从那时起，鲁国军民就对项羽保持至死不渝的忠诚，甚至在江东子弟兵于乌江覆灭后，鲁国的抵抗依然顽强。刘邦到达定陶后，第一件事并不是削夺韩信兵权，而是命属下捧着项羽的人头，送给正殊死抗击的鲁国人。确认项羽死亡的鲁国人，这才集体投降。而后，刘邦将项羽埋葬在山东平阴，葬礼以公爵的规格进行。亲自拜祭的刘邦，在项羽的坟前潸然泪下。

秦末汉初的八年内战，楚汉相争的四年恩仇，两位老兄弟的纠葛恩怨，都以这种方式彻底了断。

公元前202年五月，称帝的刘邦，在都城洛阳南宫举行宴会，犒劳西汉开国的功臣们。宴会上刘邦问了群臣一个问题："我能够赢项羽，关键原因在哪里？"部将王陵说："项羽打仗，虽然对部下表面尊重，却经常舍不得厚赏部下；而您却不一样，每次打了胜仗，都能公平地论功行赏，所有的战果都能归有功者。"刘邦却答："这不是主要原因，最重要的原因是我会用人，比如统兵打仗，我不如韩信；运筹帷幄，我不如张良；安抚后勤，我不如萧何。"因为这段对话，萧、韩、张三人从此被称为"西汉三杰"。但这段对话同样还有另一段"潜台词"：新朝开基，众将盼望的自然是厚赏，能封王当然是做梦都想，但刘邦却告诉大家，战果是他们刘家的，别人休想分享。

汉高祖刘邦（公元前256年—公元前195年），字季（一说原名季），沛县丰邑中阳里（今江苏丰县）人。出身平民阶级，秦朝时曾担任泗水亭长，起兵于沛（今江苏沛县），称沛公。秦亡后被封为汉王。后于楚汉战争中打败西楚霸王项羽，成为西汉开国皇帝。谥号为高皇帝，庙号高祖，汉景帝时改为太祖。自汉武帝时期司马迁开始，多以最初的庙号"高祖"称之，所以史称汉高祖、太祖高皇帝或汉高帝，葬于长陵。

刘邦有个毛病，就是好喝酒，特别是打了胜仗后，总喜欢开怀畅饮。可是在西汉王朝建国、天下大局已定后，他喝酒时却经常闷闷不乐。他当时担心两个人，一个是盘踞山东海岛上继续抵抗的齐王田横，一个是流落四方的楚国大将钟离昧。他先招降田横，没想到一开始同意投降的田横，在去洛阳觐见刘邦的路上反悔，居然当场自尽了。他留在岛上的五百个部下，到河南偃师拜祭了田横墓后，也自尽随田横而去。而东躲西藏的钟离昧，最后躲到了韩信处，直接成了刘邦步步清算韩信的口实。

项羽覆灭后，对待项羽的旧部们，刘邦的态度也是因人而异的。项羽的大将季布和刘邦的仇极大。当年刘邦在彭城被项羽打败，妻儿老小都是被季布抓的，季布还死死追赶刘邦的车驾，逼得刘邦差点儿把儿子扔下车。幸亏驾车的夏侯婴忠勇，才助刘邦逃过一劫。西汉建国后，刘邦重金缉拿逃亡的季布，除了千金悬赏外，还严令敢有藏匿季布者，全治株连三族之罪。无奈的季布，躲藏到了鲁国大户朱公家里。朱公敬佩季布忠勇，不但收留了他，还求到了夏侯婴门下，托夏侯婴为季布求情。夏侯婴劝刘邦说："季布当年那么对你，那是因为他是项羽的将领，是为项羽尽忠。你现在这么缉拿他，万一逼得他投奔别处，这不是把一个忠勇的人变成自己的敌人了吗？"就这一句话让刘邦改了主意。事后季布不但被赦免罪过，还官拜郎中。

但季布的舅舅丁公却没这么好命。刘邦被项羽围在彭城的时候，是靠向丁公行贿才得以逃出生天。但西汉建国后，自以为有功的丁公前来投奔，却被刘邦当场拿下斩首。刘邦解释说："我这么做，是为了告诫后来的臣子不要去效仿丁公啊！"

刘邦登基后做的一件大事就是迁都——把都城从洛阳迁到长安。这件事情是由镇守陇西的娄敬提出的。他能打动刘邦，一是因为他实诚。觐见刘邦的时候，推荐人虞将军请他换上华美朝服，娄敬回答说："我穿什么来的，就穿什么觐见天子，这种事上不能欺骗天子。"刘邦知道后，反而觉得他诚实可靠。二是因为娄敬的理由，直接切中了刘邦的要害。刘邦解释定都洛阳的原因时说："我定都洛阳，就是为了兴复周王朝的兴盛局面啊。"娄敬回答说："可是周王朝经过十几代经营，才灭了殷商。即使这样，它衰落的时候，诸侯说造反就造反了啊！您击败了项羽，可是现在国家贫弱如此，根本不是周王朝那时候的局面啊！"一句话先堵住了刘邦的嘴。为了说服刘邦，娄敬还拿打架来做例子，他认为关中地区好比一个人的咽喉，定都关中，就好比卡住了天下的咽喉。

话说到这个份儿上，刘邦还是犹豫不决，之后他召集群臣讨论，大多数人果然极力反对，但有个最关键的人支持迁都，就是张良。他的理由最终打动了刘邦："您和项羽争天下的时候，虽然屡战屡败，但不正是依靠了关中地区的战略资源，最终反败为胜吗？"这个理由也让刘邦最终拍板——迁都!

而提议迁都的娄敬，不但官封为郎中，更得到刘邦赐姓，于是，他在历史上的名字也就变成了刘敬。

登基后，刘邦面临的另一个苦恼，就是西汉还没有规矩。在他的治理下，大臣不像大臣，皇帝更不像皇帝。他手下的那些功臣武将，个个都是脾气火爆的大老粗，且为人毫无礼法，比如宫廷饮宴的时候，一个个还全是当年打天下时候的样子，动不动就为了一点小事大吵大闹。

刘邦解决这个问题的办法，就是趁着公元前200年长乐宫落成的机会，请儒生叔孙通制定朝仪。事前刘邦还特别嘱咐："你制定的朝仪可别太难了，起码得让我学会啊！"

叔孙通召集鲁地儒生，参照《周礼》，制定出一部庄重典雅的朝典。刘邦命令文武大臣们全听叔孙通调派，在野外整整彩排了一个多月。之后刘邦去检阅，对彩排的成果很满意，但又很奇怪地问叔孙通："他们上朝这么麻烦，那我干吗啊？"叔孙通答："您作为天子，只要接受他们的朝拜就可以了。"刘邦一听高兴了："这我会，这我会。"

公元前200年元旦，在长乐宫的落成仪式上，大汉帝国第一次按照叔孙通的朝仪，举行了朝贺仪式。整个仪式庄重典雅，仪仗宏大，朝堂秩序井然，官员恭敬有礼。感慨万分的刘邦发自内心地说："我今天第一次知道，做天子原来这么尊贵啊！"

刚当皇帝的刘邦，不但在外面不像个皇帝，在家也不像个皇帝。对他的父亲刘太公，刘邦还是按照封建孝道的要求，"五日一拜"。直到有一天，刘太公的管家看不过去了，对刘太公说："你儿子现在已经是皇帝了，你还让他给你下跪，这是大逆不道啊！"之后刘邦再来看父亲，刘太公就当场"扑通"跪倒，口中高呼万岁，如此情景，弄得刘邦也特别尴尬。

后来还是那位管家出主意，说秦始皇曾经册封自己过世的父亲为太上皇，不如你也依葫芦画瓢。公元前201年，刘邦正式册封刘太公为“太上皇”。就这样，刘太公也成了中国历史上第一位在活着的时候就被册封为太上皇的父亲。

刘邦在起兵造反前，在家乡是个公认的无赖，甚至那时候的刘太公也经常呵斥他。这笔旧账，后来刘邦当了皇帝，还经常拿来说事。比如就在公元前200年的长乐宫朝仪上，刘邦心里高兴，一下子多喝了两杯，借着酒劲对太上皇刘太公说：“以前我在老家的时候，你老说我哥能种地，可以给家里挣钱。你看看现在我和我哥，谁挣的家产大啊？”刘太公除了“呵呵”傻笑外，一句话也说不出。

话虽如此，但刘邦对老爹还是非常孝顺的。刘太公刚到长安时，虽然锦衣玉食，但老人时常想家，天天闷闷不乐。刘邦得知后，就在长安边上新修了一个镇，镇上的房屋布局摆设，和老家沛县一模一样，又让老家的乡民全都搬到镇上，这才把老头儿哄高兴了。

要论眼光，作为亲爹的刘太公，着实不如他的亲家——刘邦岳父吕太公。吕氏家族是周朝开国功臣吕尚之后。刘邦的皇后吕雉，年轻的时候也是当地的一朵鲜花，就连沛县县令的儿子求亲，都被拒之门外。当时吕家在沛县办宴会，赴宴的刘邦当时只是个亭长，连礼金都没带，到了宴会上，张口就说自己带来一万礼金，事后却又没钱给。

吕太公很奇怪，问宴会的记账会计：“这是个什么人啊？”会计回答说：“这人在我们这里很出名，从来喜欢吹牛，没一件事能干成。”吕太公却说：“嗯，我看这人不简单，将来一定大富大贵。这样吧，我把女儿嫁给他。”就这样，刘邦有了结发妻子吕雉。

后来的事实也证明了吕太公的眼光：吕太公最后受封临泗侯，他的两个儿子吕泽和吕释之，分别被封为成周侯和建吕侯，女儿吕雉更是母仪天下。而那位宴会上给吕太公介绍刘邦的会计，就是大汉朝的开国丞相萧何。

刘邦能战胜项羽，一个原因就是他师出有名。在楚汉战争开打前，他讨伐项羽的檄文里曾历数了项羽的种种罪状，比如杀害楚怀王、坑杀秦兵等。

但事实上，以“王者之师”起兵的刘邦，也有过不光彩的过去，比如秦末农民战争时期，他起兵的第一篇檄文，就是告诫沛县的父老乡亲，有敢不和他一道造反的，就“父子俱屠”，意思是不和我一起干的，全家都要杀光。项羽坑杀过四十万秦兵，而刘邦也干过类似的事，他灭秦路上攻克许昌时，居然将当地屠城。

刘邦做亭长的时候，虽然身份低微，却也很爱美。当时楚地的小吏，喜欢戴一种像喜鹊尾巴的帽子，刘邦看了后很喜欢，拿来改造了一下，帽子上换成沛县当地特产的笋壳，整天戴着四处招摇。当时乡人们纷纷嘲笑，说这是什么奇装异服。而后来刘邦做了皇帝，依然喜欢这种帽子，走到哪里戴到哪里。再后来，这种帽子成了中国历代皇帝祭祀时的专用礼帽，并有了一个庄重典雅的名字——竹皮礼冠。

刘邦另一条被人诟病的做派，就是他的流氓样。他不但自己流氓，还喜欢有流氓样的人。儒生郦食其第一次见刘邦的时候，先文绉绉地跟卫兵说：“我是高阳小民郦食其，听说沛公讨伐项羽，特意前来拜见，希望为他谋划天下大事。”刘邦一听就很反感，回话说：“我正忙着打仗呢，没空见他。”结果郦食其当场暴怒，拔剑对卫兵恶狠狠地说：“你去告诉姓刘的，高阳有个叫郦食其的酒徒要见他！”吓得卫兵屁滚尿流进去通报。刘邦闻听反而高兴了，赶快毕恭毕敬接见，结果郦食其劈头又是一顿骂：“你这个家伙没我有学问，又没我勇武，你凭什么打天下啊？”结果刘邦恭恭敬敬，以礼相待，听郦食其纵论天下大事。

“流氓”刘邦之所以能够招揽这么多人才，最关键的素质，就是他的大度。只要是对他有用的话，再难听他也听得进去；只要是自己犯的错，肯定会不顾面子去改。他对陆贾和郦食其，一开始的态度都极其狂傲，在被对方折服后，就改为终生的礼敬与信任。

另一儒生随何，在楚汉战争的关键时刻，说服淮南王英布归顺刘邦，为刘邦战胜项羽立下大功。战后论功行赏，刘邦随口说了句“只靠腐儒怎么能成事呢”，结果随何当场大怒，反问刘邦说：“如果给你五万人，你能打得过英布吗？”刘邦回答：“不能！”随何说：“那我一个腐儒，一个人干成了你用五万人都干不成的事，你不是连腐儒都不如吗？”如此被指着鼻子骂，刘邦非但不怒，反而立刻向随何道歉。

另外，刘邦终其一生，还创了另一项“纪录”——他是中国历史上少有的未诛杀过文臣的开国皇帝。

登基后的刘邦，在内外政策上除了抗击匈奴和诛灭异姓诸侯王两件大事外，还做了一件最重要的事情——休养生息。他的主要政策，一是对商人加收算赋，降低商人地位；二是减免农业税；三是大裁军，令西汉早年几十万军队归乡务农；四是厉行节俭，节约开支；五是奖励垦荒，鼓励生育。这一系列的政策，在后世有个通用的说法：重农抑商。

刘邦一生里有两次性命攸关的惨败：一次是楚汉战争中的彭城之战，而另一次，就是发生在公元前200年冬，刘邦讨伐匈奴的白登之围。此战刘邦先胜后败，被匈奴冒顿单于包围。

战败的原因，公认的说法是，刘邦在初战胜利后，轻信了谋士们“匈奴不堪一击”的论调，并将反对贸然决战的谋士刘敬下狱，以至于轻敌冒进，被冒顿单于包围在白登山。而后刘邦依陈平建议，游说冒顿单于的阏氏，最终劝说冒顿单于退兵。回朝后刘邦知错就改，不但赦免了刘敬，还依刘敬建议，对匈奴采取“和亲”政策。

按照《汉书》的记录，在那一场决战前，三十万汉军的粮草已经接近枯竭，决战是不可避免的。而冒顿单于最后的退兵，也不只因为阏氏的游说。按照《资治通鉴》的说法，刘邦被围困在白登山的七天，汉军顽强防守，也给了匈奴极大的杀伤。而另一路汉军周勃部，也正迅速向白登山攻来。若打不下白登山，匈奴大军势必陷入腹背受敌的境地，所以见好就收也就自然。实力相当，才是汉匈双方和亲的真实原因。

刘邦的过世，导火索是征讨英布的时候，中了英布的箭。刘邦得胜还朝后，很快病情加重，吕雉赶紧找了个医生为他治疗。刘邦问医生："我这个病能治吗？"医生回答："能治。"刘邦听了立刻破口大骂："我用三尺剑夺取天下，这是上天的安排，现在病入膏肓了，也是上天的安排。就是扁鹊来治也没用，你胡说八道什么！"随后刘邦赏赐了医生五十两黄金，将他打发走。

公元前195年四月二十五日，六十一岁的刘邦病逝。

刘邦临终之前，除了安排身后事之外，还做了一件影响中国历史的大事：公元前196年，征讨英布还朝时，刘邦路经山东曲阜，特意在此地隆重祭奠了儒家圣贤孔子。

从那时候开始，西汉的官员乃至诸侯，在受到册封任命后的第一件事，就是来此拜祭。而这场典礼的另一个意义是：这是中国历史上第一次由皇帝主持的祭孔大典。

汉惠帝刘盈：活在吕后阴影之下

刘邦死后，即位的是汉惠帝刘盈。在刘邦生前，刘盈并不被刘邦待见。刘邦嫌这个儿子性格柔弱，优柔寡断，反而喜欢宠妃戚夫人所生的赵王如意。晚年的刘邦，已经动了废太子的念头。关键时刻确保刘盈顺利接班的，是当时四位杰出的“国学大师”——商山四皓。

所谓商山四皓，就是指东园公唐秉、夏黄公崔广、绮里季吴实、角里先生周术。这四个人在秦朝时期就做博士，是彼时文化界的魁首。刘邦登基后，曾盛邀四人出山为官，他们不但拒绝，而且隐入商山之中，因此得名“商山四皓”。

刘邦“废太子”的风声传出后，依张良谋划，吕后邀请商山四皓入宫，成了太子刘盈的老师。一次刘邦召太子饮宴，惊讶地发现商山四皓居然陪在太子左右，忙问怎么回事。商山四皓回答说：“我们听说太子仁孝礼贤，所以特意来辅佐他。”眼见敢对自己说“不”的四位大贤居然对自己儿子如此推崇，刘邦连连唏嘘，对儿子的看法也大大改观。他对闹着要废太子的戚夫人说：“我是想废了太子，可是太子得到了商山四皓的辅佐，羽翼已经丰满了。”

汉惠帝刘盈执政的整个时代都由其母吕后把持朝政，他本人也因此被后世认定为一个柔弱无能的傀儡皇帝。他从小就是个苦孩子，两岁的时候父亲刘邦就成了反贼。受老爹株连，母亲吕雉带着他到处东躲西藏，成日担惊受怕。楚汉战争中的彭城之战里，刘邦被项羽打得全军覆没，刘盈与父亲同乘一车逃命，慌乱之中，刘邦居然数次把儿子刘盈扔下车，让他自生自灭。幸亏驾车的夏侯婴忠诚，刘邦扔一次，夏侯婴就救一次，总算保护着父子逃出了重围。从小到大，刘盈几乎都是在流离与惊恐中度过的，他性格中的柔弱，几乎都来自于此。

柔弱的汉惠帝在婚姻上也是非常不幸的。他的皇后张嫣是他的亲姐姐鲁元公主的女儿，论起辈分来，还是他的外甥女，而这个外甥女嫁给汉惠帝的时候才只有十岁。他们结婚七年，并没有生育孩子。最后还是吕雉拿一个宫女的孩子，冒充为张皇后的儿子。

然而，无能的汉惠帝在他的执政生涯里，也做了许多勇敢的改革。一是废除了自秦朝开始厉行的《挟书律》，即家中私藏图书要被论罪的法律。这个从焚书坑儒时期开始流毒的暴政，至此才彻底废除。二是继续推行父亲“休养生息”的政策，除了强化“十五税一”的税收制度外，更把国家赋税与人口生育挂钩，规定凡是女子到了十五岁依然没有出嫁的家庭，国家就要征收五倍重税，而多生育子女的家庭，则可以减轻赋税。西汉都城长安的全面建设，也正是在他执政时期完成的。长安，也从此时开始，成为气魄宏大的名城。

汉惠帝被后人称赞最多的优点，就是他的宽厚，尤其是对待刘家亲族时。但他的宽厚，有时候反而差点害了兄弟姐妹。他即位的第二年，他的兄长、刘邦长子齐王刘肥入京朝见。汉惠帝很高兴，特意拉着刘肥去看望母亲吕雉，并举行家宴。为表示对刘肥的情意，家宴上，汉惠帝特意以兄长之礼，令刘肥坐了上座。谁知吕后怒了，为压刘肥的气焰，当场下令让刘肥为自己贺寿。然而当刘肥毕恭毕敬站起来的时候，汉惠帝也毕恭毕敬地站在哥哥身后，一起给吕后贺寿。眼见儿子这么没出息，吕后当场怒气满面，事后就放出话来，要杀齐王刘肥。最后刘肥只得曲意示好，把自己的封地孝敬给吕后最宠爱的亲女儿鲁元公主，并百般奉承打点，这才逃得一命。

汉惠帝最在意的兄弟，就是曾经和他争夺太子位的赵王如意，对这个弟弟，刘盈不但不恨，反而极为牵挂他的安危。刘邦死后，赵王如意的母亲戚夫人早被吕后贬为杂役。为了保护弟弟，汉惠帝特意把赵王如意召入长安，与他同吃同睡，就是为了防着母亲暗害。可暗箭难防，一次如意睡懒觉，汉惠帝不在身边，结果被吕后派人毒死。

如意死后，其母戚夫人遭到吕后残忍的报复，被挖掉双眼，割掉四肢，扔到厕所自生自灭，后人称为“人彘”，目睹此惨景的汉惠帝大受刺激，从此不理国事，成日在后宫里借酒浇愁。

公元前188年，年仅二十三岁的汉惠帝过世。

> 汉惠帝刘盈（公元前211年—公元前188年），西汉第二位皇帝，公元前195年—公元前188年在位。汉朝开国皇帝刘邦的嫡子（次子），母亲是吕雉。谥号为孝惠皇帝，葬于安陵。

汉惠帝死后的四年，是母亲吕后把持朝政的四年，这期间，西汉的皇帝是汉少帝刘恭。这位汉少帝，名义上是汉惠帝皇后张氏所生，实际上却是后宫一个不知名的宫女的孩子，其生母更被吕后害死。他在位的四年，国家大事都由吕后做主，他就是个傀儡。

《汉书》上与他有关的事就一件：在他在位的第四年，即公元前184年，得知自己身世的汉少帝，悲愤地在后宫里放话说：“哪天我有了权，一定要为我的生母报仇。”可就是这句话招来了大祸。这话说出去没多久，刘恭就被关进了永巷宫囚禁，之后吕后就对外放话，说皇上“病”了。没多久后又放话，说皇上久病不愈，怎么能治理天下呢，不如废了吧。汉少帝也就成了中国历史上第一位在位期间就被废黜的皇帝。

不久之后，汉少帝被吕后秘密处死。

汉少帝死后至吕氏被诛期间，西汉帝国名义上的皇帝，是汉后少帝刘弘，他本名刘义，是汉惠帝刘盈的次子，登基前受封常山王，皇位本和他无缘。但汉少帝被废后，按照汉朝法统，他被吕后立为皇帝。这样的选择，也成了他人生的悲剧。他在位的四年同样是傀儡，后来吕氏家族被诛，他也连带着被废，甚至连名分都被否了。废黜他的理由是：他原本不是汉惠帝的儿子，而是吕后从外面找来的“野孩子”。带着“野孩子”的污名，他在被废不久后遭处死。

文景之治：繁荣初现与七国动乱

吕后当权期间，刘邦的儿子，只要非吕后所生的，大多遭到了清算。除了赵王如意被毒杀外，刘友被饿死，刘恢被逼自杀，刘建去世得早，但其唯一的儿子也被吕后派人杀害，刘肥靠了给吕后女儿鲁元公主送礼才得幸免。

得以幸存下来的皇室，一个是淮南王刘长。他和吕后本有杀母之仇，其母赵氏本是赵王张敖献给刘邦的小妾，后来张敖获罪，赵氏也遭株连下狱。在吕后的逼迫下，赵氏生下儿子刘长后自杀，而后刘长就由吕后抚养长大。对这个养子，吕后视如己出，执政时期赏赐不断，母子感情很深。

而另一位幸存者，就是代王刘恒。他得以幸免的原因，除了个人低调外，也因他母亲薄氏在刘邦活着的时候只是一个失宠的嫔妃，对吕后毫无威胁。吕后当政时，他们母子在封地代地，得以躲过了那场政治斗争，并成为这场政治斗争最终的得利者。

薄氏在吕氏败亡后成为皇太后，刘恒更被迎入长安为帝，成为中国历史上的著名仁君——汉文帝。

汉文帝刘恒（公元前203年—公元前157年），西汉的第三位皇帝[①]，公元前180年—公元前157年在位。汉高祖刘邦第四子，汉惠帝刘盈异母弟，母薄姬。先被立为代王，建都晋阳，后在周勃、陈平支持下诛灭了诸吕势力，登上皇帝宝座。汉文帝在位的二十三年，是汉朝从国家初定走向繁荣昌盛的过渡时期。他和儿子汉景帝统治时期，政治稳定，经济生产得到显著发展，历来被视为封建社会的“治世”，被史家誉为“文景之治”。谥号为孝文皇帝，庙号太宗，葬于霸陵。

和吕后有养育之情的刘长，并没有忘记生母被害之仇，不过他把账算在了吕后的宠臣审食其头上（赵氏入狱是由审食其经办的）。公元前177年，刘长在衣袖中暗藏铁锥，将已是辟阳侯的审食其诱出住所，并当街杀害。事后又命仆人魏敬将审食其的头颅割下示众，他本人则向彼时在位的汉文帝刘恒自首。汉文帝当时并未治他的罪，但三年以后，刘长以“谋逆罪”被汉文帝逮捕流放，其中罪状之一，就是杀害国家官员审食其。

在铲除吕氏家族后，由谁来继承帝位的问题，在当时的汉帝国里，也引起了一番争论。其中最主要的决定权，是在两大诛吕功臣陈平、周勃，以及出力颇多的宗室朱虚侯刘章手中。在吕后血雨腥风下幸存下来的刘邦皇子们，此时只剩下了淮南王刘长、代王刘恒二人。

当然也可以“隔代继承”，即从刘家子孙第三代里选一个接班人，那众望所归的只有一个人——齐王刘襄，他是刘邦的长孙。而且在平灭吕家的过程里，正是他在山东扯旗，才起到了关键作用，如此居功至伟的人物，要接班当然名正言顺。

① 吕后称制时期的两位汉少帝不计，下同。

刘章（？—公元前177年），西汉初年宗室，汉高祖刘邦的孙子，齐悼惠王刘肥的次子。吕后称制期间被封为朱虚侯，后来由于在诛灭吕氏的过程中有功而被加封为城阳王。谥号为景王。

西汉帝国的最高权力，貌似和汉文帝母子是没什么关系的，但偏偏几个“众望所归”的人物都有问题。

首先是齐王刘襄，他手握精兵不说，家世更有问题：他的亲弟弟刘章娶了吕家的长孙女，也就是说他们家与吕家是儿女亲家。而刘襄本人的母舅一脉更不是省油的灯。他的母家驷氏是山东当地大族，势力根深蒂固不说，也是以凶狠横暴著称，简直是一个山寨版的吕家。这样的人登了位，恐怕又要重演吕家专权的噩梦。

至于淮南王刘长，那更没法考虑，“母家恶”不说，他本人也是个贪图享乐的花花公子。

所以，最合适的人选也只能是代王刘恒了，他本人没什么劣迹，他的母亲薄姬也是出了名的老实人。当然，更关键的问题是，这娘儿俩无根无基的，平日里也低调，上了台做皇帝，看似也好控制。

被选为皇帝，对于远在代地的刘恒来说，是个天上掉下来的馅饼。但当长安派来的使者来到代地邀请时，刘恒的反应却是不去。他的属臣们也认为，这说不定是长安方面的阴谋，是要把刘恒诱骗到京城杀害。促成刘恒态度转变的，是一次算卦。

当时刘恒特意请人来占卜，结果卦象显示，刘恒不久后就要继承父亲的事业，也就是当皇帝，有了这个暗示，刘恒这才启程去长安。但一路之上他极为谨慎，先派舅舅薄昭去长安打听消息，到了离长安只有五十里的时候，又派亲信宋昌先进长安城探路。就这样战战兢兢的，最终来到长安继承帝位。西汉开国后数年的血雨腥风，确实让他怕了。

初当皇帝的汉文帝，给群臣的印象是一个脾气极好的人，对待宗室和功臣都格外礼敬。他即位后的第一道旨意，就是在汉后少帝被废黜处死后大赦天下，然后对吕后时代遭打压的刘姓宗族大加厚赐，被吕后杀害的刘邦诸子后代，几乎全都被封了王位。尤其值得一提的是，他赦免了城阳王刘章的妻子——吕家长孙女吕氏，此举也为他赢得了宗室的支持。而对于在平定吕氏中居功至伟的周勃，刘恒更是极为敬重。周勃自恃有功，上朝的时候，经常狂妄无礼。刘恒不但不怪，反而抚慰有加，甚至每次退朝的时候，都亲自在朝堂上目送周勃离去。

但好脾气的汉文帝刘恒，绝不是一个甘于被人摆布的软蛋。他入京继承帝位时，在宣布大赦天下前，就命令自己的亲信宋昌以卫将军身份接管了南北二军，另一亲信张武，以郎中令身份接管宫廷兵权，不动声色地把军事权抓到手。登基之后的汉文帝，对诸如周勃等功臣们也颇多敲打。他入长安城时，周勃捧着天子符玺在城门口迎接，没想到刘恒不但不接纳，反而轻描淡写地说："等到了我在长安的代王府邸再说吧。"一句话就压灭了周勃的气焰。

汉文帝登基后，周勃一度骄狂，汉文帝表面上很大度，却命亲信宋昌敲打周勃说："你作为臣子，对皇帝却这样，难道忘记作为臣子的礼节了吗？"就在宋昌给周勃说完这段话的第二天，朝堂上，汉文帝就非常严肃，再无往日的谦和，周勃也就从此毕恭毕敬。周勃在汉文帝执政时期曾两次出任丞相。汉文帝大权在握后，命人劝他退休，结果周勃刚退休，汉文帝就昭告天下，命令所有居住在京城的侯爵回自己老家居住，不许在京停留，并特意派人传话给周勃："我命令列侯归国，你是退休的丞相，带个头吧。"带头回家的周勃几年后遭人告发谋反，被逮入京城严刑拷打，还是汉文帝的母亲薄太后说情，才最终得以释放，并保留了侯爵待遇。这以后的周勃在家规规矩矩做人，总算得了善终。

汉文帝在位面临的另一大问题，就是诸侯势力的膨胀。他在位的第三年，即公元前177年，发生了济北王刘兴居的叛乱，这是西汉历史上第一场由宗室发动的反叛事件。三年后，淮南王刘长又被告发谋反，遭汉文帝逮捕流放。对待这两起叛乱，汉文帝努力给天下人展示的是他“以德服人”的形象，比如因谋反遭逮的刘长虽然被判流放四川，但汉文帝对臣子说：“我不是要治他的罪，而是要让他吃点苦，受点教训。”刘长流放路上，汉文帝特意关照，不但每天给予丰盛的肉菜米粮，更送美女一路侍奉。然而对哥哥的这番好意，刘长却无意消受，走到雍丘就自杀身亡了。事后，汉文帝把刘长的属地淮南国一分为三，由他的三个儿子继承，而后又趁齐王刘则死后无子的机会，把诸侯中地盘最大的齐国，一口气拆为七份。

这个不起眼的政策，在几十年后的汉武帝时代，演化成西汉消除诸侯国威胁的重要法令——推恩令。

刘长（公元前198年—公元前174年），西汉初诸侯王，汉高祖刘邦少子，妻雍氏，被封淮南王，力能扛鼎。汉文帝时期，刘长骄纵跋扈，常与汉文帝同车出猎；在封地不用汉法，自行制定法令。公元前174年，与匈奴、闽越首领联络，图谋叛乱，事泄被拘。朝臣议以死罪，被汉文帝赦免，但废除其王号，谪徙蜀郡严道邛邮，在途中不食而死。谥号为厉王。

汉文帝执政的时代，是中国历史上公认的治世——“文景之治”的开始。

人们之所以对这个时期评价颇高，既因为此时汉朝经过几代休养生息，经济已初现繁荣，也因汉文帝在位时期一些独创的政策：一是取消用传制度，即刘邦时期设置关卡限制人口流动的政策，促进了国民经济的流通；二是弛山泽之禁，就是开放过去不让老百姓进入的山泽地区，促进经济发展。此外他还把田赋降为三十税一，减轻百姓负担。

而在军事方面，虽然此时的汉朝依然遭到匈奴侵扰欺压，但是汉文帝做出的一项军事改革成为汉军强大的奠基，这就是马政。即以政策手段，鼓励民间养马，并调拨大量军费，用于向北方草原买马，后来横扫天下的汉朝铁骑，就是在此基础上建立的。

汉文帝执政时期的另一大成就，是解决了南越问题。所谓南越，就是秦始皇时期平定的百越地区。秦末战乱期间，百越曾在秦朝故将赵佗的带领下独立，在西汉建立后，赵佗被刘邦册封为诸侯王。但在吕后专权时期，由于西汉政策失当，导致南越叛乱，赵佗废除汉朝给他的封号，在岭南自立为王。汉文帝即位后，一面调动大批兵马南下，摆出大规模进攻南越的架势，一面修缮赵佗在中原的祖坟（赵佗是今河北正定人），并派陆贾率使团出使南越，谋求和平解决。软硬兼施下，终令南越再次归附汉朝。中国南北，在经过了吕后晚期的分裂后，终于再度统一。

汉文帝执政时期，被人称道的还有他的仁政——正式废除了秦朝时期遗留的诸多苛刻法令，特别是他给不同行为的犯罪划分刑期，这在中国法律史上是开创之举。此外也废除了秦朝时期的连坐制度和肉刑，尤其是把原本要剁手砍脚的肉刑，改为用打板子来代替，成为后人称道的善举。

不过，汉文帝时期，打板子的刑罚依然很重，通常在三百至五百下之间。按照司马光的说法，许多本来肉刑还死不了的罪犯，反而被打死了。

汉文帝治下的中国有多富裕，从一个细节上就可以看出：汉惠帝时期，册封爵位，给予的土地户口最多也就一万多户，少的只有五百户。而到了汉文帝时期，册封爵位，最多的可以给予五万多户，少的也有一两千户。国民经济的长足发展，由此可见。

在汉文帝执政的二十三年里，他的另一个善举就是节俭。他的车骑、服饰，自始至终都没有添置改变，平日里他也只穿黑丝绸衣服。他个人的陵墓，也是汉朝皇陵中最简单朴素的。他是中国历史上第一位将勤俭坚持始终的帝王。

他还勤于纳谏，在公元前167年的诏书里，汉文帝声称百官的过错同样也应该由皇帝负责。《史记》记录的一件小事，也足够说明其品德：一次汉文帝出行到渭桥，突然有人骑马经过，冲撞了汉文帝的车驾。汉文帝大怒，要严惩冲撞者。但廷尉张释之认为，法律规定这种罪只能被处以罚金。汉文帝认为处罚太轻，当场呵斥张释之，张释之却毫无惧色，反驳说法律是皇帝制定的，就应该由皇帝和臣民共同遵守。如果皇帝坚持严惩，那就是破坏法律。最后，汉文帝承认了自己的错误，并褒奖了严格执法的张释之。

汉文帝是中国历史上第一个被写入《二十四孝》的皇帝。他对生母薄太后极尽孝道。薄太后有次病重，时间长达三年，汉文帝每天都亲自在床边侍奉，亲手喂水喂药。此种情景，不要说帝王家，就是在民间也格外难得。但如此孝顺儿子，却最终走在了母亲前面。

公元前157年，四十六岁的汉文帝过世。他留下的大汉帝国，已经是一个军力日益强大，中央集权日益加强，经济蒸蒸日上，百姓安居乐业的大汉帝国。他唯一放心不下的，依然是自己的母亲。他临终的遗言有二，一是要妻子窦氏替他为母亲尽孝；二是要求把自己的陵墓以“顶妻背母”的方式安葬，以示对母亲的孝顺歉疚之情。

汉景帝刘启（公元前188年—公元前141年），西汉第四位皇帝，公元前157年—公元前141年在位。汉文帝刘恒长子，母亲是汉文帝皇后窦氏（即窦太后）。谥号为孝景皇帝，葬于阳陵。

以汉文帝长子身份继承帝位的汉景帝刘启，执政时期里最知名的大事，当数镇压诸侯反叛的“七国之乱”。而这场叛乱的导火索，也是他做太子时候埋下的。

当时入朝觐见汉文帝的吴国太子，与还是太子的刘启下棋，结果刘启连输几盘后大恼，外加吴太子嘴欠，连番语出讥讽，盛怒的刘启当场一甩胳膊，抓起棋盘把吴太子砸了个脑浆迸裂。惹下大祸后，汉文帝帮儿子遮掩，对外宣布吴太子暴病身亡，并给予其父吴王刘濞“免朝”的特权。

谁知吴王刘濞根本不吃这一套，吴太子的尸体被运回吴国后，吴王刘濞不但不纳，反而放话说：“我们都是刘家子孙，死了应该葬在长安，干吗要送回来？”结果护送吴太子尸体的车队只好原路返回，将吴太子葬在长安。吴国与中央政府之间的恩怨，从那时起就注定要有个了断。

汉景帝登基后厉行削藩，削弱诸侯威胁，从根子上说，还是为刘邦时期的分封制埋单。西汉立国的时候，全国一共有五十七个郡，其中由诸侯控制的，竟然达到了四十二个。作为中央政府的汉帝国，却仅仅掌握着十五个郡。西汉中央政府实际掌控的地盘，也就仅仅包括秦国时期的关中、四川地区，以及河南和河北的部分地区。也就是说，所谓的西汉中央政府，按控制区域论，只不过是一个实力比较强大的诸侯国而已，摆着“天子”的名分，国家力量却有限得很。

对汉景帝削藩政策影响最大的人，就是他的老师晁错。从汉文帝执政时期开始，晁错就是削藩论的坚决主张者。从汉文帝晚期开始，晁错上奏疏论述最多的就是此时尾大不掉的诸侯王问题。在这个问题上，朝野里许多有识之士达成了共识，比如和晁错不和的袁盎，也曾忧虑过诸侯问题。但是大多数人的态度，都是主张采取徐图缓进的政策，利用诸侯国内部的矛盾，温和解决这个问题。

公元前155年，晁错正式向汉景帝上了《削藩策》。这个政策的内容石破天惊，它指出，如今诸侯国中的吴王、楚王等人的封地，已经几乎占有了汉帝国一半以上的国土，为了国家的长治久安，必须实行严厉的削藩打压政策，将这些诸侯国的地盘，缩减到大约一个郡的面积。

如果按照这封奏疏的内容办，那么此时势力最强大的吴王刘濞，将失去他五分之四的地盘；势力其次的楚王，也将失去五分之三的地盘。没了地盘的诸侯，不和朝廷玩命是不可能的，如此强硬的措施，不引起反弹更是不可能的。

甚至晁错自己也预见到，他这样做，势必将引起一场大规模的诸侯叛乱，但他在奏疏里告诉汉景帝了，吴王刘濞素来就有反心，削藩他要反，不削藩他迟早也要反。他现在造反，危害要比等他强大了再造反要小得多，所以，削藩刻不容缓。

同样预料到诸侯叛乱的汉景帝，在“七国之乱”爆发前，其实也做了很多准备，一是往各路诸侯国派驻中央命官以及巡查御使，这些人的存在，使中央可以及时掌握诸侯国的动向；另一个重要动作，就是加紧分化拉拢诸侯国。

在当时的各路诸侯国中，还有八个诸侯国是坚决站在汉帝国中央一边的，包括梁王、代王、河间王、临江王、淮阳王、汝南王、广川王和长沙王。这八个诸侯国之所以支持中央，不是因为他们支持中央的削藩政策，而是他们的血缘与汉景帝刘启太近，其中梁王刘武是汉景帝的亲弟弟，代王是汉景帝的亲侄，其余的六个王爷，都是汉景帝的儿子。

对于他们来说，削藩固然损害自己的利益，但是一旦吴王刘濞夺权，那么等待自己的就将是灭顶之灾。所以两害相权取其轻，他们也只有把自己捆绑在汉帝国中央政府的战车上。

对这八个诸侯中实力最强的梁王，汉景帝给予大量的经济和武力支持，并且帮助他重新修缮梁国重镇睢阳的城池。结果在“七国之乱”的关键时刻，正是这座坚城的殊死抵抗，为西汉王朝扭转了战局。

挑动“七国之乱”的吴王刘濞，在造反之前，就是一个实力非常强劲的诸侯。他的属地包括东阳郡、彰郡、吴郡，一共有五十三个县城，这个规模，即使放在战国时代，也超过了当时大国赵国、燕国等国的国土面积，俨然一方豪强。

而且刘濞不但有土地，更有资源，他所统辖的吴国，有两样当时绝对暴利的资源，一是盐，二是铜。盐是老百姓生活的必需品，是必须买的，谁有了盐，谁就有了庞大的财源；而铜更不简单，铜是当时铸造货币的主要用材，有了铜，也就意味着可以随时铸钱，想要多少钱，去铸就可以。当时吴地所管辖的漳县，有整个西汉最大的铜矿。

当时的吴王刘濞，就是一个掌握着绝对优势资源、腰杆子很硬的诸侯。在汉文帝晚期，吴国境内的军队，总数最多的时候已经达到了三十万人，这个规模不但在当时的诸侯国中无人可以匹敌，甚至西汉中央军与之相比也不占太多优势。有钱有资源又有兵的刘濞，此时已经是西汉帝国的大敌。

刘濞造反的准备工作，也是既漫长又细致的。早在汉文帝晚期，他就已经和各路诸侯王串联，尤其是他和楚王一脉早就结成了共同进退的战略同盟。当时的楚王拥有城池四十多座，楚国的国土基本就是战国时期楚国的故地。楚国虽然没有吴国富庶，但地盘广大、人口众多，且山越部落林立，一旦发生战争，最多的时候可以招募到百万大军，作战潜力极其巨大。

楚国和吴国之所以结盟，除了因为削藩动了他们的共同利益，还有一个原因是两家血缘上的亲近。和其他诸侯国都是刘邦直系子孙后代不同的是，楚王和吴王都是作为刘邦的侄儿获得诸侯身份的，在刘姓宗族中，他们属于旁支。在这种情况下，他们自然要走到一起。

刘濞的另一个举动，就是联络齐地诸侯，刘濞拉拢了齐地中实力最强大的胶西王刘卯，相约推翻汉帝国后“平分天下”。他先后交通串联的，一共有十四个诸侯王，如果以国土面积论，这时候和刘濞结成“统一战线”的诸侯，其地盘已经远远大于汉帝国的实际统治区域。实力的对比，俨然枝强干弱。

刘濞（公元前215年—公元前154年），西汉诸侯王，汉高祖刘邦侄，封吴王。在封国内扩张势力，后来因汉景帝刘启采纳御史大夫晁错建议，削夺王国封地，于是以诛晁错为名，联合楚、赵等国公开叛乱，史称“七国之乱”，后被周亚夫击败，兵败被杀。

由吴王刘濞牵头，有七个诸侯参加，爆发于公元前154年的诸侯王叛乱，史称“七国之乱”。而事实上，按照刘濞之前的计划，这场叛乱本该是“十四王之乱”，但本来约好叛乱的一些诸侯中，淮南王和济北王因其臣下主要都是亲汉势力，拒绝执行王命，因此无法参与；燕王和城阳王属于首鼠两端的角色，在没有弄清楚力量对比前，他们也选择了按兵不动；庐江王和衡山王，则是因为和吴王刘濞有矛盾，不甘心居于刘濞之下，因此最后也没有买账；齐王本来准备参加，但齐王刘将闾原本是刘肥的正宗，早就不甘心居于胶西王之下，也不愿意受其节制，而且齐王的属下，多为主张“大一统”的儒生，他们也拼命阻挠。偏偏这时候，叛乱的胶西王又贸然攻打齐王，两家窝里反，自己先打了起来。

汉景帝在平定“七国之乱”早期，做的最为人诟病的事情，就是杀害力主削藩的重臣晁错。这件错事，按照后来许多文人的结论，是汉景帝“以退为进”的谋略。即明知晁错忠心的情况下，忍痛将他杀死，从而为平定叛乱赢得时间。

但事实上，当时汉景帝已经是平叛之心大沮，在杀掉晁错后，他曾经问从前线归来的使者邓公：“闻晁错死，吴楚罢不？”可见当时的汉景帝已经打算息事宁人，求得一时太平。但是邓公的回答却给了汉景帝当头一棒：“吴为反数十岁也”“其意不在错也”。这才让汉景帝彻底明白了刘濞的用心。

刘濞自己的话更表达了态度，他狂妄地自称“我已为东帝”，夺取天下之心，已昭然若揭。

声势浩大的“七国之乱”，由于汉景帝委任名将周亚夫挂帅，仅用三个月就被平定下去。惨败的吴王刘濞逃到东越，被东越人砍了脑袋向西汉王朝请功。

事后，汉景帝开始了对诸侯们的清算，株连极广，不光参加叛乱的诸侯遭到了严惩，那些曾经与吴楚勾连，甚至在叛乱过程中观望的诸侯，也都遭到了追查乃至清算。比如在“七国之乱”中临阵变卦的齐王刘将闾，他在叛乱爆发时临阵倒戈，对于汉帝国平定整个叛乱，有着非常重要的意义，但是因为他毕竟参加了吴楚的同谋，因此功不抵罪，最后还是落了个自杀谢罪的下场。至于参加叛乱的七国，除了楚国得到保存，另立楚王之外，其他的诸侯国，皆被汉帝国改成由中央直接掌控，这就意味着汉帝国正式确立了对诸侯国的绝对优势地位，中央集权程度大大加强。

即使是得到保留的诸侯国，其实力也大大缩水，原来拥有的地方军权被中央收回，赋税也被中央派驻的官员掌握。而晁错生前力主的削藩政策，也继续大力推广起来。

就在“七国之乱”结束后不久，在战乱中持观望态度的燕王和城阳王，就被削去了大片土地，特别是燕王原来据有的辽西地区，被划成了汉帝国的直属郡县。正因获得了这个郡，汉帝国才得以从东到西建立起防御匈奴的完整阵线。后来的汉匈战争中，汉军收复河套草原以及夺取河西走廊的战争里，辽西郡都起到了对匈奴主力的牵制作用。

汉景帝一生推行的诸多政策，大都是对其父汉文帝政策的延续。典型的有两个，一是继续修订刑罚，在汉文帝改肉刑为杖责的前提下，减少杖责的数量，以减轻刑罚；二是推广马政，不但鼓励民间养马，更广设官方马场。汉景帝时期是西汉养马业勃兴的时代，仅官方豢养的战马，总数就高达四十万匹，国家骑兵力量大大增强。

汉景帝的另一项成就就是发展教育，尤其是他任用学者文翁出任蜀地郡守，在四川地区试点官学，并从此推广全国。中国的政府办学，正是从此开始。汉景帝在位期间，郡一级的学府遍布全国，中国的文化教育从此蓬勃发展。这一举措，也被后世历代封建王朝沿用。

被认为推行仁政的汉景帝，却也有一项被人诟病的“劣迹”——重用酷吏。他所信用的司法官员郅都、宁成、周阳都是以执法严苛著称的。通过任用这些人，汉景帝不仅打压诸侯宗室，更严厉打压地方豪强。他效仿刘邦的做法，以修建阳陵的名义，将许多地方豪强迁移到关中地区，以弱化、分散他们的力量。他所信用的酷吏们更是六亲不认，就连汉景帝的长子——废太子刘荣，也是死于酷吏郅都之手。

汉景帝在位时期最烦恼的事情，就是继承人问题：到底是让儿子接班，还是让弟弟接班？汉景帝的亲弟弟梁王刘武深受窦皇太后宠爱。“七国之乱”爆发前，为拉拢梁王，汉景帝一次饮宴时酒后失言说：“我过世之后，要传位给梁王。”幸亏参事窦婴赶快接话茬说汉朝的制度一向是传位给儿子，怎么能传给弟弟呢，汉景帝这才猛然警醒。

“七国之乱”平定后，梁王又走太后的门路，要汉景帝传位给他。大臣袁盎拿出春秋时期宋国因为王位传承制度不明，导致五代相残的典故，总算把窦太后说服。

关于继承人的问题，有两个热门人选，一是皇长子刘荣，二是皇十子刘彻。皇十子刘彻最终能够战胜皇长子刘荣成为太子，并成为中国历史上的英主汉武帝，除了他的母亲王美人的精明算计之外，同样也因他自己的天资聪慧。

《汉武帝内传》里说，刘彻三岁的时候，一次汉景帝把他抱在怀里，问他：“你愿意做天子吗？”刘彻回答说：“这事儿儿子说了不算，是老天爷说了算。我只愿意每天陪在父亲身边，和父亲一起玩耍。”聪明的回答让汉景帝赞叹不已。

而青少年时候的刘彻，给汉景帝最大的印象就是他的博闻强识。他读书习字，悟性都比别的皇子好得多，历代先贤的典故，他不但烂熟于心，且经常能有独到的见解，这一切，都无疑增加了他在汉景帝心中的印象分。

汉景帝过世于公元前141年正月，享年四十七岁。继承他帝位的太子刘彻，登基的时候才十五岁。临终前汉景帝最担心的就是儿子能否当好这个皇帝。他临终前给儿子刘彻的遗言是：“人不怕他无知，就怕他狡诈；也不怕他不勇敢，就怕他残暴。”另外，做皇帝最重要的，一是要“知机”；二是要“知止”。可惜，其子汉武帝刘彻一生的执政成就，按照司马迁的话说，最大的错误恰在于“不知止”，无论是北伐匈奴，还是各类大功业，最终都过度使用了民力，导致民生凋敝，这也恰印证了一句话：知子莫若父。

临终前的汉景帝，努力给儿子清除各种执政障碍，为此引出的最重大事件，就是害死了平定“七国之乱”的功臣周亚夫。

当时已退休的周亚夫，得罪汉景帝的主要有两件事：一是汉景帝废除太子刘荣的时候，周亚夫坚决反对；二是汉景帝册封刘彻的舅舅王信为侯爵的时候，周亚夫同样坚决反对。这两件事，把爷儿俩全都得罪了。

对周亚夫，汉景帝也摆了道“鸿门宴”。一次他特意宴请周亚夫，宴会上故意叫侍从拿掉周亚夫的筷子。周亚夫见状，大摇大摆地命侍从给自己取筷子。如此飞扬跋扈，也最终激起了汉景帝的杀心。

不久以后，周亚夫被告发谋反，并从他家里搜出了预备给自己陪葬用的五百副盔甲。周亚夫解释说，这些东西都是给自己陪葬用的。结果廷尉署立刻抓住了罪名——周亚夫就算活着的时候不造反，死了到了阴曹地府，同样会图谋造反。闻知这个荒唐的罪名，牢房里的周亚夫吐血而死。

汉武大帝：是明君也是暴君

初登帝位的刘彻，其实有着非常远大的治国理想，公元前140年十月，十六岁的他召开了举贤良对策会议，并在会上连下了三道制书，对群臣讲明自己的执政宏图：一是要实行“三皇五帝”的王道；二是要实现人与自然的和谐统一；三是要五谷丰登，德润四海，也就是要扩张大汉帝国的影响力。观其之后一生的执政，其实都是在忙这三个理想。

汉武帝刘彻（公元前156年—公元前87年），西汉第五位皇帝，公元前141年—公元前87年在位。汉景帝刘启第十子，汉文帝刘恒的孙子，汉高祖刘邦的重孙，伟大的政治家、战略家。六岁时被册立为皇太子，十五岁登基，在位五十四年间，独尊儒术，首创年号，还数次大破匈奴，吞并朝鲜，遣使出使西域，开拓出了汉朝最大的版图，功业辉煌。但是，连年征战也耗尽了国库，导致民生凋敝，在位晚期发生农民暴动，并且又在“巫蛊之祸”中冤杀无辜。公元前87年，崩于五柞宫，享年六十九岁。谥号为孝武皇帝，庙号世宗，葬于茂陵。

刘彻登基初期面临的首要问题，就是国家指导思想的转向问题。当时的西汉帝国，仍然尊奉黄老学说，尤以此时实际掌握政权的太皇太后窦氏为最。尽管“罢黜百家，独尊儒术”是由刘彻最终完成的，但在他父亲汉景帝时代，西汉的指导思想就已有转向信号。当时儒生辕固在窦太后面前贬低老子，窦太后一气之下，居然将他扔进野猪圈，闻讯赶来的汉景帝虽不敢违拗母亲，却借机给了猪圈里的辕固一把刀。结果，孔武有力的辕固当场把野猪刺死，这场黄老学说与儒家的较量才算暂告平息。汉景帝与汉武帝父子两代具有共同的教育背景，那就是他们的老师多为当时精通儒学的学者。儒家思想的崛起和确立，早已是大势所趋。

满腹壮志的汉武帝刘彻，从公元前140年改元后就厉行改革，史称“建元新政”。其改革的主要内容，就是汉文帝时期儒生贾谊给汉文帝所奏的条陈，包括更改皇帝朝服的颜色，改革朝廷的礼仪制度，摒弃秦朝的诸多旧制，重新制定汉朝的制度。其核心思想就是确立儒家的主体地位。为了这场改革，汉武帝做了很多准备，包括让他的表叔窦婴出任丞相，舅舅田蚡出任太尉，目的就是把大权抓在手里。但没想到，反对改制的太皇太后窦氏，愤然介入到朝局中。羽翼未丰的汉武帝，最终难以与祖母抗衡，改革没多久就失败。窦婴和田蚡被迫辞职，而主持改革的御史大夫赵绾与王臧被下狱自杀。不到一年，轰轰烈烈的改革就全盘失败。

这次改革唯独保留下两个成果，一是首创了太学；二是汉武帝面向全国招聘人才，录用公孙弘、庄助等人，后来都成为他执政时的重臣。

改革失败的汉武帝，在一段时间内很识趣，国家大事基本全由祖母窦氏负责。按照《资治通鉴》的记录，在建元新政失败后，他的母亲王太后训斥他说：“你现在刚当上皇帝，大臣们并不服你，现在你又天天宠信新欢，冷落皇后（皇后陈阿娇是窦太后的亲外孙女），你是真不想当皇帝了是吧？”在母亲的警告下，汉武帝之后恩宠皇后，礼敬岳母长公主，终于借此讨得了祖母的欢心。

之后窦太皇太后主政的六年里，汉武帝每天除了四处游猎玩乐，就是和皇后一起过二人世界。这韬光养晦的六年，给他一生留下了难以磨灭的印象。在窦太皇太后过世后，重新主政的汉武帝，每六年换一次年号，换了六次又改为四年一换。

汉武帝再次大行改革，是在窦太皇太后过世后的第二年，也就是公元前134年。改革期间，汉武帝见到了一个重要的人——大儒董仲舒。董仲舒为他上了著名的奏疏《天人三策》，主要内容包括“天人感应”“大一统”“罢黜百家独尊儒术”三项，此后整个汉武帝时代的文治改革，都围绕着这三项进行。然而这位汉武帝改革的“总设计师”本人并没有得到汉武帝的重用。尽管汉武帝先后三次召见董仲舒，并采纳了他全部的建议，但董仲舒本人并没有得到任何官职。

汉武帝韬光养晦的六年里，主要的娱乐活动就是四处游猎，按照现在的说法就是“微服私访”，即带着一帮人化装成老百姓，在长安周围四处游荡，有时候也借宿在乡民家里。甚至有一次，他还被乡民当成了土匪，差点被扭送到官府去。后来为了游猎方便，他还修建了上林苑，作为自己专业打猎场地。据司马相如记录，他曾在上林苑亲眼看见年轻的汉武帝击杀了一头凶悍的公熊。

而在这段享乐时光中，不动声色的汉武帝也悄然做成了一件影响中国历史的大事：公元前138年，他派遣张骞为使节出使西域。另外还有一件影响汉朝历史深远的小事：在姐姐平阳公主家饮宴时，他看上了一个美貌的歌女，并顺手提拔了歌女的弟弟、平阳公主家的骑奴从军。那个歌女就是后来他的皇后卫子夫，而那位骑奴，就是后来横扫匈奴的名将卫青。

建元新政的另一个重要内容，就是改变对匈奴的和亲政策。西汉与匈奴决裂的标志性事件，是公元前133年的马邑伏击战。但在此之前，汉武帝就已经多次表露出这种态度来。在建元新政时期，其改革的内容之一就是增加汉匈边境的兵力，加强对匈奴的防御。在他韬光养晦的六年里，汉武帝做了另一件重要的事情，就是在西汉北军设立“八校尉”，专门负责练兵事宜。

在窦太皇太后过世后的第二年，公元前134年，匈奴恰好遣使到汉朝要求和亲。本来想更改国策的汉武帝，在韩安国等老臣的压力下不得不再次同意修好。

一年后，大行令王恢提议，在边境城市马邑设伏，诱引匈奴军臣单于前来，再以优势兵力将其一举歼灭。在经过激烈的讨论后，汉武帝拍板同意。谁知在战役的关键时刻，汉军情报泄露，导致得知消息的匈奴人提前撤退。主持这场战役的王恢临阵犹豫，关键时刻不敢追击，导致匈奴安然而退。事后汉武帝震怒，在朝堂之上给王恢上了一场军事辩论课，逐条分析当时的军情后，最终将王恢下狱论死，王恢自杀谢罪。

这场失败的伏击战以及对相关责任人的处理，告诉了汉帝国上下两件事：第一，汉匈全面战争从此爆发了；第二，从此时起，大汉军人有进无退，畏敌不前者，死!

汉匈战争爆发初期，汉朝的表现只有一个字——惨！从公元前133年马邑诱敌战失败到公元前129年，这四年时间是汉匈战争里汉朝最惨的四年。匈奴几十万骑兵部队在汉朝边境声东击西，纵横驰骋，焚毁、杀掠城池无数，掳掠人口数万，汉朝北方边境的生产遭到极大破坏，汉军伤亡也极其惨重。仅以军事主官论，辽西一地两任太守相继阵亡，雁门两任太守殉国。主将伤亡如此，军队伤亡更不必说。这六年的固定剧本，就是匈奴人袭扰，破城，汉军赶来迎战，匈奴人跑，汉军撤回，匈奴人又杀过来。偌大的汉帝国，在几千里漫长的北部边境上，被匈奴人牵着鼻子走，打得气喘吁吁，败绩连连。

汉武帝反击匈奴战争初期，时常感慨的事情，就是缺乏善打硬仗的能将，就像他自己说的“非常之功，必待非常之人”。他被后人称道比较多的事情，就是发现并重用了骑奴出身的抗匈名将卫青和霍去病。

事实上，卫青与霍去病两人，都有一个相同的履历：做过上林苑建章宫的宫监。上林苑是汉武帝在建元新政失败后修建的园林，这个园林表面上用于游猎，实际上却用于选拔少壮军官，并以打猎为名进行骑射训练，很多后来的西汉抗匈名将，都是从这小小的园林里走出来的。而卫青和霍去病都是先在上林苑的建章宫为军官，之后调往前线实战，从此建立战功。他们与其说是汉武帝发现的，不如说是汉武帝培养的。

西汉能从战争初期败绩连连的不利中走出来，并逐步反败为胜，一个重要因素，就是汉武帝本人的筹谋布局。在中国历代帝王中，汉武帝应该是为数不多深通兵法的非开国皇帝。

汉匈开战后的所有重大战役，从战略设计到选将用人，再到作战的具体步骤，所有一切都是汉武帝亲自筹划的，事无巨细样样筹谋。而且相当多的时候，他的决策都是和群臣“唱反调”的。比如公元前128年的雁门之战，当时匈奴先破辽西，再破渔阳，辽西太守殉国，渔阳太守韩安国全军覆没。几乎所有的大臣都认为汉军此时应该严防死守，而汉武帝却力排众议，命令卫青主动出击，率领三万骑兵赴雁门迎敌。结果，卫青大破匈奴，斩首数千级。这场今天看似平凡的胜仗，却是汉匈战争历史上汉朝第一次取得千人以上的歼灭战的胜利。

汉武帝在军事上的另一个作为，就是他的军事改革。早在建元年间韬光养晦之时，他就增设了期门和羽林两支部队，这两支部队的成员，都是来自北方边境的良家子，尤其是羽林军，几乎清一色是历年抗匈战争中的烈士子弟。汉武帝在亲政后，又对军事制度大加改革，首先是裁撤护卫宫廷的西汉南军，增加北军的编制，走精兵简政道路；同时增设七校尉，其所属的兵马不是从农民中征发来的义务兵，而是精选出来的职业常备军。他要建立一支政令统一、管理严格细化、效率高、战斗力强悍、对他绝对忠诚的汉军。他做到了。

汉武帝另一个被后世称道的优点，就是他对军事将领推心置腹的信任。而事实上，他对军将的言听计从，却也是有度的。比如对汉军的大将军卫青，在临阵作战上，汉武帝给卫青自主权。但是当汉武帝大力打压豪强，要把各地的豪强迁到茂陵居住时，有个叫郭解的豪强托卫青求情。卫青于是对汉武帝说："这个叫郭解的很穷，就别迁他了吧？"汉武帝听完冷笑一声说："他都能求到你这个大将军这里来，可见他一点儿都不穷。"结果，郭解全家反被强制迁移。一度被汉武帝重用的大儒主父偃，最初想通过走卫青的门路求见汉武帝，没想到汉武帝听说此人是卫青推荐的，反而拒绝见他。后来主父偃自己向汉武帝上书，才最终得到任用。

对于这件事，卫青自己最后也明白深意了，他曾对部将苏建说："皇上最讨厌的事情，就是我们这些军将和文臣亲近。对官员的任命和罢黜，是皇帝自己的事情，咱们千万不要管。"汉武帝对军将的态度也正是如此：带兵，就只管带兵的事，其他的事你们少掺和。

汉武帝时代，在民生建设上的一个重要成就，就是全国性大规模整修水利。从登基起，至公元前119年西汉与匈奴漠北决战前，他修缮了关中平原多项水利工程，主要用于对前线物资的运输。在反击匈奴决定性一战胜利后，他又于公元前110年大规模整治黄河。按照《汉书》上的记载，汉武帝还在西北河西走廊地区"引河及川谷以溉田"，在九江地区引长江水灌溉，在东海和泰山也修筑水利工程。这是中国历史上第一次全国性的水利工程大整治。他兴修水利的数量和范围，超过了之前的历代帝王。其水利工程所灌溉的农田总数，更高达8万顷。

一生大功业不断的汉武帝，在关心民生方面，也创了西汉的一个纪录——他是西汉历史上厚赐孤寡老人次数最多的皇帝。由皇帝下诏，厚赐全国孤寡老人布帛米粮，是西汉开国后的一项传统福利。汉武帝的太爷爷汉高祖做过一次，祖父汉文帝做过一次，父亲汉景帝一次也没有。而汉武帝一生，却先后七次下诏，厚赐全国的孤寡老人。而且他还四次下诏，免除全国老人当年的税赋，在中国历史上，这是第一次。

汉武帝整个执政时期面临的一个难题，就是缺钱。他登基早期，继承了“文景之治”遗留下来的巨大财富。但是汉朝从公元前129年开始，变被动防御匈奴为主动出击，之后相继收复了河套平原和河西走廊，随后又发生了匈奴浑邪王、休屠王归顺的事情。打仗的军费开支，赏赐将领的开支，乃至安置匈奴降军的花费，样样都支出甚多。到公元前124年，西汉帝国就已经花光了文景时期积累下来的钱粮财富。

汉武帝解决财政困难的第一个办法，就是公元前120年由桑弘羊主持的“盐铁官营”改革，即把利润最大的盐铁行业收归国有。主要内容有四：第一，将煮盐、冶炼的营业收归政府管理，所得收入补充赋税；第二，由官府招募盐户，发给煮盐器具和生活费用；第三，严查各地私自经营盐铁的事情，用铁腕手段打击；第四，国家在各地设立铁官，管理铁器专卖事务。

从此以后，盐铁官营在全国推广开来，仅在当年，就迅速为国家积累了巨额财富，史载“以亿万计，皆盐铁之福也”。就在盐铁官营的第二年，汉武帝以倾国之力北伐漠北，取得了斩杀匈奴近十万人，并迫使匈奴狼狈北窜的赫赫功业，这笔军费开支的大头，正是拜盐铁所赐。

汉武帝另一项重要经济改革就是改革货币。同后世的封建王朝一样，西汉帝国建立后的货币政策也同样不成熟，从建国早期就制定得极其粗简。汉武帝时期流通的货币，可以说五花八门，既有中央发行的货币，也有地方诸侯国发行的货币。

从汉高祖刘邦开始，南方的吴国等诸侯国，就有私人铸造货币的权力，后来虽然经过“七国之乱”，诸侯势力遭到严厉打击，诸侯的铸币权收归中央，但是诸侯私自开采境内铜山，并用以铸造货币的事情屡禁不止。

到了汉武帝时期，国家货币的另一问题就是假币泛滥。汉朝早期的货币外形简单，容易仿造，外加对山泽矿场限制比较少，不要说诸侯贵族，就是普通的不法商人，也可以很容易地仿造出以假乱真的钱币。货币驳杂的结果，就是国家对国民经济控制能力的下降。

公元前119年，汉武帝首先下诏，铸造鹿皮币，作为国家的通用货币。所谓鹿皮币，就是货币上有皇家园林的白鹿皮。这种白鹿皮属中央皇室专有，只此一家别无分号，伪造都没地方。特别是地方诸侯国要想铸钱，就必须向中央购买白鹿皮，每块白鹿皮明码标价：四十万。如此一来，地方诸侯丰厚的金钱储备，就这样源源不断地流向中央。

从此之后，地方诸侯国铸造货币的特权被彻底取消，货币发行与铸造权被牢牢掌控在政府的手中，这是中国封建社会中央集权制度的重要一步。

汉武帝在位时的一个政治创举，就是首创了十三部刺史，每个刺史监督一个州。监督的内容，包括调查地方官的违法情况，监督地方豪强以及地方的司法权力。这些刺史品级低微，但权力极大，与地方官相互制约，同时又不能干涉地方行政事务。这样做的另一个后果，就是原本一人之下的丞相，权力因此弱化。而管理十三部刺史的御史大夫一职，地位却迅速上升。此消彼长的结果，就是西汉皇权的空前强化。

汉武帝在位时期，内政上的另一个重要动作，就是全国性的“严打”，打击的对象就是那些家产丰厚且横行不法的地方豪强势力，方法也极为酷烈。他任用酷吏义纵，先诛灭了河南邓县的豪强宁成一家，史载“破碎其家”，当地另两家豪强孔家与暴家也被驱逐逃亡。而后义纵又调任定襄，把当地豪强四百多人处死。另一个酷吏王温舒，任河内太守的时候，以“打击豪强”的名义，将治下数千户人家逮捕，家产全部没收，主犯统统处死。如此大案，从抓人到杀人抄家，他仅用两天就全部完成。当时的河内郡，居然血流数千米。

汉武帝在位时期，曾三次把各地的豪强强制迁移到关中地区居住。这些被迁到关中的移民，少数被酷吏处死，多数都成了安居关中的百姓。汉朝军队的兵源，也相当多来自他们。

移民对汉武帝及其身后帝王的另一个贡献是，这些移民中，涌现出了颇多杰出的政治家。比如汉武帝执政时期最后一位丞相田千秋，汉昭帝时期名臣田延年，以及杜周、张畅等西汉名臣，都是关东移民出身。

汉武帝时期，还出台了中国历史上最早的个人所得税政策——算缗。所谓算缗，是要求工商业者将自己的财产上报，然后政府通过核算其财产，向其征收个人所得税。

在汉武帝时期的政策里，大商人以每四千钱财产作为一算征收赋税，普通小商人和手工业者，以两千钱为一算征收赋税。甚至各地的车马、船舶，也都要被看作财产，征收个人所得税。从政策上可以看到，越穷的，交得越少，越富的，交得越多。附加政策“告缗”，说白了，就是鼓励检举揭发：凡是有商人隐瞒财产逃避个人所得税的，只要有人检举揭发，一经查实，不但犯法者要被没收财产，处以重罪，告密者还可以得到被告发者一半的财产。也就是说，在汉武帝时期，哪怕你是个穷光蛋，只要检举揭发告准了，一夜暴富绝不是天方夜谭。

汉武帝在位时候的一大败笔，就是他笃信仙术，寻求长生不老，经常被那些装神弄鬼的方士忽悠，忽悠过他的方士主要有三个。

一是李少君，此人跟汉武帝吹牛说，自己已经练成了长生不老，并且能为汉武帝炼长生不老仙丹。汉武帝给他大笔赏赐，并命他去蓬莱仙岛求仙，结果神仙还没求来，自称长生不老的李少君就先病故了。

二是少翁，他跟汉武帝吹嘘说，只要汉武帝能修建出同神仙的宫殿一样的宫殿，他就能给汉武帝请来神仙。汉武帝不惜血本，修好了华丽的甘泉宫，可神仙并没有请来。在汉武帝的连番催问下，少翁急中生智，故意在玉帛上写了一幅字，再把玉帛给牛吞下，然后他装神弄鬼，假装测算出牛肚子里有天书。谁知这次聪明反被聪明误，从玉帛上的破字里，汉武帝认出“天书”有假。穿帮的少翁，也就被汉武帝秘密处死。

三是栾大，他跟汉武帝吹牛说，自己和神仙关系好，只要派自己去东海求神仙，肯定随叫随到。结果，栾大带着从汉武帝处骗来的钱，在东海边溜达了一圈，就假模假样地回去复命了。可他万万没想到，此行汉武帝早已派人跟踪，一路下来，把他的把戏全查清了，回来复命的栾大还没等着继续海吹，就被汉武帝拉下去砍了头。

即使如此，汉武帝依然执迷不悟，直到去世前两年的公元前89年，他才对大臣感叹说："我当年愚昧，居然认为这世界上有神仙。其实世界上哪里有神仙啊，只有一些装神弄鬼骗人的妖怪罢了！"

汉武帝执政晚期的一个社会问题，就是全国流民四起，国家可用来征税的户口减半。仅在元封年间，中原地区的流民总数就已高达二百万。造成这种局面的原因，一是自然灾害不断，二是国家内外开支激增，百姓负担加重。汉武帝个人对此也极为关注，他在封禅泰山的时候，就专门为流民问题下过诏书。在这份诏书里，他下令大赦天下，并且对流民的遭遇深表同情。但在说起流民产生的原因时，汉武帝却认为，这是因为地方官不称职，为了个人利益加重百姓负担造成的，对自己的施政责任，他当时并未自省。

公元前99年，山东地区爆发了西汉开国后规模最大的农民起义——泰山农民起义。这场起义波及今天的山东、河南、河北三省，起义军分散为大小数十支，他们攻掠州县，杀害郡守，先后有两位郡守被杀。这场起义虽然被镇压下去了，但是此后直到汉武帝过世，西汉王朝的农民起义一直未停。

汉武帝晚年的最大冤案，就是发生在公元前91年的"巫蛊之祸"。太子刘据因被汉武帝的宠臣江充诬陷谋反，愤然起兵诛杀江充，事后遭被蒙蔽的汉武帝镇压，结果太子的母亲卫皇后与太子刘据相继自杀。

这场事变，也是汉武帝晚年蒙受的最大精神打击，而导致这件事发生的原因，后人通常归结为汉武帝宠信酷吏，疏远太子。按照《资治通鉴》的说法，长期以来，太子刘据就和汉武帝分歧颇多，比如在执法上，太子刘据以宽厚为主，经常纠正汉武帝的严刑峻法，赦免犯人。《汉书》上更是记录：当时大臣中以仁厚著称的臣子们，都和太子交好，而以执法严苛著称的官吏，则大都与太子交恶。对太子本人，汉武帝其实颇多器重，他自己就曾对卫青说："我现在采取这样的政策，那是为了消灭匈奴的威胁。如果后人再像我一样，那肯定会走上秦朝灭亡的老路。太子敦厚仁慈，将来一定是合格的守成之主。"

刘据（公元前128年—公元前91年），汉武帝刘彻长子，卫子夫所生，又称卫太子。年近而立的汉武帝因得子而兴奋异常，公元前128年三月，卫子夫被立为皇后；公元前122年，时年六岁的刘据被立为太子。后因"巫蛊之祸"发动兵变，事败自杀。事后，他被汉武帝赐谥号为"戾"，史称"戾太子"。

然而卫青过世后，说太子的坏话，居然成了汉武帝身边许多人的"流行时尚"：太子进宫觐见母亲卫皇后，事后汉武帝的宦官苏文就打小报告说太子和宫女在调情；汉武帝生病，命宦官常融去请太子来，结果常融造谣说："太子听说您病了，竟然面露喜色。"几十年里，太子母子就生活在谣言的包围中，父子之间的隔阂猜忌早已种下，"巫蛊之祸"不过是个大爆发罢了。

太子刘据自杀身亡后，愤恨儿子反水的汉武帝给刘据加上了一个"戾太子"的封号，但随着时间的推移，这场冤案的真相也逐渐浮出水面。

真正为汉武帝捅破这层窗户纸的，是一个叫田千秋的小郎官。公元前90年，田千秋大胆上书，为已故太子刘据鸣冤。事后汉武帝诛杀了江充三族，并把参与陷害太子的丞相刘屈氂灭族。而另一位参与谋害太子的大将军李广利正在外征战，闻讯后又逢兵败匈奴，遂借机向匈奴投降，最终却被匈奴人杀害。愧悔万分的汉武帝在太子葬身的河南三门峡地区修思子宫，来表达对儿子的纪念。但对蒙冤的儿子，汉武帝一直到死都未给予平反，一直到十六年后，太子的孙子汉宣帝刘询登基，才正式为太子平反昭雪。

拒绝为儿子平反的汉武帝，晚年却对其他许多事情改弦更张。比如他在公元前89年下《轮台诏》，宣布停止对外战争，把重心转移到与民休息上来。这以后的两年里他做的一件影响深远的事情，就是在全国推广新型农业耕作方式——代田法。这种新型农业技术从此在全国推广，中国的农业生产也因此迅速恢复。

昭宣中兴：西汉的真正巅峰

从公元前87年汉昭帝刘弗陵登基继位至公元前48年汉宣帝刘询病逝的这三十九年，是西汉帝国的又一辉煌时期。

对外，西汉帝国推行安边持重的战略思想，轻易不发动对外战争。对匈奴采取恩威并施的政策，以和平为主，积极防御，却不放弃使用武力打击的手段。这一政策使匈奴进一步走向衰弱和分裂，渐已不成汉帝国大患。

同时，西汉帝国依然延续了汉武帝时期对西域地区的积极经营开发，将广袤的西域土地逐渐划入西汉帝国的治下，从西汉帝国的附属国，变为中华领土版图的一部分。

此外，汉文明跨过丝绸之路持续远播四方，这一时期与中国通好的国家，向西已经到达了今天西亚的波斯湾地区。中国的丝绸跨过地中海，远播到了罗马地区。

对内，这一时期的汉朝统治者在继续汉武帝强化中央集权改革的同时，还推行与民休息的政策，尊崇儒术，重用儒生，减轻刑罚，轻徭薄赋。而汉武帝时期建立的高效率税收体系，更保证国家可以积累足够的税收财富，政府的行政运转效率大大提升，国民经济迅速恢复。这段文治武功都有口皆碑的时期，就是历史上赫赫有名的“昭宣中兴”。

汉昭帝登基的时候只有七岁，他执政的大多数时间里，国家大事都是由汉武帝的托孤重臣——大将军霍光主持。但和他父亲一样，汉昭帝也是一个极其早慧的孩子。他登基的第六年，权臣上官桀与燕王刘旦合谋，向汉昭帝写奏折，诬告大将军霍光去京都检阅军队，其实是意图谋反。没想到汉昭帝看了奏折后，立刻对霍光说：“这封奏折完全胡说八道，肯定是有人在诬陷你。”朝臣们惊问为什么，汉昭帝答：“霍光在京城检阅军队，他燕王刘旦在千里之外怎么可能知道呢？再说，霍光如果真想谋反，还用得着这么大张旗鼓吗？”一番推心置腹，令霍光当场涕泪交加。

汉昭帝即位初期，内外的麻烦都是不断的。

内部方面，与霍光一同辅政的左将军上官桀和御史大夫桑弘羊，不甘居于已是大将军的霍光之下，因此相互串联，阴谋发动叛乱。他们先勾结燕王刘旦，里应外合诬陷霍光谋反，但被汉昭帝一眼识破，并要追查主谋。为了掩盖罪行，上官桀等人干脆准备发动政变，计划由长公主宴请霍光，席间突袭杀死霍光，然后废除汉昭帝，迎接燕王刘旦即位。

霍光表面含糊，内心却如明镜。他假装不动声色，却抢在上官桀之前动手，火速逮捕了上官桀和桑弘羊等人，粉碎了这场阴谋。之后，上官桀等人被满门抄斩，参与谋反的燕王刘旦和长公主畏罪自杀。

可叹上官桀和霍光本是儿女亲家，但在权力面前，依然翻脸无情。桑弘羊的遭遇更令人唏嘘，若没有这次叛乱，他本来能以中国历史上杰出的改革家身份名垂青史，孰料他在权力诱惑下昏了头，以至于晚节不保。

汉昭帝在位时期做的最重要的事情，就是“减负”，即不断地减免汉武帝晚期的各种赋税，与民休息。

公元前81年，西汉帝国召开了著名的“盐铁会议”，即在民间召集贤良，与朝中辅政大臣一起，对国家的大政方针进行讨论。会议期间，从民间邀请来的中下层学者们，猛烈地抨击西汉帝国这一时期的盐铁官营、均输、平准等各项政策，而桑弘羊等人却极力反驳，要求延续这些既定方针。霍光作为执掌国家政权的大将军，采取了公正的态度，对于垄断过甚的盐铁官营政策，取消其中酒的专卖，给予民间经营权利，但依然保留着对盐铁经营的控制权。

而对于有利于减轻老百姓负担的告缗、算缗政策，西汉政府有限度地减少了征收税赋的比率，废除了“告缗”的苛刻条令，杜绝了告密风气，维护了国家的稳定。既没有全盘推倒重来，又保障了国民经济的恢复，对比中国古代政坛上习惯搞“一刀切”的政治风气，可谓开明得多。

汉昭帝的皇后上官氏，是霍光的外孙女。霍光辅政期间的另一个期望，就是上官氏可以为汉昭帝生育一个儿子，以确保霍家的地位。但事与愿违，上官皇后的肚皮就是不争气。为了防止别的女人“抢先”，霍光甚至管到了汉昭帝的私生活。他下令皇宫里所有的宫女都必须要穿一种特制的裤子，裤子的前后裤裆都密封，意思很明白：我外孙女没生孩子之前，你们谁都别想替皇上生孩子。这么做的结果，就是汉昭帝绝了嗣。

公元前74年，年仅二十岁的汉昭帝英年早逝，膝下无子。他临终前的最后一道诏书，是下令将全国农业赋税再次减免十分之三——对汉武帝“与民休息”的遗嘱，可谓贯彻到底。

汉昭帝刘弗陵（公元前94年—公元前74年），西汉第六位皇帝，公元前87年—公元前74年在位。汉武帝刘彻少子，母为钩弋夫人。继位时年仅七岁，以难避讳的缘故更名刘弗，遵照汉武帝遗诏，由霍光辅政。谥号为孝昭皇帝，葬于平陵。

汉昭帝死后，首先被确立为皇帝的是昌邑王刘贺，他是汉武帝的直系子孙，汉昭帝的侄儿，名正言顺的接班人。但这位刘贺却是个败家子，登基后就知道游玩享乐。在来京继位的路上，他就纵容手下人抢掠民女，根本没有皇帝的样子。

按照《汉书》的记载，刘贺在位期间，一共干了一千一百二十七件荒唐事，平均每天超过四十件。此时的皇帝废立大权完全操控在大将军霍光的手里，忍无可忍之下，霍光在刘贺登基的第二十七天召集群臣，宣布废除刘贺。

刘贺被废后，继承帝位的是“巫蛊之祸”中被害的“戾太子”刘据的孙子刘询，即汉宣帝。

刘询，原名刘病已，其身世也极为特殊。“巫蛊之祸”中，刘询的父亲刘进也蒙冤身死，当时刚出生不久的他就被下牢狱，在狱卒丙吉等人的关照下才得以保住性命，后遇大赦出狱，长期生活在民间。年轻时候的他既熟读儒家典籍，又好结交豪侠，长期的民间生活也让他深知世间疾苦。

霍光废刘贺时，刘询虽然已经恢复了刘家的宗籍，但并没有爵位，他是从民间被迎立到皇宫即位的。在汉朝的历史上，除了汉高祖刘邦外，他是又一个百分之百的平民皇帝。

汉宣帝登基的时候只有十七岁，而废黜过皇帝的大将军霍光已经是权倾朝野的老权臣。《汉书》上记录，汉宣帝登基后拜祭祖庙，霍光也陪同前往。当霍光的车驾来到汉宣帝身边的时候，汉宣帝竟然感到后背一阵阵刺痛。这则典故衍生出一个著名的成语——如芒在背。

让汉宣帝如芒在背的霍光，在汉宣帝登基后更和他结下了“杀妻之仇”。谨慎小心了一辈子的霍光，在这一时期彻底反弹了，大权独揽不说，为人更是飞扬跋扈。为了控制汉宣帝，他竟然将汉宣帝的结发妻子许平君毒死，以使自己的女儿霍成君做皇后。许平君在汉宣帝贫贱之时与他相濡以沫多年，为人朴素低调。但权力斗争注定无情。她的离开，是汉宣帝一生的一件痛事，很多年之后，汉宣帝还写诗悼念她。

公元前68年，权倾朝野的霍光病逝。为表荣宠，汉宣帝命人以皇帝的规格礼节祭葬霍光，给予了他极高的尊崇。可霍家的命运，也从此开始改变了。

霍光过世后，霍家依旧嚣张跋扈。霍光的女儿——皇后霍成君，一直就是汉宣帝后宫里的“河东狮”。此女飞扬跋扈，且生活铺张奢侈，与勤俭持家温良贤淑的许皇后完全是两类人。霍光的妻子霍显大兴土木，屡做违法的事情。在隐忍的同时，汉宣帝也不动声色地削除了霍家的羽翼——霍光的两个女婿都被解除了职务，霍光的儿子霍勋被提升为大司马，其实是明升暗降，被解除了兵权。

惶恐之下，霍家人决定铤而走险谋反，然而就像当年上官桀谋反失败一样，这次霍家也输在了谨慎的汉宣帝手里。谋反的消息从一开始就被汉宣帝掌握，还没等到霍家发难，汉宣帝就不动声色地发布任命，将霍家的子孙们调出京城，然后突然动手，将其一网打尽。霍家以谋反大罪全族遭诛，隐忍多年的汉宣帝从此开始真正掌握了政权。

亲政后的汉宣帝，开始延续汉昭帝时期已经有的中兴局面。相比汉昭帝时期，他对内政的创举是对吏治的重新整合，其中最重要的就是反腐败。他派出大批精干官吏，整顿已经冒头的地方腐败现象，严查贪官污吏。因为自己早年坐过牢，所以汉宣帝最痛恨的就是司法不公和贪污腐败，还曾多次亲自旁听重大案件的审理。

汉宣帝执政期间，西汉官员最大的“官场警戒线”就是经济问题。早年曾向霍光提议立刘询为帝的大司农田延年，在修造汉宣帝陵墓时爆出了贪污丑闻，汉宣帝丝毫不念他当年拥立自己的旧情，责令司法机关严审此案，结果田延年下狱后自尽。

与之相应的，是汉宣帝对汉朝律法的修正。他废除了诸多苛刻残暴的法令，治官以严苛，治民却以宽简，汉王朝的官风民风，在这一时期一度彻底被扭转。

经济方面，汉宣帝延续了休养生息政策，并强化了汉武帝时期经济改革的成果。尤其是他大力削弱诸侯，将诸侯土地尽可能地分配给农民耕种，进一步缓解了土地矛盾。

工商业方面，在加强税收管制的同时，汉宣帝进一步放宽经营限制。这一时期的工商业和农业，都有长足的发展。汉朝历史学家刘向甚至认为，汉宣帝的执政成就，甚至要远远好于被公认为盛世的“文景之治”时代。

汉宣帝在位时期做的最重要的事情，就是彻底解决了匈奴问题。汉宣帝时期的匈奴，已经分裂成了南北两大部落且相互攻杀，再无法对汉朝边地形成威胁。但汉宣帝却不满足于这暂时的和平，他抓住机会重拳出击，一面屡次联合西域乌孙等国派兵打击匈奴，一面实行招抚政策，招募匈奴人归附。他的努力收到了回报。公元前51年，匈奴呼韩邪单于主动至长安，宣誓归顺大汉朝。在经过近百年交锋后，汉帝国终于赢得了对匈奴战争的彻底胜利，早已作古的汉武帝若泉下有知，也可含笑了。

公元前60年，也是一个值得中国人记录的年份。这一年，汉帝国正式在轮台设立西域都护府，以郑吉为第一任西域都护。从此，西域正式纳入汉朝的版图，中央政权在这里开始行使主权，这是一个继往开来的伟大成就。

汉宣帝刘询（公元前91年—公元前48年），本名刘病已，西汉第七位皇帝，公元前74年—公元前48年在位。汉武帝刘彻的曾孙，“戾太子”刘据的孙子。幼年时流落民间，于公元前74年被朝臣迎立为帝。谥号为孝宣皇帝，庙号中宗，葬于杜陵。

在西汉的中后期，汉宣帝给大臣封爵比较多，但他封爵的标准是极为特殊的。其他帝王多以战功为标准，唯独汉宣帝，封爵的对象主要是地方官，考评的标准就是治理地方的政绩。他在位期间，多次给地方官涨工资，当时的名臣黄霸，就是因为治理地方有功，得以被封侯爵。另一位大臣胶东相王成，也因为在山东招抚流民，得封为关内侯。

公元前48年，四十三岁的“中兴之君”汉宣帝病故，这一年，也成为西汉帝国从中兴转入衰落的起点。汉宣帝的儿子汉元帝刘奭即位，这以后一直到汉成帝执政时期，《汉书》有个通用的评价——“衰于元成”。意思是，西汉帝国的衰亡，这两个皇帝在位时期是关键。

西汉之衰，始于元成

被后人看作昏君的汉元帝刘奭，其实是一个苦命人，更是个出了名的好人。他的母亲就是被霍光害死的许平君，他能坐上太子的位置，很大程度上也是因汉宣帝对许平君的深厚感情。

作为汉宣帝的长子，刘奭人生的最初岁月正是霍光专权的岁月，他唯一能做的，就是陪着父亲继续忍耐霍光。但长年的忍耐非但没有磨砺他的性情，反而造成了他懦弱优柔的性格。做人方面，这是个好人，但做皇帝，这确实是一个悲剧。

对在位十五年的汉元帝最突出的正面评价就是“仁厚”。他执政时期，总共大赦天下十五次，平均下来几乎每年一次。他是个性格非常仁慈的人，早在做太子的时候，有一次看到父亲汉宣帝惩治官员，他委婉地劝说道：“您使用的刑罚是不是太过了？应该多重用儒生，实行德政。”结果汉宣帝当场怒骂说：“你说的德政是当年周朝的制度，我们汉朝自然有我们的制度。而且那群自诩有德的儒生，大都没有实际的行政能力，我怎么能重用他们呢？”一番怒喝，吓得当时还是太子的刘奭不敢说话。事后汉宣帝也悲伤地感叹说：“将来搞乱我汉家天下的，没准就是我这个儿子啊！”对儿子的缺点，汉宣帝早就了然于心，但出于对其生母许皇后的感情，他最终没有废黜太子。

汉元帝另一个被人称赞的地方，就是他重感情。比如对待当年曾教导他读书的儒生们，他都非常礼敬。汉元帝的老师、有“当世名儒”之称的萧望之，遭宦官石显诬陷后冤死。得知消息的汉元帝震怒，把石显叫来一通臭骂，并当场失声痛哭。此后一直到汉元帝去世，十几年来，每到萧望之忌日，他都会到老师的坟前拜祭。但害死老师的宦官石显并未因此受到任何处罚，相反，汉元帝依然对他信任有加。在汉元帝执政时期，石显几乎把持了大权。

在夫妻生活方面，汉元帝也极重感情。他做太子时候的姬妾司马良娣死后，出于对她的思念，他在相当长时间里从不亲近其他嫔妃。直到母亲为他从民间挑选来了王政君后，他才勉强宠幸了一次。然而就是这一次，令王政君怀上了龙种，生下了儿子刘骜，即后来的汉成帝，王氏家族也从此开始步步高升。令汉元帝想不到的是，正是这个王氏家族，最终出了一位西汉帝国的掘墓人——新朝皇帝王莽。

汉元帝本人对儒学非常着迷。汉武帝虽然“独尊儒术”，但儒学彻底在中国历史上占绝对统治地位，却是从汉元帝在位时期开始。汉元帝在皇帝任上，非常推崇儒学，特别是按照儒家标准选拔官吏，大兴文治，使得全国上下尊儒成风。然而，凡事物极必反，这一时期的汉帝国，一改汉宣帝在位时期的高效率行政状态，官员以研究儒家学问邀宠，崇尚治学清谈而不务实政，使国家行政效率大大降低，甚至大批只研究学问而无行政经验的书呆子也进入了政府之中。

与此同时，汉元帝信任宦官，他自己不务政事，却以宦官石显等人掌控群臣，汉帝国的宦官专权局面，最早就是在此时肇始。

汉元帝在位期间做的最后一件大事，就是著名的“昭君出塞”。公元前36年，西汉西域太守陈汤在没有向中央政府请示的情况下擅自发动攻势，剿灭了盘踞在中亚的北匈奴政权，击毙北匈奴郅支单于。三年以后，归附西汉的南匈奴单于呼韩邪亲自入长安朝见，请求与西汉恢复和亲传统。汉元帝做主，将宫女王昭君许配给他。在这次联姻之后，汉匈两大民族和睦相处，有六十年时间没有发生战争。

而就在这桩美事三个月后，公元前33年五月，汉元帝病故。

汉元帝刘奭（公元前75年—公元前33年），西汉第八位皇帝，公元前48年—公元前33年在位。汉宣帝刘询与嫡妻许平君生的儿子，霍光死后被立为太子。谥号为孝元皇帝，庙号高宗，葬于渭陵。后庙号被东汉光武帝刘秀所去。

继承汉元帝帝位的汉成帝刘骜，是中国历史上出名的昏君，他最出名的就是好色。在位期间，他宠爱赵飞燕、赵合德两姐妹，这两个人，就是汉朝历史上有名的“汉宫飞燕”。

然而汉成帝在位期间也有许多善举，比如他在登基之初严打宦官，并曾下诏全国厉行节俭。但他个人生活奢靡浮华，所谓厉行节俭，只是一纸空文。而他打击宦官的方式，是抬高外戚地位，尤其是其母王氏一门的地位，结果是王家外戚势力空前膨胀。

汉成帝刘骜（公元前51年—公元前7年），西汉第九位皇帝，公元前33年—公元前7年在位。汉元帝刘奭子，母亲为王政君。谥号为孝成皇帝，庙号统宗，葬于延陵。

汉成帝驾崩后，太子刘欣继位。他在位的六年时间几乎无大作为，朝廷大权已经掌握在王氏一族手中。

汉哀帝刘欣（公元前25年—公元前1年），西汉第十位皇帝。公元前7年—公元前1年在位。汉元帝刘奭之孙，定陶恭王刘康之子。谥号为孝哀皇帝，葬于义陵。

王莽篡汉：不会当演员的臣子当不了皇帝

最终废汉自立建立新朝的王莽，在历代史书中一直被看作逆贼。历史上真实的他，早年是个苦孩子。他虽然是汉成帝母亲王政君的侄儿，但父亲王曼死得早，没能赶上封爵。

从童年开始，比起王家其他人满门显贵，王莽却家境贫寒。年轻时候的他，也是一个出名的好孩子。从小时候起，他就挑起家庭生活的重担，孝敬母亲和寡居的嫂子，悉心照料哥哥留下来的幼侄，同时学习也没耽误。

比起王家子弟们个个宝马香车，奢靡享乐，王莽不但生活简朴，而且还刻苦读书。他从小喜爱儒学，年轻的时候就拜当时著名的大儒陈参为师。陈参是西汉儒家一个比较特殊的学者，他的学问主张做人要讲“忍耐”，即要以隐忍低调的方式成就自己；做事则要“师古”，即现代的一切都是可恶的，上古的一切都是好的，做事要遵循古法，遵从古制。观王莽日后的命运，他的成功，很多来自老师的教诲；他的失败，最后也是栽在老师的教诲上。

而在王家长辈们的眼中，年轻时候的王莽更是一个少有的孝顺孩子。对于自己家庭的贫困，他毫不计较。对于已经封爵的家族长辈们，他尽心侍奉。侍奉最多的，就是汉元帝时期担任过大将军的王凤。

王凤是王莽的伯父，在王凤晚年的时候，王莽经常随侍左右。公元前22年王凤生病，王莽侍候在身边，十天十夜衣不解带，一直悉心照料，把王凤感动得不行，拉着王莽的手说："我的儿子都不如你啊，真希望你是我的儿子啊！"对这个简朴孝顺的好侄子，王凤从此格外欣赏，可欣赏了没几个月，王凤就病故了。在临终之前，王凤专门嘱托皇后王政君一定要好好照料王莽。因他临终的关照，隐忍了多年的王莽也终于得到了黄门郎的官职，从此正式踏入了西汉的官场。

在王莽进入官场后，王莽的叔叔王音和伯父王商先后成为西汉帝国的大司马。对这两位长辈，王莽拍马屁的方法很"看人下菜碟"。

王音的文化水平有限，对于案牍公文常常挠头，王莽便经常主动帮他处理，每次都能做到井井有条，是个称职的秘书。同时王莽不但能干，还很会拍马屁。他拍马屁的方式就是戴高帽，哪怕是朝廷有一点小事，王莽也要找机会，将叔父王音好好称赞一番。

而伯父王商最大的毛病就是好为人师，所以王莽孝敬的办法，就是经常向王商请示工作。哪怕是工作中有一点小问题，王莽也会装傻向王商请求指示。每次王商都会滔滔不绝给王莽上半天课。哪怕"上课"的内容再无趣，王莽都会做出听妈妈讲故事状，在王商面前听得入迷，等着王商讲完之后又做恍然大悟状，对王商大为奉承。

结果，在王音当权时，王莽被提拔为射声校尉。而在王商接班后，王莽被封为新都侯，得到了一千五百户食邑。

在汉元帝和汉成帝执政时期，王莽是朝堂上下公认的好人。他家里基本不存钱，手头上的余钱要么拿去周济穷人，要么用来结交官员。西汉帝国曾连续两次遭受水灾，王莽不但积极捐钱，还变卖家产当赈灾款。如此毁家纾难的爱心人物，自然得到了朝廷上上下下的敬重。而且他很不忘本，当年他做黄门郎的时候做过他上司的人，此时官职已不如他，但王莽见到对方，依旧礼敬有加。

三十七岁那年，王莽获得了做大司马的机会。当时大司马王根病重，王莽成了继任大司马的候选人。与他竞争大司马的，是太后王政君的外甥淳于长。这个人不但有姨妈王政君的支持，更和此时的皇帝汉成帝关系不一般。汉成帝欲册立赵飞燕为皇后的时候，正是淳于长从中斡旋，才争取到了王政君的支持。对如此强劲的对手，王莽表面上示弱，多次在各个场合表示自己无心和淳于长争夺大司马的职位，还在觐见王政君时表忠心，发誓一定会和淳于长和衷共济，共同辅佐朝政。

如此一来，淳于长放心了，渐渐飞扬跋扈，结果惹得王政君反感不说，还被王莽抓住了一条小辫子：多年以来，淳于长一直与被废的许皇后的姐姐私通。在被确立为“接班人”之前，淳于长碍于影响，不敢把这事公开，眼看着“接班”木已成舟，淳于长就嚣张了，竟然明目张胆地把许皇后的姐姐迎娶进家门当了小妾。

这种事在封建时代属于大逆不道，淳于长得意忘形，王莽可没忘。趁着王根对淳于长不满的机会，王莽赶快在王根面前上眼药。此事后经王根添油加醋，引得汉成帝大怒：敢和我的大姨子私通，反了你了！淳于长随后立刻被查办，不但接班没戏，更被汉成帝下令在牢狱中处死，全家发配流放。原本木已成舟的接班，硬是让王莽给搅黄了。

值得一提的是，在淳于长倒霉之后，王莽还主动出面说情。在王莽的劝说下，淳于长被免除了全家遭株连的命运，妻子的性命得以保全。好人，全让王莽给做了。

在大司马任上，王莽给人最深的印象就是清廉。他为官廉洁，生活简朴，平时出入都穿很简单的衣服，并且礼聘当时著名的儒生来做幕僚，为人礼贤下士，这和当时官场愈演愈烈的奢靡风气形成了鲜明对比。尤其是王莽母亲病重的时候，各路官员前来探望，看见王莽的母亲竟然只穿土布衣服，跟别人家的奴婢差不多，王莽清廉之名也因此传遍天下。

做大司马不到一年，由于汉成帝病逝，王莽被以诸侯王身份继承帝位的汉哀帝解除了职务。但这次炒鱿鱼非但没有毁掉他的政治生命，反而令他更进一步。

隐居回南阳新野封地的王莽在家乡结交儒生，笼络人心，又公正处理了二儿子王获的杀人案，一下子赢得了民心。当时上至朝廷官员，下至民间学者甚至普通百姓，都有人自发地为王莽喊冤，最多的时候，每天喊冤的“数以百计”。邀请王莽出山，成了上上下下共同的呼声。

公元前2年，正好发生了日食，与王莽要好的儒生们趁机大做文章，宣传这是老天爷的旨意，要王莽重新出山。在巨大的压力下，一心想清理王家外戚的汉哀帝也只好低头，将王莽重新召回。老天爷这时候也真在帮王莽，他刚回来没多久，汉哀帝就去世了。

公元前1年，汉平帝即位，王莽又任回了大司马。公元元年，位高权重的王莽被封为安汉公。此时的他已经权倾朝野，连汉平帝本人都被他掌控，除了太皇太后王政君外，已然无人可制约他。

汉平帝刘衎（公元前9年—公元5年），西汉第十一位皇帝，公元前1年—公元5年在位。汉元帝刘奭之孙，中山孝王刘兴之子。八岁在王莽扶植下登基，后被王莽毒杀，葬于康陵。

王莽（公元前45年—公元23年），字巨君，外戚、新朝的建立者，公元8年—公元23年在位。西汉外戚王氏家族的成员，其人谦恭俭让，礼贤下士，在朝野素有威名，被看作是“周公在世”。公元9年，代汉建新，建元“始建国”，宣布推行新政，史称“王莽改制”。统治末期，天下大乱。公元23年，更始军攻入长安，王莽死于乱军之中，新朝也成为中国历史上短命的朝代之一。

最早看出王莽篡位野心的是他的儿子王宇，他曾秘密请求王政君贬黜王莽。如果这时候王政君听他的话，也许西汉灭亡的事情就不会发生了。但是王政君不相信王莽有此野心，犹豫不决。然而王莽是不会犹豫的，敢挡他路的，就算是亲儿子也要干掉。王宇因此被下狱，不久后死于牢狱中，其妻子也在生下孩子后被王莽处决。

借着此事的由头，王莽开始大兴牢狱，第一批被王莽逮捕的官员，大多数都是掌握关中地区甚至长安兵权的武将，然后是包括汉元帝的妹妹敬武公主、梁王刘立、阿侯王刘仁在内的刘氏宗族相继被逼自杀。这场株连万人的大冤狱，将朝中的反对派清洗殆尽，而太皇太后王政君从此也无力再和王莽抗衡了。

王莽篡权的过程和历代宫廷政变一样，开始时先用迷信做宣传。公元8年，当时梓潼县乡民哀章伪造铜匮，上面写明刘邦下“天书”，指派王莽取汉代之，建立新朝。此事正中王莽下怀，他顺水推舟去宗庙祭祀，定下了改朝换代的日期。

次年，王莽正式宣布废汉自立，改国号为“新”，正式成为新朝的开国皇帝。但这个国“开”得很不顺，深感上当的王政君极为愤怒，在被逼交传国玉玺时将玉玺硬摔给他，大汉帝国的传国玉玺因此被摔掉了一个角。

西汉帝国从此正式灭亡了。

汉孺子刘婴（公元5年—公元25年），西汉末代皇太子，广戚侯刘显之子，汉宣帝刘询玄孙。汉平帝死后，被王莽立为太子，并被称之为“孺子”，而王莽自任“假皇帝”摄政。王莽篡汉后，被封为安定公。公元25年正月，平陵人方望等起事，被其劫取逃离长安，后在方望与更始帝刘玄的混战中为乱兵所杀。

西汉的末代皇太子刘婴被册封为安定公，以山东平原为封地。这位亡国储君此时只有四岁，尔后一直在山东平原安居，奉养宗庙，又活了十六年，直到新朝灭亡后，死在同是刘氏宗族的更始帝刘玄手中。对待前朝皇室，王莽还算厚道。

王莽称帝的十五年，做过的每一件事情，都几乎把中国推向崩溃的边缘。比如他的复古改革，造成了国民经济混乱；他贸然对匈奴开战，反而激化了国内矛盾，引发了席卷全国的农民起义。晚年的他几乎众叛亲离，连他立的太子王临，因为和他的情人原碧私通，企图取代他自立，最后也被废了太子位自杀。至此，王莽的四个儿子，三个都死在了他自己手里。

这期间，各地农民起义四起，刘氏宗族也纷纷起事，天下彻底陷入大乱之中。

公元23年，拥戴刘氏宗族刘玄为皇帝的绿林起义军，于十月一日攻破了长安。王莽经过两天血战，始终没有突破包围，最后被商县人杜吴杀死，接着被起义军砍成了肉酱。造成中国大战乱的新朝，仅经过十五年就灭亡了。

心机阴沉的王莽，其性格上也有“天真”的一面，他是中国历史上少有的爱好科学的皇帝。在为帝期间，他组织了中国历史上第一次飞行试验，即由人身披形似大鸟翅膀的衣服进行飞行尝试，企图组建人类历史上最早的“空军”。

而在国家经济面临崩溃、粮食紧缺的情况下，王莽竟然还组织人力进行食品试验，企图研究麦秆、泥土这些东西能否转化成供老百姓食用的食品。公元23年的春天，内忧外患的王莽还率领百官组织了“哭天”仪式，向上天祷告，大喊一切罪过在自己，不要加害百姓。整整一天，他哭得鼻涕一把眼泪一把，到最后竟然连血都哭出来了。然而老天爷最终还是没有帮他，因为历史从来是不相信眼泪的。

光武帝刘秀：史上最完美的开国皇帝

从王莽执政末期开始，中国再次陷入了漫长的战乱中，最后的胜利者是重建汉王朝的东汉光武帝刘秀，但他打下来的江山，其实是一片烂摊子。

在从西汉末年到东汉初年的战乱中，中国有一半以上的人死于战乱，其中绝大多数都是青壮年劳动力。在西汉帝国的旧都长安，城池周围甚至堆满了尸体，常年散发着腐臭的味道。

而更严重的是连年大规模的瘟疫。自从与匈奴开战以后，从草原上传来的各种瘟疫开始在中原大范围蔓延。当时的中医对于这些新出现的“超级病菌”几乎没有任何办法。尤其是鼠疫，在当时的中国，这是死亡率最高的疾病。

除此之外，当时的士大夫阶层，对于新建立的东汉政权还普遍采取观望不合作的态度，特别是当时富有声望的名门，几乎都多次拒绝过东汉政府的召见。

边境的问题也愈演愈烈，匈奴趁机侵扰边关，汉帝国的边防几乎是烽火连年。

内外交困的局面，就这样摆在了光武帝的面前。

汉光武帝刘秀（公元前5年—公元57年），东汉王朝开国皇帝，公元25年—公元57年在位，中国历史上著名的拨乱之主。新莽末年，海内分崩，天下大乱，身为一介布衣却有前朝血统的刘秀在家乡乘势起兵。公元25年，与绿林军公开决裂，于河北登基称帝。为表刘氏重兴之意，仍以“汉”为其国号，史称“后汉”，又称“东汉”。经过持续十数年之久的统一战争，先后平灭了更始、赤眉和关东、陇、蜀等诸多割据势力，使得自新莽末年以来分崩战乱近二十年的中国大地再次归于一统。他在位三十二年，大兴儒学，推崇气节，使东汉一朝成为中国历史上“风化最美、儒学最盛”的时代。谥号为光武，庙号世祖，葬于原陵。

东汉开国皇帝刘秀，与西汉的开国皇帝汉高祖刘邦在性格上有许多相同点，比如心机都很深。新朝末年天下大乱的时候，刘秀的两个哥哥也猴急着要造反，但刘秀沉得住气，反而总劝兄长们看看再说，直到确定天下必乱后，才和两个哥哥一起在家乡湖北枣阳举兵。另外，刘秀和刘邦一样，都有极强的克制力，刘秀的哥哥刘縯在诛灭王莽后，被绿林军领袖汉更始帝杀害。为避免猜忌，刘秀强忍悲痛，表面饮酒作乐，最终骗过了敌人。

而他和刘邦也有很多不同，最不同的就是他的风雅气度。在许多史书的记录中，刘秀是一个气质高贵、举止优雅的领袖，待人接物更是谦虚诚恳，与刘邦的“流氓样”可谓有天壤之别。所有投奔他的人，绝大多数都是被他的优雅气质所折服。另一个不同点，则是他在关键时刻展现出的过人胆魄与出众的军事才能。比起刘邦被项羽打得仓皇逃命的情景，昆阳之战中，面对王莽的四十万大军，刘秀不屈不挠，仅率数千人发动进攻，居然一举得胜。他不但是一位伟大的开国者，更是一位杰出的军事家。

光武帝另一个被人称道的优点，就是他对待开国功臣的厚道。比起西汉大杀功臣，东汉的开国功臣们不但大多世代高官厚禄，甚至连他们曾经做过的点滴善举，光武帝都会记得。

开国功臣冯异早年跟随光武帝起兵时曾做过两件小事，一次是光武帝率军攻打盘踞邯郸的枭雄王朗，行至饶阳时突遇寒风，全军饥寒交迫，冯异主动出去找来了一些小米，为光武帝做了一顿热腾腾的米粥；另一次是部队行至南宫地区时，突然又遇暴雨，冯异冒雨找来了柴草，给光武帝烧了一顿暖烘烘的麦饭。后来冯异受命镇守关中，担心光武帝猜忌他，数次打报告请求调回都城洛阳。这时也有大臣上奏，说冯异在洛阳招兵买马，图谋造反。冯异回京述职的时候，光武帝笑盈盈地把这些奏章拿给冯异看，吓得冯异惶恐不已。但光武帝宽慰他说："我怎么会怀疑你呢？当年饶阳的那顿米粥，南宫的那顿麦饭，我到现在都还记得呢！"此后冯异为光武帝南征北战，立功无数，每次出征，光武帝都命冯异的家人和他一起随行，对他从无怀疑。

东汉在建国的时候，大体的国土面积与西汉差不多，国家以郡县作为地方政权，全国一共有一百零五个郡国。从地方区划的数目上看，东汉的地方郡县数量远远大于西汉，这正是为了分散地方的权力，保证中央对于地方的绝对控制权。与此同时，汉武帝时期曾经临时设置的十三部刺史，被光武帝改革为常设机构。刺史负责监察州郡官员的行政事务，并且有领兵、发兵的权力，传统的地方州郡官员的权力已经被大大地削弱。同时，因为人口减少，光武帝在全国开始了"县城合并"运动，在全国裁撤了大批地方县城，将县城合并，以集合人口，全面进行恢复经济的工作。

东汉开国后的政治制度大多沿用西汉，而光武帝的独特政治创举，就是设立尚书台。尚书在西汉的时候就有，但那时候的尚书，只不过是少府的一个办事机构，甚至没有单独的名分。到了光武帝时期，尚书的权力迅速扩大，尚书台设主官一人，称尚书令，下面有副主管尚书仆射，外加左右二丞。下面的曹、史等各级官员，共有六十二人。在东汉时期，尚书台才是国家权力的最高核心，他们位高权重，比如参与朝廷决策、机密谋划、赏罚官员，都是由尚书台来运作，三公的职权大部分被他们取而代之。而形成鲜明对比的是，尚书台的官员品级并不高，这样一来，三公有高位而无实权，尚书台有实权而无高位，两方互相牵制，光武帝也就可以从中掌控，高枕无忧。为了统一中央权威，光武帝可谓煞费苦心。

光武帝从西汉灭亡中吸取的最大教训，就是遏制外戚。在东汉开国早期，与外戚结交是官场重臣们碰不得的“高压线”。光武帝对付外戚的办法，就是用金钱换权力，即给予外戚充分的经济特权，以换取外戚的行政权力。他的舅舅樊丹、樊寻、樊宏相继封侯，在封侯的同时，其手中的兵权也被光武帝收回。皇后阴丽华的哥哥阴识长年跟随光武帝征战，立有大功劳。但是，当光武帝表态要封阴识侯爵时，阴丽华却私下告诉兄长不要轻易接受。结果，阴识在受封的时候几番退让，甚至泪流满面，在光武帝几次表彰之后才勉强以感激涕零状接受了册封。如此表演，也只是为了给天下人一个姿态：在光武帝的治下，外戚是要夹着尾巴做人的。

比起西汉晚期外戚的飞扬跋扈，光武帝时期的外戚很识趣。光武帝的舅舅樊宏多次告诫家人要谦虚，并且把“富贵盈满自溢”作为家训。光武帝的姐夫邓晨、妹夫李通，在建国之后都主动地交出了官职，仅仅以外戚的身份享受荣华富贵。

官员一旦和外戚往来过密，后果也往往会很严重。东汉初期的著名学问家冯衍是一个享有盛名的贤才，光武帝一开始很想重用。但这个冯先生学问虽好，政治智商却几乎为零。他因为得到了阴丽华弟弟阴兴的举荐，和阴家交游甚密，多次参加阴家的宴会，之间还诗文唱和好不亲密。这本是一件小事，光武帝知道后却大为恼火，当场把冯衍下狱，之后在阴皇后的求情下才勉强赦免他的罪过，将他发回原籍安住。这样做的目的，自然是要警醒那些外戚们：都给我老实点，我刘秀眼里可不揉沙子。

东汉开国，与西汉王朝最大的区别，就是光武帝选择了以儒治国。在官员的任用上，光武帝首先重视的是有儒家背景的文臣，包括在尚书台建立之后，真正行使国家行政权力的，都是颇有盛名的儒生们，而不再是功臣贵族；在地方的行政权力上，地方官也大多通过孝廉制度，选拔在地方上颇有声望的儒家学者担任，而儒家的伦理纲常，更被光武帝作为考核官员的重要方式。从小受儒生教育长大的他，对儒学更是非常热衷，经常在每天工作结束之后，和儒生们一起探讨儒家的治国之道，有时候到了深夜还不休息。太子刘庄担心他的身体，劝说他要早休息，他却回答说："我喜欢，所以不疲倦。"著名的成语"乐此不疲"就是这么来的。

光武帝不但热爱儒学，更热衷于做一个文化大师。当时的儒家学派林立，各种学派经常争论不断，光武帝经常在皇宫里举行论坛，亲自听取各家学派的辩论，然后仲裁其中的胜败，确立儒家思想的主体。

光武帝以儒治国的另一个举措，就是全国的大裁军。东汉开国时期，光武帝的军队数量曾达到一百多万人，裁军也就提上了日程。当时的东汉，除了在边境上保持一定数量的常备军之外，大部分的军队都解甲归田。特别是在河南、山东等内陆地区，光武帝曾经出台政策，凡是转兵为农的军人，国家赐予优厚的土地和赏赐，并发放农具恢复生产。光武帝在位时期，整个东汉帝国的军队，缩减到了三十万左右，但战斗力并没有因此降低。在后来对匈奴以及羌族的战争里，东汉军队一直保持着高水准的战斗素质。光武帝的精兵简政政策，一直贯穿整个东汉。

光武帝个人给人的最大印象就是他的宽厚平和。他称帝之后，有一次回乡，召见自己乡下的叔叔婶婶。这些老乡们喝多了酒，说话就随便起来了，他们乐呵呵地对光武帝说："你从小什么都好，就是不计较小事，太厚道了。"光武帝听了果然也不计较，反而承认说："吾治天下欲以柔道行之。"也就是说，儒家的"仁"道，就是他的治国方略。

但光武帝在位的时候也闹出过冤案。他喜欢大搞各种祭祀，并且颁布神化的图谶，来表达君权神授的思想。在这个问题上，即使许多他所信用的儒生，看法也不一样。比如有一次太中大夫郑兴进言，要光武帝不要迷信这些图谶，谁知厚道的光武帝却当场大怒，说："你连这个都不研究，还怎么做大夫？"吓得郑兴当场认错，就怕被光武帝拉出去砍了。而当时另一个著名的儒家哲学家恒谭更有唯物主义思想，他一生都坚持儒家无神论，认为光武帝大搞祭祀与孔子的思想相悖，应该立刻停止。结果，本来深受光武帝信任的恒谭一下子被贬到六安做丞，在路上又莫名其妙地死掉了，有人说是"惊惧而死"，也有人说是死于暗害。

光武帝时期的休养生息政策，和汉高祖时期最大的不同，就是汉高祖"无为"，光武帝"有为"。汉高祖的"无为而治"，其实就是政府对经济不干预，听任经济自由缓慢发展。光武帝则不然，他采取的是政府集中力量，主动投资恢复发展经济的做法。其中作用最大的就是兴修水利，东汉初期是中国历史上水利工程数量比较多的时期。同时光武帝还通过计划建设的方式，大力扩展农业经济带。在荆州、襄樊等地区设立农区，招抚流民前来耕种，荆襄地区也就因此而发展起来，成为重要的产粮区之一。三国时期，荆襄之所以有如此富庶的人口和重要的战略位置，和光武帝时期开始的开发华中地区的政策很有关系。

光武帝执政时期的工商业，和西汉时期也大不相同，最大的特点就是国有企业化，即由官府设立手工业作坊，包括冶炼、纺织、制盐、土建等产业，都以官府的"国营企业"为主。但比起汉武帝时代盐铁官营的高度垄断，东汉并没有禁止私人手工业的发展，相反是允许其发展，只是让官营手工业占据主导地位，吸取汉武帝时代盐铁官营的负面教训。东汉这一时期的手工业国营企业有明确的考工令，即用法律手段规范产品的质量，这就保证了手工业的效率。东汉手工业国营的另一个重要原因是，这一时期的中国人口锐减，民间经济破坏严重，私人资本根本没有力量投入手工业。由国家来主持手工业的制造和运营，等于是用政府手段来掌控经济，无论是对于尽快组织生产恢复经济，还是为国家增加财政收入，都是非常重要的。

按照《后汉书》的记载，到光武帝统治的后期，东汉经济也已经繁荣初现，史载当时“五谷登衍，蚕麦善收”“吏称其官，民安其业”，以至于“天下安平”。这段时期，就是中国历史上又一著名的中兴时期——“光武中兴”。

严“明”宽“章”：东汉的美好时代

光武帝过世后，继承帝位的是汉明帝刘庄。在做皇子的时候，他就是光武帝儿子中出名的神童，十岁的时候就通晓《春秋》。他十一岁那年，正值初登基的光武帝派官员清丈全国的土地。结果地方官报上来的奏折说：“南阳地区的土地是不能查的。”一句“不能查”让光武帝纳闷了：这究竟是什么意思？结果在旁边读书的刘庄插话说：“地方官的意思是说，南阳是您的老家，当地贵族势力强大，就算您派人清查，也肯定查不出实情来。”事后光武帝派人讯问当地官员，得到的答案和刘庄当时推测的一模一样。

几年后，源武城发生叛乱，光武帝派名将臧宫带兵征讨，把源武城围得水泄不通，但攻了几个月，就是打不下来。这时候刘庄出主意说：“之所以打不下来，是因为官军把敌人围得太紧，逼得敌人拼死抵抗，不如先故意放开一个口子，引诱敌人出来逃命，这样就可以在野外把敌人歼灭。”结果依刘庄计，原本闹得声势浩大的叛乱，几天就被平定了。

比起热爱儒学的父亲，汉明帝在位时政绩也不差。他不但重视儒学教育，对教授自己儒学的老师更分外礼敬。他的恩师桓荣，就是最受他敬重的儒生。

即位后的汉明帝，依然经常便装去太常府，像当年做太子时一样，以弟子礼聆听桓荣授课。后来桓荣病重，汉明帝经常去桓荣家探望。他每次去，都是坐车到桓荣家的街口就下车，然后步行造访，见到病中的桓荣后，就默默地握着桓荣的手垂泪。对儒家宗师的敬重，几乎终汉明帝一生。

而和光武帝的宽厚相比，汉明帝对待官员却是极其严苛的。在他执政时期，官员们哪怕有一点儿小错，也会遭到严厉的责罚。有时候他还亲自动手打人，比如有一次，负责记账的尚书郎记错了物品数量，汉明帝当场大怒，把尚书郎叫来后，亲自拿着棍子将尚书郎一顿暴打，直到众多官员苦苦求情后才作罢。

汉明帝对父亲另一件奉行不辍的事情，就是对外戚的防范。他登基早期，命人在云台绘制了开国二十八人的画像，即历史上著名的“云台二十八将”，以纪念这些功臣们再造汉室的功勋。然而这些群星灿烂的人物里，却偏偏少了东汉开国最杰出的骑兵统帅——马援。原因也很简单：他的皇后马氏是马援的女儿，为了做出遏制外戚的表率，也只好委屈老岳父了。他的姐姐馆陶长公主，一次为自己儿子求官，汉明帝得知后立刻下旨赐外甥一千万钱，但绝不许外甥做官。

在防范外戚的同时，汉明帝对于宗室的势力也极为防范。光武帝一生共生育了十一个儿子，其中对汉明帝威胁最大的就是废太子刘疆。汉明帝即位后，刘疆也闹出了一桩公案：当时汉明帝的同母弟刘荆图谋不轨，故意给刘疆写信，劝刘疆在封地东海举兵造反。接信的刘疆吓得魂飞魄散，赶快给汉明帝报告了此事。对这种大逆不道的事，汉明帝采取了隐忍的对策，他先拒绝追究刘荆的责任，反而将刘荆礼送回封地。而后刘荆越发张狂，甚至对外放话说：“我爹（光武帝）三十岁的时候做了皇帝，我今年也三十岁了，难道就不能做皇帝吗？”结果就是这句话，让汉明帝抓住了把柄，让地方官轮番弹劾，吓得刘荆连忙主动投案，自觉进了监狱，而后又在监狱里畏罪自杀。

严苛的汉明帝在打压豪强宗室的时候是从来不手软的，安插的罪名也五花八门。光武帝临终前，安排辅佐汉明帝的重臣里有汉明帝的姐夫梁松，然而汉明帝执政的第二年，梁松就被免除了官职，此后又被逮捕入狱。这位梁松不但为人飞扬跋扈，更和汉明帝本人有过节——汉明帝的岳父马援正是被梁松间接诬陷致死。安在梁松头上的罪名，叫“坐怨望”，也就是说他虽然没有不轨的行动，心里却对皇帝不满。背着这个糊涂罪名，梁松死在牢狱中。

汉明帝执政时期，河西大族窦氏一门也遭到了他的打压，窦家从兄子窦林也被安上“坐欺罔”的罪名，一样死于牢狱中。甚至连汉明帝的表亲，尚健在的太后阴丽华的娘家外甥阴兴，也因欺凌公主被他处死。

公元75年，汉明帝刘庄去世，其子汉章帝刘炟即位。

汉明帝刘庄（公元28年—公元75年），东汉第二位皇帝，公元57年—公元75年在位。汉光武帝刘秀第四子，母为阴丽华。初名刘阳，封东海王，公元43年被立为皇太子。明帝统治时期，吏治清明，境内安定，加以多次下诏招抚流民，以郡国公田赐贫人，贷种食，并兴修水利。明帝及随后的章帝在位时期，史称“明章之治”。谥号为孝明皇帝，庙号显宗，葬于显节陵。

十九岁即位的汉章帝，在后来魏文帝的评价中，却得到一个特殊的评语——忠厚长者。这个评价，就来自于他宽厚的性格。比起严苛的父亲来，汉章帝最大的优点就是他的仁厚。

他执政时期的政策，除了众所周知的轻徭薄赋，休养生息，鼓励垦荒，编纂儒家经典《白虎通德论》外，同样重要的，还有废除汉朝法律中苛刻刑罚五十多条，同时大规模复核司法案件，对诸多案件减刑改判。他执政的十三年，与其父亲执政的十八年加起来，是中国历史上的又一盛世——“明章之治”。

宽厚的汉章帝，甚至也宽厚到了不该宽厚的地方——放弃西域。他登基初期，适逢匈奴大举进犯被班超收复的西域地区。在第五伦等儒臣的劝说下，汉章帝下令召回汉朝派驻西域的官吏、军队，彻底放弃西域。幸亏苦守西域的班超忠勇，在当地孤军奋战了三年，最终打动了原本退缩的汉章帝，向西域派去了一千八百人的援军。此后经过十一年奋战，班超不但收复了西域，更击败了当时另外一个强大帝国贵霜帝国对西域的进犯，至公元95年，西域五十余国全部重新归附汉朝。

汉章帝另一个不该宽厚的地方，就是他对于外戚和官员的纵容。他即位后复核案件，赦免了相当多的罪犯，既有平民百姓，也有因经济问题被关押的官吏。按照《后汉书》的说法，正是在他执政时期，东汉帝国的吏治逐渐腐败，贪腐之风渐盛。

汉章帝的失策，就在于改变了前面几代皇帝对外戚的打压政策，他恩宠皇后窦氏，连带着让窦氏家族的势力迅速上升。窦皇后的兄长窦宪素来嚣张跋扈，甚至侵夺沁田公主的庄园，闯下大祸。此事被汉章帝得知后，一度引起他震怒，欲将窦宪处死，但是在皇后的苦苦哀求下，最后还是赦免了窦宪。正是这个窦宪，于之后汉和帝在位时一度权倾朝野，首开东汉外戚专权的先例。

在位十三年的汉章帝，去世时年仅三十二岁，而继承他皇位的汉和帝刘肇登基时只有九岁。

汉章帝刘炟（公元56年—公元88年），东汉第三任皇帝，公元75年—公元88年在位。汉明帝刘庄第五子，母为贾贵人。谥号为孝章皇帝，庙号肃宗，葬于敬陵。

从外戚干政到宦官专权

在汉章帝的子女排序中，刘肇只是第四子，他能继承帝位，主要是因为他被窦皇后收为养子。而他的生母梁贵人，则在他被收养后遭到窦皇后杀害。年少登基的他，大权都被窦氏家族掌握，内有窦太后主持后宫，外有窦太后兄长大将军窦宪把持朝政，年仅九岁的他，其实只是个傀儡。

汉和帝在做傀儡皇帝期间，经历了一件改变东西方文明史的大事，那就是彻底消灭北匈奴。

公元88年，常年与汉朝为敌的北匈奴遭受暴风雪灾，人畜损失极其惨重。而偏在此时，掌握大权的窦宪又干出了一件混账事：都乡侯刘畅因为得到太后赏识，遭窦宪妒忌，竟被窦宪派刺客杀害。后来案件水落石出，盛怒的太后将窦宪囚禁在宫中。闻听北匈奴政权摇摇欲坠，又为了避祸，窦宪随即主动要求出击北匈奴，欲将功折罪。

公元89年七月，窦宪率领汉军出朔方，与北匈奴军在涿邪山（今蒙古国满达勒戈壁附近）激战，一举破之，随后一路追杀，直杀到稽落山（今蒙古国的杭爱山）下，又追击到私渠比鞮海（今蒙古国乌布苏泊），一路仅招降的俘虏就有二十万人。这次出兵是对北匈奴毁灭性的打击，得意扬扬的窦宪也分外高兴，班师途中在燕然山勒石记功而还，可谓对当年封狼居胥的霍去病有样学样。这件酣畅淋漓的大胜，就是后来宋朝名臣范仲淹心向往之的“勒燕然山”。

重创北匈奴的窦宪，随后又干出了另一件斩草除根之举。东汉司徒袁安在窦宪获胜后，火速提出了招降的建议，认为这将是一劳永逸解决匈奴问题的好机会。依照袁安的建议，汉朝派梁讽等人为使者，去北匈奴藏匿的巴尔喀什湖地区招降，在梁讽的劝说下，穷途末路的北匈奴单于最终动心了，他们准备效仿南匈奴，彻底向汉朝投降。

然而，得知消息的窦宪却和南匈奴单于密谋，打算趁着北匈奴接受招降疏于防范的机会，再打一次大规模进攻，一劳永逸解决北匈奴问题。

公元90年七月，汉军与南匈奴两路夹攻，杀入了北匈奴的王庭，疏于防范的北匈奴大军顿时崩溃，北匈奴单于的阏氏以下一万五千多人被俘。具讽刺意味的是，汉使梁讽和班固，此时就奔走在奉命册封北匈奴的路上，他们到达的时候，看到的却是一地死尸。

公元91年，窦宪再次出兵，在金微山（阿尔泰山）包围北匈奴残部，俘虏了单于的母亲，单于本人则率领几千人突围北逃。这是汉匈战争历史上最后一次大规模的战斗，自此以后，北匈奴开始了悲壮的西迁之路。而后，就有了他们横扫欧洲，改变欧洲历史的波澜壮阔。

窦宪消灭北匈奴，对于长久苦于匈奴侵扰的汉朝军民来说，是一件大好事，然而对于此时还是傀儡的汉和帝来说，却是一件大坏事。

建立不世之功的窦宪越发嚣张跋扈，朝堂上下遍布他的爪牙，连东汉文学家班固也成了他的幕僚。在当时的都城洛阳，窦宪的亲信成天为非作歹，甚至公然强抢民女，掠夺民财，而地方官却根本不敢管。汉匈之战中力主招降北匈奴的司徒袁安，看到窦氏外戚嚣张跋扈的景象，竟然时常失声痛哭。

但令窦宪想不到的是，诛灭北匈奴的功勋不但成为他一生的绝唱，也成为他覆灭的导火索。公元92年，平定北匈奴的窦宪班师回朝。而早已起杀心的汉和帝，在其亲信宦官郑众的帮助下，定下了除窦宪之计。结果窦宪入宫朝见汉和帝时，被早有准备的汉和帝封锁宫门，他的亲信纷纷被逮，窦宪本人先被收回大将军印，改封为冠军侯，礼送回封地后又被逼自杀。汉和帝的养母窦太后也被囚禁，把持朝政四年的窦家外戚就此倒台。

然而，依靠宦官扳倒窦家的汉和帝，也由此把东汉王朝带入了一个新的政治时代——宦官专权时代。

汉和帝之后执政的十四年，被人诟病比较多的就是信用宦官。他最信任的宦官，就是为他扳倒窦家出谋划策的郑众。不过郑众作为东汉第一位掌权的宦官，却是一个很低调的人，每次汉和帝对他赏赐，他都推辞不受，待人接物也诚惶诚恐。他虽然深受汉和帝信任，但做的最主要的事情，就是陪汉和帝商讨国家大事，并未有太多劣迹。

汉和帝对宦官的信任，也引起了许多文官特别是清流士大夫的不满。尤其是在梁贵人死因真相揭秘后，一位曾参与谋害梁贵人的宦官也遭到了大臣们的声讨，其中一个正在洛阳太学读书的十九岁学子，对此抨击尤其激烈。而两千多年后，那位被声讨的宦官和那位愤怒声讨宦官的青年学子，都被后人以科学家的名义写入了史册。那位宦官，就是改进造纸术的蔡伦；而那位青年学子，则是东汉最杰出的发明家、地动仪的发明者张衡。

汉和帝与其父汉章帝相似的一点，就是他的宽厚。他亲政的十四年里，曾先后七次下诏书减免赋税。在司法断案上，他把“务求宽恕”作为一个原则，甚至对于和他有杀母大仇的窦太后也是如此。窦宪败亡后，窦太后过了五年软禁生活，至公元97年去世。直到这时，皇宫里的年长宫女才告诉了汉和帝他的身世，以及其生母梁贵人被窦太后害死的旧恨。当时有大臣建议，让汉和帝削夺窦太后的尊号，不许她的遗体葬入皇陵。但汉和帝回答说：“她毕竟对我有养育之恩，这么做我怎么能忍心呢？”于是，在生母梁贵人被追封为太后的同时，窦太后依然以太后的礼节下葬。

汉和帝史不绝书的善举，就是他的爱民。他在位期间每年都下诏书复查案卷，清理冤案。他最为痛心疾首的就是东汉王朝的吏治腐败，为此，他曾四次下诏求贤，在全国海选好官。公元96年，洛阳地区发生蝗灾，汉和帝的诏书里说："发生自然灾害，是老天的惩罚，所有的错误都是我一个人的，我请求上苍降罪给我一个人，不要祸及百姓啊！"

汉和帝也是东汉历史上较为勤政的皇帝之一。终其一生，他都保持着极为刻苦的工作习惯，每天批改奏折到深夜。

一生勤政的汉和帝，病故于公元106年，年仅二十七岁。而勤劳一生的他，恰恰忘记了一件最重要的事情——立太子。

皇后邓氏做主，立汉和帝的次子刘隆为帝，即汉殇帝。这位皇帝登基的时候，年龄刚刚满一百天，只是个牙牙学语的婴儿。他在位仅八个月就死在襁褓中，是汉朝历史上在位时间最短、登基时年龄最小的皇帝。

汉和帝刘肇（公元79年—公元106年），东汉第四位皇帝，公元88年—公元106年在位。汉章帝刘炟第四子，母为梁贵人。谥号为孝和皇帝，庙号穆宗。葬于慎陵。

公元106年，汉和帝的侄子刘祜继承皇位，史称汉安帝。

那时候的中国，正处于一个动荡不安的时代：河西走廊发生羌族起义，持续十一年。公元123年，西域发生车师叛乱，许多朝臣都主张放弃西域。关键时刻，敦煌太守张当极力反对，并推荐班超之子班勇出马。汉安帝采取了折中的办法，虽然答应了张当的奏议，却只给班勇少许兵马。结果虎父无犬子，班勇仅凭汉帝国调拨的五百兵马，就在西域各族军民的支持下，成功平定叛乱。

而对于此时的汉帝国来说，更严重的挑战就是国内频繁发生的自然灾害。

仅公元106年这一年，汉帝国境内就有十八个郡发生了大地震，二十八个郡发生了风暴与洪水。

在汉安帝在位的十九年里，有十五年的时间，大权基本都由邓太后一族掌握。邓太后的力量，更是东汉权力结构的“综合版”——既有大将军邓骘为首的外戚派，也有郑众、蔡伦统领的宦官派。这期间，东汉曾发生过多次文官要求邓太后交权结果遭邓太后打压的事件。但比起跋扈的窦氏来，邓太后一族却还算规矩，大将军邓骘素来以低调朴实著称，邓氏家族的亲信中也有杨震这样声名卓著的清官。因此，虽然东汉内忧外患不断，却始终能维持稳定。

公元121年，邓太后过世，亲政的汉安帝随后开始了对邓太后一族的清算，大将军邓骘被逼迫自杀。朝臣们这才发现，他们一直期待亲政的皇帝，居然是这么个东西：他宠信的宦官李闰与江京，都是贪婪狡诈之徒。李闰是个小人，邓太后执政时，正是他给汉安帝造谣说邓太后要“废帝”，终造成了邓氏一门遇害的悲剧；江京则在汉安帝身边屡出恶计，帮助他除掉了邓太后时代的多位大臣。

汉安帝亲政后，李闰被封为雍乡侯，江京被封为都乡侯。这两人掌权后，最大的爱好就是挖国家墙脚，不但天天忽悠着汉安帝在后宫玩乐，还时常以皇帝名义下诏，挪用国库储蓄供自己吃喝玩乐。

值得一提的还有汉安帝的奶妈王圣及其女儿伯荣，这娘儿俩仗着汉安帝的势，不但和江、李二宦官沆瀣一气，更互相斗富，今天你穿个名牌，明天我搞个名车，后天我大兴土木修豪宅，连出去旅游都要拉风，强令沿途地方官甚至王孙贵族们行跪拜礼。而这个伯荣更是“风流”，史载她长期“出入宫闱，交通奸赂”，几乎天天闹性丑闻。彼时的东汉，怎一个糜烂了得！

公元124年，王圣和江京联手诬陷太子刘保，刘保被废为济阴王。

公元125年二月，外出巡游的汉安帝在南下旅游的时候感染风寒，回到京城就莫名其妙地死了。江京等联合阎太后拥立幼主刘懿（史称少帝）为帝，以继续把持朝政。同年十月，刘懿因病驾崩，江京等反被刘保一网打尽，统统被凌迟处死，即老百姓常说的“杀千刀”。而后刘保即位，即历史上的汉顺帝。

汉安帝刘祜（公元94年—公元125年），东汉第六位皇帝，公元106年—公元125年在位。清河孝王刘庆子，汉章帝刘炟孙。谥号为孝安皇帝，庙号恭宗，葬于恭陵。

东汉的落幕

汉顺帝登基后做的最得人心的事情，就是为被汉安帝杀害的清官杨震平反。杨震的尸骨厚葬于华阴潼县（即陕西潼关），汉顺帝亲写祭文，称杨震“匡扶社稷，正直是与”。

但汉顺帝在位的十九年，先是有拥立之功的十九位亲信宦官专权，后又是外戚梁氏专权，国家大事内忧外患。东汉王朝所走的下坡路，已经无法逆转。

汉顺帝刘保（公元115年—公元144年），东汉第八位皇帝，公元125年—公元144年在位。汉安帝刘祜长子。谥号为孝顺皇帝，庙号敬宗，葬于宪陵。汉献帝时去庙号。

汉顺帝过世后的东汉王朝，进入了大将军梁冀专权的时代。公元144年即位的汉冲帝刘炳，登基时只有一岁，在位仅一年就于公元145年过世。

之后登基的汉质帝刘缵，即位时只有七岁，同样是梁冀的傀儡。这孩子年龄虽然小，却极有胆气。登基后的第二年，他就对梁冀把持朝政、为非作歹的局面非常不满，居然当着大臣的面怒斥梁冀说：“你真是个跋扈将军。”但这胆气来得不是时候，暴怒的梁冀立刻命人在他的食物里下毒，将他毒死在皇宫里。

“跋扈将军”梁冀的风光终结在汉桓帝刘志手里。汉桓帝诛杀梁冀，用的还是东汉皇帝的老办法——联合宦官灭外戚。汉桓帝公元146年登基，先做了十二年傀儡，对梁冀小心翼翼地伺候，甚至给予梁冀佩剑上朝的特权，而且不断给梁冀以封赏，连梁冀媳妇孙氏的仪仗礼仪，都与汉朝皇室公主同例。当时百官升迁任免，都要向梁冀谢恩，地方进献皇帝的贡品更要先把好的给梁冀，甚至平常讨论工作，梁冀一瞪眼皇帝也要毕恭毕敬。

汉桓帝拉同盟的方法，是趁着上厕所的机会，与宦官唐衡密谋，串联了另外四位宦官，六人歃血为盟，结成了统一战线。在几位宦官的帮助下，汉桓帝联络了尚书令尹勋等官员。动手的时候，率军围住梁冀家的，正是五位宦官之一的具援。

公元158年，汉桓帝闪电般出手，先秘密向朝臣宣布梁冀罪状，然后火速围住梁冀家，将梁冀全家迅速逮捕。梁冀夫妻当天被逼自杀，其家族全部被处决，公卿大臣被株连者更多达数十人。在整个诛杀梁冀的过程中，被后人看作昏君的汉桓帝，俨然一位心机成熟的政治家。

助汉桓帝除掉梁冀的宦官五人被封为“五侯”，其贪污腐化恶行远甚于梁冀。事实上，在五侯得势后，汉桓帝也曾设法打压。五侯中的左绾被他罗织罪名逼死，具援也因贪污被解职，另外三人也皆被降职。但他对宦官的打击，主要还是怕宦官们威胁自己的权力。他为遏制五侯而提拔的宦官侯览，经常抢夺民田，鱼肉百姓，汉桓帝却毫不理会。他信任宦官的最大危害在于，此时的宦官爪牙遍布各地，甚至介入地方上举孝廉等官吏的选拔，整个东汉王朝的政治空气，已被全部毒害。

汉桓帝在位时期，相继发生了清流反对宦官的两次“党锢之祸”，株连知识分子无数。同时为解决财政困难，他大肆卖官鬻爵，更加速了国家腐化。不过，在卖官鬻爵这个劣迹上，后人也有不同看法。后来的晋武帝司马炎曾问大臣："我也卖官，汉桓帝也卖官，我俩卖官有啥不同？"大臣回答说："汉桓帝卖官的钱，都进了国库。你卖官的钱，都进了你自己腰包，你还不如他呢！"

一生经历内忧外患的汉桓帝，在他生命的最后一年，即公元167年，把年号改为永康元年。这个年号的潜台词，就是期待国家长治久安。然而这时候的东汉王朝已经大厦将倾，他自己的身体也早病入膏肓。是年十二月（公元168年1月），三十六岁的汉桓帝病逝。

汉桓帝刘志（公元132年—公元168年），东汉第十一位皇帝，公元146年—公元168年在位。蠡吾侯刘翼子，汉章帝刘炟曾孙。即位之初由外戚梁冀掌握朝政，后与宦官单超等合谋诛灭梁氏，政权由是落入宦官之手。因朝中官员、太学生员与外戚联合反对宦官当权，下诏逮捕李膺等二百余人，禁锢终生，史称"党锢之祸"。他一生崇尚佛、道，沉湎女色，信任宦官，察举非人，时人讥为"举秀才，不知书；举孝廉，父别居"。东汉王朝自此江河日下，濒于灭亡。谥号为孝桓皇帝，庙号威宗，葬于宣陵。

以汉桓帝堂侄身份登基的汉灵帝刘宏，在位早期发生了外戚窦武（窦太后[①]父亲）与清流知识阶层联合，挑战宦官"十常侍"专权的事件。按照史家的记录，窦武向窦太后进言要她下决心诛杀宦官，窦太后却临阵犹豫，结果宦官们先发制人，将窦武等外戚尽数诛灭，窦太后本人也被囚禁。宦官们借机掀起第二次"党锢之祸"，继续打压党人。而在明末学者黄宗羲看来，这场斗争失败

① 此窦太后为汉桓帝的皇后，汉灵帝即位后加封太后。

的真正原因，是因为当时的汉灵帝是以诸侯王身份登基的，贵为太后的窦氏一脉原本就不是他的血亲。权力面前，他自然会倒向宦官一边。

治国无能的汉灵帝，生活上却很有“艺术天赋”，他在后宫里设了个“裸游馆”，经常命令宫女们裸体跳入水中，他一边奏乐一边饮酒观赏宫女的胴体，高兴了就跳下水去和宫女同游。他还特喜欢做生意，在后宫里开设了一个商号，让宫女打扮成客人，他亲自出来招呼买卖。甚至连汉桓帝劣迹之一的卖官鬻爵，也被他公开化，在皇宫里把各种官职明码标价，谁给钱就是谁的。

汉灵帝刘宏（公元156年—公元189年），东汉第十二位皇帝，公元168年—公元189年在位。解渎亭侯刘苌之子，汉章帝刘炟的玄孙。因汉桓帝无子，由桓帝的皇后窦妙立为皇帝。在位期间爆发了张角领导的黄巾起义。谥号为孝灵皇帝，葬于文陵。

汉灵帝执政时期，对东汉帝国最沉重的打击，就是发生在公元184年的黄巾军起义。

关于黄巾军起义，现在知道比较多的是其领导人张角兄弟，以及其传播的太平道宗教，用宗教为旗帜，大量笼络同党，在全国各地遍布网络，起义的准备时间长达十年。

之所以会发生这样的事情，主要是因为此时的东汉帝国土地兼并日益严重，无地农民日益增多，黄巾起义所宣传的“太平”思想，让诸多农民心向往之。而另一个重要原因则是，此时的东汉帝国忙于对官僚士大夫的镇压，尤其是历次外戚与宦官争斗失败后，宦官们会巧立名目，大肆镇压地主官僚，而真正在地方上管理农民的，正是被掌权宦官们看作敌人的党人。“党锢之祸”株连极多，其主要的对象又都是各地的精干官僚、儒生学者，对底层的农民相对触及较少，于是东汉王朝的地方上少了这些精干的官吏，张角的起义组织也就更加从容。

黄巾起义虽然准备了十年，但其发生却源于一个偶然事件。这一年，荆州信徒马元义聚集数万教徒，准备在三月发动地方暴乱。可是张角的弟子唐周临阵叛乱，出卖了起义计划，马元义等人随即遭到逮捕，官府更大规模通缉张角等人。被逼上绝路的张角毅然决定提前造反，之后“八州齐发”，张角的黄巾军在各地同时行动，几十万大军并举。

一时之间，神州大地顿时陷入血雨腥风之中。在黄巾起义的熊熊烈火中，公元189年，汉灵帝病故。

汉灵帝之后，继位的是他的嫡长子刘辩，登基时他还只有十三岁，是为汉少帝。当时东汉政权名存实亡，前朝后宫掌握在他的舅舅何进和母亲何太后手中。

继位几个月后，汉少帝即因外戚与宦官的政治斗争被迫离宫，之后又被董卓废为弘农王。

汉少帝刘辩（公元176年—公元190年），公元189年五月登基，九月被废。因在位时间不足一年，一般不把他归入汉朝的正统皇帝中。汉灵帝刘宏与何皇后所生长子。公元190年被董卓逼杀，年十四。后被汉献帝追谥为怀王。

汉献帝刘协（公元181年—公元234年），东汉末代皇帝，公元189年—公元220年在位。汉灵帝刘宏次子，汉少帝刘辩同父异母弟。公元220年将皇位禅让给曹丕。谥号为孝献皇帝，葬于禅陵。

东汉末代皇帝汉献帝刘协，是公认的汉朝历史上最可怜的皇帝。他在诸多权臣的争抢中，做了三十一年傀儡，一生颠沛流离，多灾多难。最终他还是被曹丕废黜，被曹魏政权封为山阳公，和妻子曹皇后一起避居在河南焦作。但卸下帝王担子的他，却过上了一段难得的平静生活。晚年的汉献帝，在焦作与妻子相依为命，寄情于田园山水之中，更经常进山采药，访贫问苦，最终在五十三岁那年善终。对于末代皇帝来说，他的结局着实是幸福的。

二 大汉后宫故事

吕雉：功绩不输帝王

刘邦的结发妻子、西汉王朝开国皇后吕雉，因她在刘邦死后临朝听政十五年的种种“暴行”，在史书中有“毒妇”的称号。但是按照《史记》和《汉书》等正史的记载，早年初嫁给刘邦的吕雉却还有另一面：对待非自己所生的刘邦私生子刘肥，她视如己出，照料有加。那时候的刘邦是沛县泗水亭长，家里的事情全当了甩手掌柜，都靠吕雉一个人支撑，后来她生了儿子刘盈（汉惠帝）与女儿刘乐（鲁元公主）后，更是每天一边下地干活一边带孩子。《史记》中还有这样一段记录：某日吕雉下地干活，路遇一老人讨水喝，她不但热心帮助老人，更把随身带的午饭分给老人吃。那时候的吕雉，是亲朋乡邻眼中交口称赞的好媳妇，一个勤劳朴实善良的农家主妇。

吕雉（公元前241年—公元前180年），汉高祖刘邦皇后，高祖死后，被尊为皇太后，是中国历史上有记载的第一位皇后和皇太后，又称为汉高后、吕后、吕太后。她也是封建王朝第一个临朝称制的女子，掌握汉朝政权长达十五年。与汉高祖合葬于长陵。

对于刘邦后来的大业来说，吕雉也是个合格的贤内助。早年刘邦还在沛县混日子的时候，吕雉帮他操持家业，并且事事给他撑足面子。那时候刘邦喜欢交朋友，明明家里没钱，还整天把哥们儿叫到家里胡吃海喝，每次都是吕雉给他操持。下厨做饭置办酒席不说，为了凑菜钱，吕雉还经常带着女儿刘乐一起替人缝补挣外快。实在没钱了，就拉下脸四处求借。但再苦再累，从不在人前表露，不管哪路兄弟来了都热情招待。当时常来刘邦家蹭饭的有萧何、曹参、周昌等人，全是西汉建国后的核心执政者。而从那时候起，在这些刘邦的老哥们儿口中，吕雉就已经有了一个普遍的尊称：四嫂（刘邦排行老四）。

在刘邦的起义过程里，吕雉的贡献也不仅仅是照顾好了家，她本人还是丈夫坚定的支持者。公元前209年，还是亭长的刘邦，在押解犯人修皇陵的路上悍然反水，带领一群囚徒钻入山中做土匪，这就是各类正史中津津乐道的“刘邦斩白蛇起义”。但按照《西京杂记》的说法，这则传说本身就是吕雉替丈夫编造的，而且在事发后，吕雉更是不辞辛苦，把这则流言散布到街头巷尾。刘邦躲进深山中时，吕雉还曾冒着危险给丈夫送饭。那时候的刘邦饥寒交迫，进取心早已大沮，见吕雉到来，只是无精打采地问：“你怎么找到这里来了？”结果吕雉兴高采烈地回答：“我进山的时候见到一团白气，顺着白气一下子就找到你了。这说明你有老天爷眷顾啊！”话音刚落，刘邦立刻精神大振。

是年九月，陈胜吴广在大泽乡起义，刘邦也顺风而动，率军加入了起义大军，开始了他打天下的序幕。而在他最早逐鹿天下的阵容班底里，“吕氏元素”也极其浓郁：吕雉的哥哥吕泽和吕释之都是刘邦的部将，吕雉的妹夫樊哙更是刘邦的左膀右臂。吕泽也是个极其重要的人，《史记》上说，他是带着兵投奔刘邦的，刘邦麾下的许多大将都与他有莫大的关系。从一开始，吕家就是刘邦事业的重要支持者。吕家势力，不但是刘邦大业的支撑，更是其中一脉独立力量。吕雉与刘邦，既是夫妻关系，又是合作伙伴关系。外戚对于整个西汉政局的独特作用也因此而奠定。

为了刘邦的事业，早年的吕雉操碎了心，吃够了苦。在刘邦外出打天下留她看家的整整四年里，她经历过许多生死的考验。比如刘邦早年钻山当土匪的时候，吕雉也被株连，遭沛县县令投入大牢。牢房中有个狱卒垂涎她的美貌，竟然想借机强暴她。危急时刻，幸亏同为狱卒的刘邦好友任敖仗义出手，将这个色狼狱卒打得满脸开花，这才保住了吕雉的清白。后来刘邦杀回沛县，招募沛县子弟兵从军再次离家远征时，留守当地的部将雍齿反水，将沛县城据为己有，更强迫家家户户出壮丁修城墙。家里没有壮丁的吕雉，也只能一个人咬牙硬顶，搬石头扛沙包干了好几个月活，差点儿死在叛军的皮鞭下。

吕雉人生里遭受的最黑暗的磨难，发生在公元前205年6月。是年刘邦以“汉王”的名义出关中与项羽争锋，一举端掉项羽的老窝彭城。取得大胜的刘邦却因此志得意满，甚至忘记去接留守在家的吕雉团聚。结果不久后项羽反扑，把刘邦打得几乎全军覆没不说，还把留守在沛县的刘邦老父刘太公及吕雉全抓了。之后，就是吕雉长达二十四个月的囚徒生涯，这期间她曾被项羽绑在柱子上威胁刘邦投降，差点儿就被下锅煮了。至于还受过哪些苦，正史上很少提及。但是《汉书》记载，十多年后，已经贵为“太后”的吕雉跟儿子汉惠帝说起早年的事情，当说起留守沛县的岁月时，她尚且表情如常，但当说到囚禁于项羽大营的那段日子时，吕雉却当场失声痛哭，再也说不出一句话来。

对于吕雉来说，让她伤心的除了打天下的磨难外，还有老公刘邦的喜新厌旧。公元前203年，项羽和刘邦达成了停战协议，吕雉也得以释放返归刘邦处，但刘邦为她举行的欢迎仪式却着实气人。当时刘邦把这期间自己收的所有小老婆都打扮得花枝招展，叫出来与吕雉见面。其中最得刘邦宠爱的就是戚夫人，而仗着刘邦的宠爱，这位戚夫人毫无规矩，见吕雉的面只是微微欠个身子算是行礼，然后嘴角肆意上翘，满脸不屑地看着吕雉。随后她伸出纤纤玉手，搂住刘邦的脖子，在众人面前大大秀了一把恩爱。对于一位替丈夫吃了多年苦的妻子来说，没有哪一幕比此时更令人刺痛了。吕雉的反应却相当淡定：当着刘邦的面，她始终保持着微笑，直到欢迎仪式结束。

再次回到刘邦身边的吕雉，遇到的另一件伤心事，就是儿女的哭诉。在结束“小老婆欢迎仪式”后，吕雉见到了分别两年多的一双儿女——儿子刘盈与女儿刘乐。结果两个孩子见了亲娘的面就哇哇哭，痛说当年沛县逃难的时候，父亲刘邦为了自己逃生，多次把他们扔下车驾的事。做娘的吕雉当然心疼，但是心疼过后，她不但没有安慰孩子，反而板起脸来严肃地对儿女们说：“这件事情，你们就是烂在肚子里，也绝不许跟别人说。”多年的苦难生活，已经把吕雉锤炼成极具隐忍力的女人。

刘邦的小老婆戚夫人敢对着吕雉嚣张，是因为她有嚣张的本钱。彭城战败后，当时刘邦慌不择路，逃到了山东曹州戚家村，在村中休整时和戚夫人相识。戚夫人吸引刘邦的除了娇媚的外貌外，还有一曲华丽的舞蹈。她是中国历史上著名的舞蹈家之一，一曲“翘袖折腰”舞流芳后世，在当时就迷住了刘邦的心。在封她做小老婆后，刘邦对她几乎好得过了头，休息的时候要她陪，打仗的时候走到哪里都带着她，甚至召集部将开作战会议的时候，还不忘把她搂在怀里，时不时地当着众臣的面亲热一把。甚至有一次，郦食其找刘邦汇报工作，刘邦在卧室里懒洋洋地说：“进来吧。”结果进门一看，赤身露体的刘邦正搂着戚夫人亲热呢，吓得郦食其撒腿就跑。刘邦还很纳闷，光着膀子追出来喊：“进来吧，进来吧，没关系，没关系。”

戚夫人（？—公元前194年），亦称戚姬，名懿，汉高祖刘邦的宠妃，曾随刘邦征战四年。西汉初年的歌舞名家，善跳“翘袖折腰”之舞。从出土的汉画石像来看，其舞姿优美，甩袖和折腰都有相当的技巧且花样繁复。她还长于鼓瑟，节奏分明，情感饱满细腻。

回到刘邦身边的吕雉，在公元前202年西汉建国前，她做的工作和早年一样——看家。返回刘邦军营没多久，她就被刘邦打发回了汉中，协助老管家萧何搞后勤，做起了孤苦伶仃的“留守女士”。但也正是从这段时间开始，吕雉广泛地介入政事之中，她后来卓越的行政能力及广泛的人脉，都是从此时积累起来的。

西汉开国后的吕雉，其一家都得到了无上的荣宠。吕雉本人被封为皇后，成为中国历史上有记载的第一位皇后，母仪天下。她的哥哥吕泽与父亲吕文都得以封侯，其亲子刘盈被封为太子。但她真实的处境，诚如《史记》中所说：那时候的她年老色衰，与刘邦的夫妻感情已经极其淡漠，很多时候，甚至想见刘邦一面都不可得。

刘邦于公元前202年正月在定陶举行的登基大典上，还追封了一个特殊的女人——他的母亲刘媪。这是一个在正史中记录非常简略、身份异常神秘的女人。刘邦早期外出打天下时，把父亲刘太公扔在家里，却把母亲带在军中，主要任务是给自己做饭。结果在一场战役中，母亲因劳累过度病亡。在定陶登基仪式上，刘媪被刘邦追封为昭灵夫人，成为西汉第一位皇太后。她留给后世的一大谜团是：刘媪死后，埋葬于陈留小皇城，而刘邦的父亲刘太公过世后则被葬于陕西新丰，夫妻二人并没有合葬。个中的缘故，也引发了后世无数的猜测。

作为西汉开国皇后的吕雉，主要任务是给刘邦当枪使。当时刘邦非常忌惮开国后的异姓诸侯王，而在清除异姓王的过程中，主要都是吕雉来做恶人。比如对梁王彭越，刘邦开始只是削去了彭越的爵位，贬他去四川当老百姓。但吕雉插过来一句话说：“彭越是个壮士，你怎么能让他活呢？”结果彭越随后被刘邦灭族。未央宫斩韩信，更成为吕雉政治生涯的又一大重要时刻。公元前197年，已经被废楚王位，以淮阴侯身份在长安居住的韩信被人告发谋反。当时刘邦正在代地平定陈豨叛乱，京城兵力空虚。非常时刻，吕雉当机立断，召萧何密谋，由萧何出面诱骗韩信入宫，再部署重兵杀害。上了当的韩信，临终留下悲怆的遗言：“我纵横一生，战无不胜，没想到却死在一个女人手里。”失宠的吕雉的皇后位能够多年屹立不倒，除了她的家族背景外，也因她一直给刘邦当“枪”。

就在吕雉给刘邦当枪时，公元前200年，刘邦却向吕雉发动了一次“试探性进攻”，这就是张敖案。当时刘邦征讨匈奴归来，路过赵王张敖的地盘。这张敖是吕雉女儿鲁元公主的丈夫，刘邦的姑爷，也是个出名的老实孩子，对待刘邦极为恭顺。但刘邦的表现却是相当嚣张，一路上对张敖污言秽语，打骂不断。老实孩子张敖忍了，但他的手下不能忍，张敖的丞相贯高和赵武图谋刺杀刘邦，事败后遭逮捕，刘邦随后就以谋反罪将张敖也逮捕入京。事情发生后，吕雉慌忙为女婿求情，甚至告诉刘邦：“咱闺女鲁元公主已经怀了张敖的骨肉了，你就放他一马吧。”没想到刘邦冷笑了一声，说了一句令吕雉彻骨心寒的话：“好啊，要是张敖当了皇帝，那得利的可就是你的女儿了。”他说的是“你的女儿”，可见在自己的皇后面前，他已无半点夫妻情分。

刘邦之所以忌惮吕雉，主要是因为日益壮大的吕家外戚势力。早在西汉建国前，吕氏家族就在刘邦的团队内部成功渗透，形成了一脉勾搭连环的独立势力。随着刘邦的节节胜利，这支实力派的力量也如滚雪球般壮大，成了吕雉的坚强后盾。等到西汉建国后，这部分势力就有了一个通用的名字：外戚集团。后来掌权十六年的吕雉，就是他们的总代表。而对于刘邦来说，这派势力自然也是威胁，比如吕泽并没有被封王，其实就是刘邦的一种压制。

西汉在建国后，采用了分封制与郡县制并行的政体，分封皇室宗亲为诸侯王，个中的考虑就是希望强化皇室权力，压制日益壮大的外戚势力。而外戚力量对于整个西汉王朝最重要的影响是：他们既对西汉皇室有威胁，同时又是不可缺少的力量，更是支撑西汉皇权建筑上的重要一环，可以说是血脉相连的一部分。所以整个西汉王朝里，吕氏集团可以被取代，但是外戚的这种独特地位，任谁当皇帝都无法取代。因为他们好比帝王身体上的躯干，可以治疗，却绝不能截肢。

面对刘邦的进攻，吕雉通常的做法往往是“软钉子”，也就是表面不声不响，背地里却搞动作反击。比如张敖案中，刘邦本来想借着张敖案既削弱吕雉，又打击异姓诸侯王，因此动手之后，连吕雉本人的求情都不管用。但吕雉求情过后没几天，刘邦就吃惊地发现，负责审讯张敖一案的廷尉居然主动向刘邦辞职，辞职的理由是：“我审不出张敖的罪状来，很惭愧，干脆就不干了。”而按照《西京杂记》的说法，其实是吕雉派自己的哥哥吕释之出面，做通了廷尉的工作。而明白吕雉手腕的刘邦也只能草草收手，张敖本人虽被削去了王爵，降为侯爵，却终于保住了性命和驸马身份。他的属地赵国的领土，则被封给了刘邦的新宠戚夫人之子——赵王如意。

西汉建国后，戚夫人母子就成了吕雉的最大威胁，这娘儿俩，一个惦记着吕雉的皇后位，一个惦记着吕雉儿子刘盈的太子位。相比吕雉的扩张权力，他们的办法很简单：向刘邦邀宠。戚夫人本人一是会展现女性魅力，经常把刘邦伺候得心花怒放；二是会哭，经常挑夜深人静的时候，突然对着刘邦嘤嘤哭泣，不住地说“要是你死了，我们娘儿俩该怎么活”之类的话，凄婉的诉说令刘邦心碎。而戚夫人的儿子刘如意，从小也是个相当聪明的孩子，他最大的本事就是八面玲珑，在家长面前特别会来事，刘邦不止一次地称赞说：“这孩子真的很像小时候的我啊！”尤其不容易的是，刘如意和太子刘盈，本来应该是一对对手，但刘如意对刘盈巴结得很好，两人是从小到大最要好的玩伴。一直到做了皇帝，刘盈对这个弟弟依旧感情很深。

吕雉乃至整个吕家外戚集团，在西汉建国后遭遇的最大危机，就是公元前196年的“废太子事件”。这个事件按照《史记》的说法，是因为晚年的刘邦嫌太子刘盈仁弱，因此动了废太子的心思。但真实的原因却远非这么简单。吕家的势力早已树大根深，照这个趋势发展下去，一旦刘邦故去，吕家势必只手遮天。

为了废太子，刘邦也做足了功课。劳苦功高的丞相萧何，被他以莫须有的贪污罪下狱，眼看性命不保，结果又稀里糊涂地被放了出来。整治萧何的原因也很简单：让你闭嘴。后来刘邦欲废太子时，以萧何为首的重臣果然闭了嘴。

对废太子反对最激烈的，却是一群中下级官员，中尉周昌就是其中一个。此人也是刘邦打天下时候的老班底，性格耿直而且说话结巴。当时争论到最激烈处，周昌一着急，憋红了脸对刘邦说："臣期……期……期……期不敢奉召。"那副脸红脖子粗说不利索话的丑态，居然把刘邦逗乐了。本来想当场就废了太子的刘邦，也就把此事暂时搁置。散朝之后，闻听消息的吕雉见到周昌，居然当场扑通一声跪下来，哭着感谢周昌说："今天如果不是你，太子就被废了。"无意之中，吕雉又成为中国历史上第一位冲臣子下跪的皇后。

真正扭转废太子事件走向的，按照通常的正史说法，是因为吕雉按照张良献策，请来了大儒商山四皓，终于令刘邦改变了主意。但其中也有另一个重要人物的活动，就是吕雉的兄长吕释之。吕雉向张良求救时，是吕释之出面劝说张良；后来去拜访商山四皓的，同样也是吕释之。正是他出色的口才，才使吕雉最终抓住了事件的关键点。

刘邦最终打消废太子的想法，一个重要原因就是吕家势力已成气候，动不了。

公元前195年刘邦过世后，掌权十五年的吕雉最被人诟病的恶行，就是她对刘邦生前宠妃们的残害，尤其是集三千宠爱于一身的戚夫人。对于吕雉的报复，刘邦生前就有预料，他临终之前，就曾特意叮嘱对吕雉有恩的周昌，要保全戚夫人母子。他的办法，就是让周昌担任戚夫人儿子刘如意的丞相，只要刘如意能够扎根在赵国，吕雉就有所顾忌。刘邦死后，戚夫人虽然被吕雉关押，并罚在宫廷里舂米，但顾忌刘如意的力量，吕雉并不敢太过胡来，双方一直僵持着。在此期间吕雉曾经三次以朝廷名义征召刘如意入京，都被担任刘如意丞相的周昌阻止。

按照《西京杂记》的说法，当时吕雉最宠信的大臣审食其曾经对她说，现在这样就差不多了，戚夫人已经被罚做苦役，这日子对她已经很受折磨了。吕雉本人也一度打算见好就收，但改变吕雉主意的，却是戚夫人唱的一首歌。一次吕雉去看望戚夫人，结果发现戚夫人悲哀地唱歌，歌词的大意是：儿子当王爷了，母亲却当了囚犯，在后宫里过着生不如死的日子，谁能告诉我儿子，让他快来救我啊！正是这首歌激得吕雉大怒，随后开始了她一生中最残忍的报复行动。

吕雉先把数次阻挡她的赵国丞相周昌调离，然后召刘如意进京，并派人将他杀害。彻底失去儿子保护的戚夫人，随后也被吕雉砍断手脚，挖掉双眼，并用香熏聋了耳朵，扔在猪圈里凄凉地死去。这桩恶行，就是西汉历史上著名的“人彘”。

但吕雉没有想到的是，她这番残忍的行为，竟然间接害死了自己的亲生儿子。目睹此惨状的汉惠帝对母亲生出了极大的恐惧，当场就吓病了。吕雉去看儿子的时候，汉惠帝见到母亲，竟然吓得直往被窝里缩。此后的汉惠帝一改登基早期励精图治的形象，日日沉迷于声色犬马，终被酒色掏空了身体，二十三岁就英年早逝。

在刘邦生前的诸多宠妃中，唯独一个女人不但没有遭到吕雉的报复，反而得到了吕雉善待，那就是薄夫人。代王刘恒（后来的汉文帝）的母亲薄氏是个早已失宠的嫔妃，更与去代地就国的儿子分别多年。吕雉专权后，思念母亲的刘恒上书吕雉，请求把母亲接到代地奉养。那正好是吕雉残害戚夫人的时候，然而双手刚沾完血的吕雉，却给了薄氏母子难得的恩遇。她派人将薄氏隆重礼送到代地与儿子团聚，并给了薄氏“代王太后”的封号。这个称号的尊贵程度，在当时仅次于吕雉本人。孤独凄凉一辈子的薄氏，也终于苦尽甘来。吕雉做的这件好事，也在她死后保护了自己。后来薄氏的儿子汉文帝刘恒即位，有人提议把已过世的吕雉从棺材里刨出来，把刘邦陵里属于正房妻子的陵寝空给薄氏以后用，结果薄氏愤然拒绝。吕雉也最终以刘邦妻子的身份，长眠在丈夫身边。这桩好事与其说是吕雉良心发现，不如说是两位女性的同病相怜。

公元前195年至公元前180年，是吕雉实际掌权的十五年，这十五年在正史中被通称为“吕氏乱政”。然而，同样在这十五年里，汉帝国多次下调赋税，出台政策鼓励生产，并且复原大批军人回乡，增加劳动力。吕雉执政有一个宗旨叫“约法省禁”，也就是法令要宽简、行政要简约，可称是对刘邦仁政思想的继续。在她的治下，西汉不仅民生复苏，而且政府的行政效率也大大提高。另外诸如因言获罪之类的残暴刑罚，也是在吕雉执政时期得以废除。这“吕氏乱政”的十五年，中国民生反而比刘邦在位时期更太平安乐。对于西汉的皇族重臣来说，吕雉是个残忍刻毒的恶领导。但对于西汉治下的百姓来说，身为“国母”的吕雉，却是一个兢兢业业佑护子民、操持家事、齐家兴业的好主母。

吕雉当政时期，对西汉王朝的另一个贡献就是对诸侯国的打压。她对刘姓诸王的打压清算，虽然成为她“阴毒残忍”的“罪状”，但造成的结果却是那些本可以在和平年代迅速发展的诸侯国，其发展壮大的速度被大大延缓，对中央的威胁也得以遏制。如果没有她这番折腾，后来汉景帝削藩的时候，面对的势必是比七国实力更强大的对手，中央王朝能不能坚挺下去，恐怕都要打问号了。一心打压刘氏皇族的吕雉不会想到，她所做的事情恰恰为西汉中央集权政体的建立，铺好了最平坦的道路。

吕雉在掌权后有仇必报，但她同样还有有恩必还的一面。当年在牢里救过她的任敖，后来被她重用为御史大夫。她被囚禁于项羽大营二十四个月的黑暗时期里，鞍前马后伺候她的侍从审食其，也成为她执政时期最信任的重臣，甚至有史料认为两人有私情。当年曾力阻废太子的直臣周昌，后来受刘邦托付保护刘如意，多次阻止了吕雉暗害刘如意的阴谋，甚至在刘如意被杀后，以辞职做抗议。吕雉不但没有为难他，反而对他多有厚赐。

同样在保护刘盈时出力颇多的大儒叔孙通，在后来吕雉当权时做了一件几乎是打吕雉耳光的事。当时，汉惠帝刘盈因嫌拜见母亲时道路不通，想重新修条路。这本来是娘儿俩的家事，但叔孙通却认为这样做于礼法不合，不能修，于是一番据理力争，路最终没修成。即使如此，吕雉也没有为难过叔孙通。

到了公元前180年，六十一岁的吕雉生命已到了尽头。吕氏家族这时的威势也到达顶点：皇后是吕雉的侄孙女，相国是她的侄儿吕产，另外几个侄子也大多都封王，刘氏家族中实力较强的朱虚侯刘章也娶了吕家的女儿。另外，整个吕氏家族，封侯的还有十多个。八月，吕雉病逝，她临终前的遗言是不要为她发丧，几个侄儿一定要好好把住军队，防止突发事件。这也符合吕雉的做事习惯，当年与刘邦斗法，她就通常以守为攻，防守反击。按她的谋划，把住朝廷的兵，看住可能要搞事的人，谁动就灭了谁，照这样做，就算自己死了，也没谁能翻得了天。

但吕雉的子侄们却是一个比一个不争气。吕雉前脚刚咽气，齐王刘襄就发兵起义，号称要诛杀吕家。吕雉的这些侄子们先是用人不当，派去征讨刘襄的灌婴走到半道上就叛变了。接着，上将军吕禄吓破了胆，被陈平、周勃这些刘邦的老臣一顿忽悠，竟然乖乖交出了兵权。后面的事情，就如黄河决口一发不可收拾。先是周勃趁机控制了北军，夺取了皇城兵权，接着与刘襄联手，带兵杀入京城，把吕氏全家逮捕，吕家上下不论男女老少一律处死。连吕雉生前立的傀儡皇帝刘弘，也因此被杀害。

风光一时的吕氏家族，在吕雉病故后仅两个月就迅速灰飞烟灭了。这场政变，被后人称为“诸吕之乱”，按照胜利者的说法，即吕氏家族要叛乱，被忠于刘氏家族的正义力量镇压。作为吕氏家族主母的吕雉，也因此永远落下了“毒妇”的名声。她创下骄人执政成就的十五年，也因此被叫作“吕氏乱政”。

薄氏与窦氏：贤德二太后

吕氏集团灭亡后，即位的皇帝是缔造中国历史上“文景之治”的汉文帝刘恒。汉文帝的母亲薄太后，也是中国历史上以“贤德”著称的皇太后。

在整个汉文帝时期，出于对刚刚过去的“吕氏之乱”的恐惧，外戚乱政成了一条碰不得的官场高压线。薄太后本人就以身作则，她为人谨慎谦和，生活低调简朴，深得朝臣敬重。

薄太后的弟弟薄昭，早期是汉文帝的重臣，后来因为在地方上横征暴敛，被大臣陈昌告发，结果怀恨在心的薄昭居然私自杀死陈昌。此事在汉帝国朝堂上下引起了轩然大波，汉文帝本人也非常矛盾。如果不处理，会开罪于朝臣；如果处理，薄昭是母亲唯一的弟弟，会伤了母亲的心。结果汉文帝采取了一个折中的办法：表面上不办薄昭的罪，却派满朝文武大臣轮流去薄昭家，苦口婆心劝薄昭自杀。在如此巨大的压力下，薄昭上吊自尽。

汉文帝的母亲薄太后的身世也非常传奇。她的本名已不可考，但说到她的身世，可以说既很好又很惨。她是苏州人，母亲是魏国的王族，但她却不是合法出生，而是母亲和人私通的私生子。又兼在秦朝治下，六国王族的身份非但不值钱，反而颇受打压，因此她小时候的生活，可以说是穷困与白眼交加。这样的日子忍了几年，终于苦尽甘来，大泽乡起义一爆发，六国遗民顿时扬眉吐气。凭王族身份，成年后她嫁给了魏王豹为妻，也算是成了王族贵妇。

薄姬（？—公元前155年），汉高祖刘邦嫔妃、汉文帝刘恒生母。早年嫁给魏王豹，后进入汉王刘邦后宫，生下儿子代王刘恒。刘恒即位后，她被尊为皇太后；汉景帝刘启即位后，被尊为太皇太后。葬于南陵（霸陵之南）。汉光武帝刘秀即位后，被追尊为高皇后。

魏王豹虽说是一方王族，人生追求却也不大。秦末农民战争里，他起先就想着跟对一个好主人，安安稳稳地讨一块封地，关起门来当王爷。谁知偏偏有个叫许负的算命先生见到薄氏后立刻惊叹："此女子将来会生个天子！"就这一句话，魏王豹的心思活络了：她的儿子是天子，我是她丈夫，那也就是说……于是魏王豹立刻扯旗造反，跟正在打天下的刘邦撕破脸：算命的都说我老婆的儿子是天子，我还怕你作甚。可他哪是刘邦的对手，被刘邦的大将曹参几下子打得兵败身死。许负算的卦他到底还是没弄懂：你老婆生的儿子做天子不假，可这天子的爹却未必就是你。

在魏豹败亡后，薄氏也被俘，充作了后宫的织女，苦日子一过就是多年。后来她偶然被刘邦看中，被晋封为夫人，然后又被冷落了多年。直到有一个晚上，刘邦突然来到她的房间宠幸了她。对此正史的说法是，有宫女说起当初与薄氏立下有福同享的誓言及相士许负早年给薄氏算的卦，这些话无意中被刘邦听到，一时心血来潮就过来宠幸了一次。野史上也有说法，说是刘邦那天走错了门，误入了她的房间，也就顺水推舟将错就错了。心血来潮也好，将错就错也罢，总之薄氏和刘邦也就仅仅做了这一夜的夫妻，那夜之后刘邦再没来过。可低概率的事件发生了，就这么"一夜夫妻"，苦了好多年的薄夫人竟然怀孕了，十个月后婴儿呱呱坠地，是个大胖小子，这就是刘邦的四儿子——后来的汉文帝刘恒。她果然生了个天子。

和婆婆薄太后一样，汉文帝的老婆窦氏也是一个苦命而又幸运的女人。她出身贫寒，早年父母双亡，两个哥哥也和她失散。后来她在汉惠帝四年（公元前191年）被吕雉作为赏赐给刘姓诸侯王的宫女送去代国。这次安排本来也非她情愿，之前她曾嫌代国远苦，给宫女送钱请托，想让吕雉把自己分到富庶的赵国去。不料她碰上了一个收钱不办事的宫女，结果还是被送到了代国，成了当时的代王刘恒的侍妾。如果不是因为那位宫女的不负责任，自作聪明的小窦姑娘，差点错过了她人生里最大的机遇。

窦氏（？—公元前135年），名漪房，一说名漪，汉文帝刘恒皇后，汉景帝刘启之母，汉武帝刘彻祖母。汉景帝即位后，被尊为皇太后；汉武帝即位后，被尊为太皇太后。西汉王朝最后一位拥护“黄老思想”的统治者，在其影响下，西汉政权继续执行高祖时期定下的“以民生息”“无为而治”的方针，汉王朝由此走上了强盛的高峰。与汉文帝合葬于霸陵。

窦氏成为汉文帝皇后的过程，也极富戏剧性。她刚到代国时，恰逢刘恒的结发妻代王后刚刚过世，她也因此得到了刘恒的宠爱。已经过世的代王后先后为刘恒生下了四个儿女，然而等刘恒入京即位成为汉文帝后，这四个儿女相继病故。这样，窦氏为汉文帝生的儿子刘启，就成了实际上的长子。汉文帝登基后几个月，刘启被封为太子，窦氏被封为皇后。

窦氏之所以能在汉文帝的嫔妃里脱颖而出，一个重要原因就是婆媳关系处得好。常年以来，在汉文帝的诸多嫔妃中，薄太后唯独对窦氏宠爱有加。窦氏受封皇后之后，薄太后做的第一件事，就是以太后的名义昭告全国，帮助窦氏寻找失散的两个兄弟，并且在窦氏的家乡为其亡故的父母修建陵园。其陵园的规格，与薄太后自己父母陵园的规格一样。

窦氏受封皇后，是在儿子刘启被封为太子之后。当时汉文帝本身并不想册封窦氏，他所中意的是年轻貌美的慎夫人。但是当汉文帝为此事请教母亲时，薄太后立刻就说："自然应该封太子的母亲为皇后，这事还用讨论吗？"正因为薄太后这番力挺，窦氏才得以如愿成为皇后。

窦氏之所以得到薄太后的喜爱，一是两人同病相怜，早年都有过家境贫寒、亲人离散的苦痛；二是窦氏本人和薄氏很像，都属于那种生活简朴、为人低调的女人。窦氏和薄太后一样躬行节俭，深得朝臣称赞。另外，晚年的薄太后和天下所有的老人一样，有爱唠叨的毛病，经常会聊起自己早年的艰辛经历，这个时候，窦氏就是最好的倾听者。婆媳两人这种亲密的关系，汉文帝也是知道的。临终前，汉文帝的遗嘱之一，就是托付窦氏替自己好好照料母亲。后来薄太后病危，是窦氏在她身边衣不解带地伺候，喂饭喂药都不让别人插手。她确实兑现了对丈夫的承诺。

作为汉文帝皇后的窦氏面临过和吕雉一样的挑战，根源在一个女人，汉文帝最宠爱的以能歌善舞著称的美女——慎夫人的身上。

慎夫人是邯郸人，貌美善歌不说，更精通乐器，堪称加强版的戚夫人。而且慎夫人本人也干了一件跟当年戚夫人得罪吕雉差不多的事。一次汉文帝在上林苑游猎，带着窦皇后与慎夫人一起，上林苑的宫人们因为汉文帝宠爱慎夫人，居然一时糊涂，给慎夫人安排了上座。同样糊涂的慎夫人居然也来者不拒，一屁股坐了上去。这时候大臣袁盎突然进言，认为慎夫人坐上座于礼法不合。在袁盎的劝说下，慎夫人总算把上座让给了窦皇后。事后慎夫人很生气，汉文帝也感到极没面子，两人背着窦皇后把袁盎招来，想责罚他一顿出气。袁盎不慌，张口回答说："皇上您忘了当年戚夫人'人彘'的教训了吗？"就这一句话，两人立刻毛骨悚然了。汉文帝随即醒悟，反而大大表扬了袁盎一番，而原本怒气冲冲的慎夫人更是感激涕零，给袁盎送来五十斤黄金以表谢意。

成为皇后的窦氏，在很长时间里也一直是失宠的。不光因为她年老色衰，还因为当上皇后没多久，她就患上了严重的眼病，到后来甚至双目失明。她能稳住皇后之位，除了依靠为汉文帝生育的两子一女外，还凭借她和薄氏家族的联姻。薄太后的外孙女薄氏嫁给了太子刘启，这样一来，窦氏的地位等于上了“双保险”。但这桩婚姻本身并不幸福，刘启登基后，对薄皇后日益冷落，最后薄皇后知趣，主动让出了皇后位。

和婆婆一样，窦氏在后世的评价也是“贤德太后”。能得到这样的称赞除了因为她同样躬行节俭、作风正派外，还因为她身体力行，不许娘家的亲人参政。她早年失散的两个哥哥后来终于找到，而亲人相认后，窦氏做的第一件事情就是延请老师教两位兄弟朝廷礼仪，以防他们做出有损礼法的事情。这两个哥哥窦长君和窦广国虽然都被封侯，但都没有获得实际的官职。而且在当时长安城里，这哥儿俩身为外戚，为人处世都极其低调谦和，是有名的谦谦君子。其中的弟弟窦广国其实是个非常精明干练的人，连汉文帝本人都赏识他的才干，意图提拔他做丞相，结果偏偏是窦皇后反对。不但自己反对，窦氏还让他在汉文帝面前痛哭流涕，打死也不接受任命。如此行为，在当时忌讳外戚专权的西汉朝廷自然颇得赞誉。

不过，窦家的第三代，如窦氏的堂侄窦婴等人，却逐渐在汉文帝时期步入政坛。汉文帝执政的时代，也是窦氏家族往权力层渗透的时期。

到了汉景帝刘启在位时期，已经晋升为皇太后的窦氏在国家朝政上已经具备了极大的话语权。她的侄子窦婴担任过大将军，并在汉武帝时期担任了丞相。窦太后本人曾干涉汉景帝施政，反对汉景帝起用儒生，甚至把汉景帝信任的儒生辕固扔到猪圈里。

到了汉景帝之子汉武帝刘彻登基时，她又以太皇太后的身份实际掌握大权，汉武帝早期的“建元新政”没搞几天，就被她给镇压了下去，连汉武帝本人也差点儿被废。窦太后过世于公元前135年，与婆婆薄太后一样，她也是一位公认的贤后，而她执政的时期，也是西汉外戚重新走入权力层的开始。

窦太后晚年主政时期，是西汉“无为而治”治国思想的绝唱时期。这位与孙子汉武帝的思想完全背道而驰的老太太，对于国家大事其实也有自己的判断。《汉书》记载，她和刚登上皇位的汉武帝曾经为匈奴问题展开了一场讨论。窦太后认为，目前国家虽然强盛，但是发展的根基还太浅，一旦开战，“文景之治”的建设成果很可能会毁于一旦。另外，窦太后还对汉武帝说，打匈奴不应该成为汉朝一家的事情，应该与西域国家取得联系。虽然后来的史家认为窦太后是一个坚决的“反战派”，但汉武帝早期在窦太后主政时建设骑兵、在上林苑操练诸事，其实也都得到了窦太后的默许。张骞开始西域之行，也发生在这一时期。

正是在这六年里，汉朝政府开始大规模培育战马，做战争前的军事储备。公元前138年，年轻的汉武帝以灵活的手段处理了南方东瓯地区的战争，事后，窦太后郑重其事地将代表国家兵权的兵符正式交付到汉武帝手中。对年轻的汉武帝，窦太后不是一个顽固的反对者，而是一个扶他上马并送一程的长辈。

帮汉武帝登上皇位的女人们

汉武帝刘彻按照皇子的排序，是汉景帝刘启的第十个儿子。依照封建王朝的传承法统，他本不具备接班的资格。他的母亲王氏，在汉景帝时期也并非得宠的嫔妃。相反，当时最具接班资格的是皇长子刘荣，最受汉景帝刘启宠爱的也是刘荣的母亲栗姬。皇位，原本是与刘彻无缘的。

刘彻能最终登上皇位，主要是靠了三个女人的帮助。

第一个是他的母亲王娡。在汉景帝的后宫里，王娡以谦和贤惠著称，汉景帝虽不宠爱她，却很赞赏她的不妒、贤惠，后宫的嫔妃们也大多和她关系处得好。王娡还和汉景帝的姐姐馆陶长公主成了好友，两家还定下了姻亲，让刘彻娶了他的表姐陈阿娇。在刘彻通往帝位的道路上，他的母亲起到了极其重要的作用。

王娡本人虽出身贫寒，却也是名门之后。她母亲是汉初枭雄燕王臧荼的亲孙女，但到她这一代，家中早已经破落了。王娡最初嫁给了平民金王孙，并生了一个女儿金俗，但是命运让她不能保持平凡。和当年的薄太后一样，婚后的王娡也碰到了一次“算命奇遇”：以善于相面著称的姚翁见到她后就惊呼说：

“这个女人了不得，将来会生天子。”听了这句话，老实巴交的金王孙倒没想造反，但王娡母亲的心思却活络了：要生天子，那得给天子做老婆。之后她不由分说，强令女儿与丈夫离婚，并将她作为宫女送入皇宫。王娡果然得到了当时的太子刘启的宠爱，并为他生下了皇子刘彻。

王娡（？—公元前126年），汉景帝刘启第二任皇后，汉武帝刘彻之母。与汉景帝合葬阳陵。《史记》和《汉书》均记载了其生平，但其名字却是出自唐代司马贞所著《史记索隐》。

在好人缘的母亲王娡的影响下，小时候的刘彻也是一个乖巧聪明、极会说话的孩子。他与第一任皇后陈阿娇的结合就是这样：当时馆陶公主来王娡处做客，将还是孩童的刘彻抱在膝下，开玩笑地问：“你将来愿意不愿意娶你表姐阿娇做老婆啊？”结果刘彻奶声奶气地回答：“如果我娶了阿娇姐姐，我就造一个大大的金房子，让阿娇姐姐住在里面。”成语“金屋藏娇”就是由此而来。

陈阿娇的母亲，也就是刘彻的姑母兼岳母馆陶长公主，正是帮助刘彻上位的第二个女人。凭着和窦太后及汉景帝的特殊关系，她经常利用各种机会向汉景帝讲刘彻的好话。在刘彻娶了陈阿娇后，他姐姐隆虑公主又嫁给了馆陶长公主的儿子陈蟜，双方亲上加亲，关系更加紧密。在岳母馆陶长公主的帮助下，刘彻一步步走上了皇位。

然而真正促成刘彻上位的，却是第三个女人，那就是他的竞争对手刘荣之母——栗姬。集万千宠爱于一身的栗姬，其实是个智商和情商都低的女人，飞扬跋扈不说，而且妒忌心还强，更不懂得伪装。她先因为拒绝馆陶长公主的求亲，得罪了馆陶长公主，给儿子的前路上添了堵，后来又因一件傻事，彻底葬送了自己与儿子的前途。

当时，汉景帝已册立刘荣为太子，但他担心自己身后其他子女是否能保全，就试探着问栗姬："如果我死了，你以太后身份母仪天下，是否能够善待我那些非你所生的儿子？"栗姬不屑地回答说："他们又不是我生的，我凭什么要善待他们？"一句话激怒了汉景帝。事后馆陶长公主借机上眼药说："如果让栗姬这种女人掌了权，说不定会重演吕雉时期'人彘'的事。""人彘"这个吕雉造下的孽，再次令汉朝皇帝毛骨悚然。汉景帝随后下决心废黜太子刘荣，将栗姬打入冷宫。

栗姬，生卒年不详，汉景帝刘启的姬妾之一。受景帝宠爱，为景帝生下长子刘荣等三个儿子，刘荣也最早被立为太子。之后在后宫争斗中屡屡失策，失宠于景帝，刘荣也因此被废。栗姬后忧郁而死，葬在阳陵以北。

陈阿娇与卫子夫：童话里都是骗人的

汉武帝的第一个皇后陈阿娇，比汉武帝大几岁。后人说起这段“姐弟恋”，往往津津乐道的是陈阿娇最后的失宠，以及因为她失宠而引发的那场“巫蛊案”。但是在《汉武故事》中，他们两人曾经也有过非常甜蜜的过去。陈阿娇从小性格泼辣，极具男孩子气，闹得皇族中的女孩子都不敢和她玩，连舅舅汉景帝有时候见了她也悲叹：“你这么疯疯癫癫的，长大了谁敢娶你啊？”而在小时候，和陈阿娇关系最好的就是小皇子刘彻，两人经常一起打闹玩耍，属于青梅竹马的好玩伴。后来，刘彻迎娶了陈阿娇。婚后的最初几年，人们经常看到这对小夫妻一起荡秋千玩耍，并常年厮守在一起。那时候的他们，在别人眼里是一对恩爱的模范夫妻。

在登基的早期，汉武帝刘彻险些被祖母窦太皇太后废黜。初登基的汉武帝厉行改革，史称“建元新政”，却遭到老祖母的镇压。失意的汉武帝开始纵情声色，而汉武帝与陈阿娇之间的关系危机，也正是发生在这时候。当时汉武帝广纳美女，夜夜新欢，天生性格泼辣的陈阿娇经常与他打闹不止，两人争吵不断。在这危急时刻，王娡的一句话稳住了儿子的心神：“你的皇位全靠大长公主（馆陶公主）一家扶持，你要是和阿娇处不好关系，这皇位就更坐不住了。”一句话惊醒了汉武帝。

之后，在直到窦太皇太后过世的整整六年里，汉武帝极少再宠爱别的妃子，而与陈阿娇继续恩恩爱爱。而在岳母馆陶大长公主的斡旋下，他也有惊无险地保住帝位。

陈皇后，生卒不详，汉武帝刘彻第一任皇后，堂邑夷侯陈午与大长公主刘嫖之女，汉文帝刘恒外孙女。与刘彻青梅竹马，后成为其皇后，最后以“惑于巫祝”罪名被废黜，退居长门宫。葬于霸陵郎官亭东。其名字在《汉武故事》中记载为娇，故后人称其为陈阿娇或陈娇。“金屋藏娇”及“千金买赋”等典故都与其有关，现存描写陈皇后诗词共七十余首。

汉景帝和汉武帝两代皇帝在亲情上的一个共同点，就是与自己的长姐感情很深。而无论是汉景帝的姐姐馆陶长公主，还是汉武帝的姐姐平阳长公主，都有一个共同的工作，就是替自己的皇帝弟弟物色女人。这父子俩选妃子都有个共同的“黄金通道”：先由自己的姐姐物色好美女，然后自己去姐姐的府邸相看，看中了就当场临幸，然后带到皇宫里来。但比起老爹汉景帝来，汉武帝的这条“黄金通道”更像是条“偷情通道”。那时候陈阿娇太过凶悍，丈母娘家势力太大，汉武帝就算看上了别的女人，也要偷偷摸摸的。

公元前139年，去姐姐平阳公主家“偷香”的汉武帝，迷上了姐姐府上的一个歌女，当场临幸后，又把她带入宫中做宫女。因为陈皇后太过剽悍，一段时间里，这位歌女没有得到任何名分，甚至还遭受陈皇后一家的迫害，她就是卫子夫。

在西汉的皇后中，卫子夫是个幸运儿。因为那次汉武帝光临姐姐平阳公主家时，她并非平阳公主原本打算推荐给弟弟的美女，而只是作为公主府上的歌女出场。当时平阳公主接连叫了几拨美女出来，汉武帝都毫无兴趣。之后为了安慰弟弟，平阳公主就叫歌女们出来歌舞助兴，卫子夫便是其中的一个。没想到汉武帝眼睛一亮，当场就和她一见钟情了。这场歪打正着，从此改变了卫子夫的一生。

刚入宫的卫子夫一开始并没有得到汉武帝的宠爱，甚至没有得到汉武帝的保护。按照《汉武故事》里的记录，当时得知此事的陈皇后对她采取了非常多的报复手段，比如安排她去干脏活累活，甚至命太监打骂她。但所有的刁难，她都默默忍了过来。

卫子夫命运的扭转发生于公元前138年。一年前那晚在平阳公主家的风流韵事，居然再次催生了“低概率事件”——她怀孕了。得知消息的陈皇后气得发疯，但是此时主政的窦太皇太后却差点儿乐疯——她晚年的一大心结，就是孙儿结婚十年尚无子嗣。于是老太太下了命令，要好好保护这个女人。在老太太的庇护下，卫子夫平安生下了孩子，然后被封为夫人，得到了她应得的名分。她终于可以大大方方地算作汉武帝后宫中的人了。

卫子夫（？—公元前91年），名不详，字子夫。汉武帝刘彻的第二任皇后，大司马大将军卫青之姐，大司马骠骑将军霍去病之姨妈。为汉武帝生下长子刘据，被立为皇后。在“巫蛊之祸”中，与刘据等人遭江充等人陷害，不能自明，自杀，葬于桐柏亭。汉宣帝刘询以皇后礼重新厚葬，追谥号为“思”，史称孝武卫思后，是中国历史上第一位拥有独立谥号的皇后。

有了名分的卫子夫成了陈皇后的眼中钉，但陈皇后却暂时没有办法对付她。为了泄愤，陈皇后把目光对准了卫子夫的弟弟——随卫子夫一道进京并在宫中担任侍卫的卫青。之后，就发生了一起汉朝宫廷版的“雇佣杀人案”。

某日卫青深夜下班，刚走出宫门，就被几个不明身份的歹徒绑架，然后抓到暗处。幸亏卫青的好友公孙敖发现情况，连忙召集帮手前来解救，这才救得卫青一命。从此以后，卫青视公孙敖如救命恩人，日后终其一生，他都在不遗余力地报答公孙敖的恩德。

汉朝反击匈奴战争中，公孙敖部战败，按律要出钱赎罪，他赎罪的罚金正是卫青代交的。公元前119年，漠北大决战前夕，为了报答公孙敖的恩德，身为大将军的卫青授予他前锋职务，好让他立功封侯，但这场报恩却报出了祸事。卫青的做法引起了同为名将的部下李广的不满。后来，李广率军迷路，按律下牢狱，恼火卫青处事不公的李广居然用自尽来抗议，李广之死因此成为卫青人生中一个被人诟病的劣迹。追根究底，这算是一个女人的报复引发的一连串故事。

靠窦太皇太后的保护得以保命的卫子夫又因窦太皇太后的死迎来了人生中的又一次转机。汉武帝得到了真正的解放，再没有人可以掣肘他的权力，对皇后陈阿娇他也从此全无顾忌，于是开始大摇大摆地宠幸其他女人，尤其是专宠卫子夫。对陈皇后来说，最危险的事情在于，即使在汉武帝专宠她的时期，她也没有给汉武帝生过一个孩子，而这个时候的她已经过了生育的最佳年龄了。为了让女儿给汉武帝生个孩子，陈皇后的母亲馆陶大长公主遍访名医。但事情越急越糟糕，就在陈皇后着急上火的时候，从公元前138年到前130年的八年时间里，卫子夫先后给汉武帝生下了三个女儿，几乎每隔三年肚皮就要鼓一次。照着这个趋势，她生儿子是迟早的事情。

急疯了的陈皇后选择用最极端的办法来处理这件事，那就是巫蛊诅咒。这是当时流行于中国民间的最恶毒的诅咒方式，具体的操作方法是：先想办法搜集被诅咒者的生辰八字和相貌，再制作一个与被诅咒者相貌完全一致的小人，然后把小人埋藏在隐秘处，每天由女巫施法，就可以达到诅咒的效果。负责施法的女巫叫作楚服，按照《汉武故事》的说法，这个女巫和陈皇后的关系极不一般，甚至睡觉都在一起，每天除了做法，就是听陈皇后倾诉，堪称陈皇后的“精神导师”。

陈皇后又有了希望，但几个月后，卫子夫毫发无损，事情却传入了汉武帝耳朵里。得知消息的汉武帝震怒，命令廷尉严查。负责调查此事的官员秉承汉武帝的意思，用极端酷烈的手段处理了此事：女巫楚服被以肢解的方式处死，参与此事的太监、宫女三百多人全部被杀；首犯陈皇后被废黜皇后位，幽禁在长门宫中，几年后孤苦死去。借助这场大案的机会，卫子夫终于成功登上了皇后位，并在两年后为汉武帝生下了长子刘据，这个孩子后来被立为太子。

陈皇后被废黜后，馆陶大长公主为了补救，花千金邀请司马相如为陈皇后写一篇赋，想以此打动铁石心肠的汉武帝。按照《西京杂记》里的说法，当时的司马相如担心触怒汉武帝，不敢答应，他的妻子卓文君却满口答应下来，并替丈夫代笔，完成了不朽名作《长门赋》。当然，这段掌故大多出自野史笔记的记录，真实性尚不可考，《长门赋》作者究竟是谁，今天的说法也颇多。总而言之，它并没能打动此时已经铁了心的汉武帝，却成为汉代文学中的经典篇章。

这里提到的流芳千古的机巧才女卓文君一生也很跌宕。她本是成都的富家小姐，一次，寒士司马相如造访卓府，当场弹奏一曲《凤求凰》，赢得了她的芳心。随后她不顾父亲反对，毅然嫁给了尚未发迹的司马相如，并和丈夫在成都开酒店，抛头露面去卖酒，用这种方法赢得了父亲的支持。后来司马相如得汉武帝赏识，官位节节飙升，卓文君也妻以夫贵。她与丈夫的这段爱情，也成了中国历史上一段著名的佳话。

但卓文君后来也遇到了许多妻子都遭遇的问题：丈夫出轨。司马相如受汉武帝派遣招抚南越，在此期间给卓文君写了一封信，信中只有“一二三四五六七八九十百千万”十三字，少了一个“亿”字。“亿”与“忆”同音，他的意思很明白：我已经不想你了。这时候的司马相如，受官场风气熏陶，也生出了讨小老婆的想法，想借此试探妻子的态度。心凉如水的卓文君给司马相如回了一封信，这封信就是中国文学史上的又一名作《怨郎诗》，诗中除了表达独守空房的孤苦，回忆当初相爱的美好时光，以及对丈夫变心的幽怨外，更写出了如此震撼人心的警句：“郎啊郎，恨不得下一世，你为女来我为男。”几乎喊出了天下所有遭离弃女子的心声。面对妻子的一番表白，鬼迷心窍的司马相如终于醒悟，读着妻子的书信泪如雨下，之后两人和好如初，终其一生白头偕老。卓文君用自己的机巧才华，挽救了自己濒临死亡的爱情。

汉初公主生活一览

窦太皇太后的过世，令许多窦氏家族的外戚都从此失去了靠山，包括她的亲女儿——馆陶公主[1]刘嫖。

馆陶公主（？—公元前116年），名嫖，汉文帝刘恒之女，汉景帝刘启同母姐，汉武帝刘彻姑母与岳母。封邑在馆陶县，所以称馆陶公主；嫁给世袭堂邑侯陈午为妻，所以又称堂邑大长公主。汉文帝即位时被封为长公主；汉武帝时，成为大长公主，尊称窦太主。

在汉景帝时代至汉武帝早期，馆陶公主是位极有权势的女人，她是窦太皇太后最为宠爱的女儿，甚至窦太皇太后晚年的饮食起居，也基本由她在身边照料。有这样的特殊关系，话语权自然就强。汉景帝极为宠爱的栗妃，最后就是毁在她给汉景帝的进言上；汉武帝以皇十子的身份成为太子，同样是她上下活

① 先后称公主、长公主、大长公主，为行文方便，本篇统一称“馆陶公主”。

动的结果。

在刘彻与陈阿娇结婚时，馆陶公主还把自己的私家园林长门宫送给刘彻，等于是送给女儿的嫁妆。

但好景不长，后来陈皇后被废黜时，正是被囚禁在当年馆陶公主送的长门宫。汉武帝这种特殊的处理方式，也等于明摆着告诉这娘儿俩：给我回娘家去。

女儿出嫁后的馆陶公主，自己的私生活也很八卦。在丈夫陈午仍然健在时，她就有了情人董偃。这个董偃原本是倒卖珠宝的小贩，十三岁那年，董偃跟着母亲去馆陶公主家推销珠宝，被馆陶公主看上。馆陶公主随后对董偃母亲说："你的孩子长得很俊美，就留在我府上由我照看吧。"就这样，董偃伺候在馆陶公主身边，到十八岁的时候，已经成了馆陶公主离不开的小情人。那时候的董偃，生得俊美异常，而且举止优雅端正，在朝臣中很有名气，许多大臣也和他是好朋友。在陈皇后被废黜后，陈皇后的生父驸马陈午也于次年过世。之后一直到馆陶公主过世的十年里，都是董偃陪在她的身边，两人琴瑟和美，相依为命。

这位董偃，并非那种仅靠"男色"得宠的小白脸，而是颇有见识且多才多艺，精通蹴鞠等游艺。他和馆陶公主的这种特殊关系，连汉武帝都很感兴趣。陈皇后被幽禁后不久，有一天汉武帝特意造访馆陶公主家。在那个非常时期，皇帝的造访自然令馆陶公主惴惴不安。没想到汉武帝见面第一句话就说："我来，是想见到你家的'主人翁'。"馆陶公主吓坏了，明白汉武帝已经知道了自己的隐私。随后董偃出见，一番谈吐反而令汉武帝极为喜爱，不但没有追究他俩的这桩丑事，反而经常把董偃请入宫中聊天饮宴。这番做法，也等于认可了馆陶公主的这段私情。后来，董偃年纪轻轻就去世了，馆陶公主悲痛异常，夜夜茶饭不思，不久后也故去了，留下的遗言，就是要把自己和董偃合葬在一起。

汉武帝的长姐平阳公主，在相当长的一段时间里也是个婚姻不幸的女人。

她嫁的第一个男人是平阳侯曹寿，即西汉第二任丞相曹参的孙子，但公元前131年曹寿就去世了。之后，她又嫁给了另一个勋贵后代——汝阴侯夏侯颇，但这桩婚姻对她的打击更大。公元前115年，夏侯颇因为与其父的侍妾私通，犯下乱伦大罪，最终被逼自杀。也正是同一年，平阳公主与前夫曹寿唯一的儿子曹襄也英年早逝。丧夫和丧子的悲痛，几乎同时降临到这个不幸女人的头上。

平阳公主，名不详，生卒年不详，汉景帝刘启女，汉武帝刘彻同母姐。初嫁开国功臣曹参之后平阳侯曹寿，再嫁汝阴侯夏侯颇，后改嫁卫青。卫子夫与李夫人两位皇后均是其进献给汉武帝的。葬于茂陵。

好在，连遭婚姻不幸的平阳公主最终找到了幸福的归宿，那就是大将军卫青。她与卫青的婚姻，最初的缘分来自当时已是皇后的卫子夫的撮合。西汉史学家褚少孙的文集里说，当时为了促成这桩婚事，卫子夫请了大批的说客前去说和，但平阳公主一开始却毫无兴趣地表示："卫青从前可是我府里的下人，地位不匹配啊。"真正促成这事的是汉武帝本人。当卫子夫把这事告诉汉武帝后，汉武帝很高兴地说："很好很好，当初我娶了他姐姐，现在他又娶我姐姐。有意思，有意思。"刚高兴完，汉武帝又不忘补问了一句："我这边没问题，就是不知道卫青愿意不愿意，他别嫌公主太老啊！"

在汉武帝的支持下，大将军卫青与平阳公主走到了一起。对于这桩婚姻，汉武帝给予了极大的关照，不但婚礼异常豪华，还给了平阳公主一个尊号：长公主。两人结婚时的具体年龄史料上没有说，但是当时的卫青已经有了三个儿子，而平阳公主的孙子曹宗（曹襄之子）也刚刚办过婚礼，也就是说平阳公主是要做太奶奶的人了。他们婚后的具体生活史料上也记录得很少。那时候，卫青刚刚打完了汉匈之间具有决定意义的漠北之战，边关战事暂且清净，他自己也绝口不谈政事，日常最主要的娱乐就是请老朋友汲黯来家中喝酒聊天。卫青人生最后十年的平静日子也同样是平阳公主陪他度过的。但有一个细节可以印证两个人的感情：公元前106年卫青过世后，又寡的平阳公主未再嫁人，临终遗言就是和卫青葬在一起。

武帝朝的奇女子

李夫人

取代陈阿娇成为皇后的卫子夫，很快就面临着和陈阿娇当年相同的命运——被喜新厌旧的丈夫厌弃。在儿子刘据出生后不久，汉武帝就有了新宠，比如王夫人、李夫人等，后宫里的女人走马灯似的换个不停，其中最著名的就是李夫人。

这位李夫人，按照《汉书》的记录，和卫子夫一样，同样歌女出身，其兄长李延年更是汉朝最著名的乐师。她引起汉武帝的兴趣，也是通过李延年的一次成功的“广告”。当时李延年给汉武帝表演唱歌，歌中唱道：“北方有佳人，绝世而独立。一顾倾人城，再顾倾人国。”汉武帝很感兴趣，忙问：“有这样的女人吗？”李延年一本正经地回答：“有啊，我妹妹。”这场成功的广告，诞生了一个形容女子美貌的成语——倾城倾国。

得到汉武帝宠爱的李夫人，在相当长的一段时间里几乎集三千宠爱于一身。她也是个很有心计的女子。几年后李夫人病危，悲伤的汉武帝来到床前，李夫人却捂着脸不让汉武帝看，汉武帝求了半天，最后也没能得见，只能怏怏而去。旁人不解这是为什么，李夫人答：“我现在的样子很难看，如果被他看见了，那么我以前美丽的样子也会被他忘记。”李夫人的苦心得到了回报，之后终汉武帝一生，他都对李夫人念念不忘。

李夫人的两个哥哥李延年和李广利因为妹妹的缘故而相继得到汉武帝的重用，尤其是李广利，同样以外戚的身份担任手握兵权的大将军，肩负起抗击匈奴的重任。可他虽受信任，却没有卫青的本事，连续三次出击匈奴都没能成功，最后一次还被俘投敌，成了西汉外戚中唯一一个带头当“汉奸”的人。

卫子夫之所以能在失宠后继续稳固皇后位，一个重要的美德就是不妒。对待汉武帝宠爱的其他嫔妃，她不但毫不妒忌，还关照有加，她和许多嫔妃的私人关系也相处得极好。从性格上说，她是一个宽厚善良的好人。而受她的影响，儿子太子刘据，也从小养成了宽厚待人的品格。但在宫廷的斗争中，仅仅有宽厚是不够的，宽厚的卫子夫母子，在汉武帝晚年终于没有躲过一轮轮明枪暗箭，最终倒在另一场“巫蛊之祸”中。

钩弋夫人

“巫蛊之祸”中，最终被确立为接班人的是汉武帝的小儿子刘弗陵。选择他的一个重要原因，就是他的母亲钩弋夫人此时最得汉武帝宠爱。这位钩弋夫人本姓赵，是东武桓（今河北河间县）人，她与汉武帝的相识也很有戏剧性。

当时汉武帝巡视到东武桓，心血来潮占卜了一番，结果算命的说，当地有美女。经过找寻，他们果然找到了一个奇特的女子。这个女孩天生丽质，但自生下来手就是握拳状，手掌不能摊开，属于天生残疾。然而当汉武帝见到这个女孩时，奇迹发生了，女孩的手掌居然当场摊开，露出一个小玉钩。此后，这个女孩得到了汉武帝的宠爱，并因这番奇遇，被封为钩弋夫人。

除了传奇般的相识外，她生育刘弗陵的过程更传奇，足足怀胎了十四个月。在中国历史上，怀胎十四个月才生出的帝王，此前只有上古时期的圣君尧帝，因此钩弋夫人生刘弗陵的地方就被命名为“尧母门”。

钩弋夫人（？—公元前88年），赵氏，汉武帝刘彻的婕妤，汉昭帝刘弗陵生母。据说怀孕十四月才生下刘弗陵，与传说中尧帝的生母一样，故刘弗陵所生之门被称为尧母门。后来她被汉武帝赐死。汉昭帝即位后，追封其为太后，葬于云陵。

决定立小儿子刘弗陵为接班人的汉武帝，唯独放心不下的，就是自己死后刘弗陵的母亲钩弋夫人很有可能会趁着儿子年幼专权。年轻时就受够了外戚专权烦恼的汉武帝自然不允许这一幕在儿子身上重演，因此他做出了一个艰难的决定，就是杀掉儿子的母亲——自己最宠爱的钩弋夫人。

他杀钩弋夫人的方法，按照《汉书》的记录是这样的：当时汉武帝在甘泉宫休养，钩弋夫人犯了小错，遭汉武帝当场怒斥，然后就被送到云阳宫关押，不久后死在里面。而褚少孙的《史记补注》里记录，钩弋夫人死后，大臣曾有人问：“既然决定要立刘弗陵为太子，为什么又杀死他的母亲？”汉武帝回答说：“你难道不知道吗？儿子还小母亲又年轻，这样的情况下，必然天下大乱。”

一生铁石心肠，连杀老婆儿子都不手软的汉武帝，在史料的记录里却也有难得柔情的一面。他早年登基的时候，得悉其母王娡尚有女儿金俗流落民间，连忙派人寻找，终于在长安郊外的一处农家找到。得知消息后，汉武帝亲自带人去迎接，没想到金俗一家不明就里，居然全家吓得躲在地窖里不敢出来，着急的汉武帝当着众人的面，在姐姐门前放声痛哭说：“大姐啊，你为什么藏得这么深啊？”这番深情的流泪，终于把姐姐哭了回来，而后姐姐与王太后相见，母女抱头痛哭。《史记》里说，这时候周围的宫女们，也“齐声助哭”。一句“助哭”，道出了权力面前的人情百态。

女间谍刘陵

汉武帝执政时期发生的最大的诸侯谋反事件，就是公元前122年的淮南王谋反案。这桩谋反案水落石出后，牵出了中国历史上一位著名的女间谍——淮南王之女刘陵。按照《史记》的说法，当时刘陵以皇族的身份留居长安，并常年结交汉武帝的近臣，用美色和金钱收买汉武帝的左右。《史记》中对她的记录只有短短一句话，然而在褚少孙的记录中显示，当时被刘陵拉下水的不乏汉武帝的重臣，这也成了汉朝一桩著名的政治丑闻。

司马迁的家眷

汉武帝执政时期影响力最大的文化盛事，当属史学家司马迁撰写《史记》。这部司马迁忍受着巨大痛苦和侮辱完成的史学巨著，在问世早期并未流传后世。它最终得以重见天日，得益于司马迁生命中最重要的两个女人——他的妻子和女儿。司马迁过世后，其妻（野史认为叫柳倩娘）担心这部巨著遭祸，命司马迁遭宫刑前所生的两个儿子将著作带回家乡，并令全家人改名换姓藏匿起来。而司马迁的女儿后来嫁给了汉昭帝时期的重臣杨敞，生下儿子杨晖。从杨晖小时起，母亲就教他读《史记》，后来他入朝为官，奏请汉宣帝将此书公布于众，《史记》这部中国史学的不朽著作才得以流传至今。

上官氏：经历两次灭门的年轻太后

汉昭帝刘弗陵的皇后上官氏，也是一个家世极有背景的人。她的祖父是汉武帝临终前委任的辅政大臣上官桀，而她的外祖父则是另一位著名辅政大臣霍光。她五岁的时候就嫁给了十一岁的汉昭帝。然而这番荣耀，却让她经历了为人儿女最悲伤的一幕：亲眼见证了亲人之间的自相残杀，并亲身经历了父系母系两大家族的相继灭族。

她做皇后不久，祖父上官桀与外祖父霍光就为权力展开争斗，最终外祖父霍光胜出，祖父上官桀全家，包括上官皇后自己的父亲，都遭到了诛杀，上官皇后因母家的缘故得以保全。

十四岁那年，上官皇后的丈夫汉昭帝过世，她也因此成为西汉历史上最年轻的皇太后。

在汉宣帝登基后，上官皇后以太皇太后的身份，依然得到极大的尊崇，甚至比她年长得多的汉宣帝正妻许皇后，都要每隔五天朝见她一次，朝见的时候还要以儿媳礼节亲自伺候她吃饭。

然而，在外祖父霍光病故后，家族的灾难再次袭来，霍光的妻子儿女相继以谋反罪遭汉宣帝诛杀。至此，她的父系母系两大家族，在她二十岁的时候就已经相继族灭。

这以后的上官氏，依然以皇太后的身份得到尊崇，一直到公元前37年，她五十一岁时去世。

从五岁入宫的第一天起，她只过了九年的夫妻生活，之后的一辈子，她都在守寡。

孝昭皇后（公元前88年—公元前37年），上官氏，汉昭帝皇后。上官安与霍氏之女，霍光的外孙女。汉昭帝去世，昌邑王刘贺即位，被尊为皇太后；刘贺被废，汉宣帝刘询即位，被尊为太皇太后，是历史上最年轻的太皇太后。居国母之位四十余年，实际上差不多是一生在守寡。与汉昭帝合葬平陵。

许平君与霍成君：无论贤恶，都是权力的牺牲品

汉宣帝的结发妻子许平君，在嫁给汉宣帝之前曾经是当地出名的“望门寡”。她是砀郡昌邑人，本来许配给了内谒者令的儿子，但结婚之前，对方却突然病故。这段往事也令她一度找不到婆家，直到嫁给了当时还是平民的汉宣帝刘询。她与刘询是真正意义上的患难贫贱夫妻，直到刘询登基称帝后，两人依然感情甚深。

成为皇后的许平君带头躬行节俭，为人低调，声望很高。当时辅政的权臣霍光把自己的女儿霍成君嫁给了汉宣帝，为了让女儿专宠后宫，霍氏家族居然使阴招，将许皇后毒死在宫里。

许皇后的死，是汉宣帝人生中遭到的重大打击，她过世后的谥号为“恭哀皇后”。霍氏家族被灭后，汉宣帝早年与许平君生下的儿子刘奭被立为太子，即后来的汉元帝。这个选择，也是汉宣帝对许皇后的纪念。

接连辅佐了汉昭帝和汉宣帝两代君主，对西汉王朝劳苦功高的权臣霍光，死后之所以落得全家被灭的下场，主要应该归罪于他的老婆霍显。比起早年小心谨慎的老公霍光，霍显是个素来强悍跋扈的女人，尤其是丈夫大权在握后，

她做事更是毫无顾忌。早在霍光辅政时期，她就多次侵占民田，破坏法度，并纵容几个儿子胡作非为，在外界引起极大的民愤。她给整个霍氏家族招祸的最大恶行，就是阴谋毒死了许皇后。结果，在霍光过世后，霍氏全家被汉宣帝下狱，以谋反罪杀头。对这件事，东汉史学家班固在写《汉书》的时候就感叹说："霍光这辈子辅佐了两代帝王，他所建立的功业，就是和西周周公相比也毫不逊色，可就是没讨到个好老婆。他的老婆阴险狡诈，毒死许皇后，最后把他全家都害了。"

在许皇后过世后，痛失结发妻子的汉宣帝着实过了一段"河东狮吼"的生活。这时期被立为皇后的正是霍光的女儿霍成君，和她那个阴毒的老妈一样，霍成君也是个非常嚣张跋扈的女人，她最大的劣迹就是铺张浪费，做什么事都大搞排场，赏赐下人时更是花钱如流水。因为当时霍家势力太大，汉宣帝也只能忍气吞声，对这个皇后礼敬有加。到霍家被族灭后，霍成君也被废黜皇后位，并被加以谋害太子刘奭的罪名，幽禁在上林苑昭台宫，十二年后自杀了。

霍成君还有另一条比较搞笑的亲戚关系：当时作为汉宣帝太皇太后的上官氏，是她大姐的女儿。也就是说，在当时的西汉王朝，当朝皇后居然是当朝太皇太后的亲姨妈。这时期的西汉政治，就像这种人物关系一样，你中有我，我中有你，错综复杂。

霍成君（？—公元前54年），汉宣帝刘询的第二任皇后，霍光之女。霍光去世后，霍光妻霍显阴谋毒杀汉宣帝第一任皇后许皇后的事迹败露，霍家发动政变未遂，招致族灭。汉宣帝以阴谋毒害太子为由，废黜其皇后位。后自杀。葬于昆吾亭东。

在霍成君被废后，汉宣帝一度没有再立皇后。后来他动了再立皇后的心思，对象就是当时最得他宠爱的张婕妤。这位张婕妤能歌善舞，还为汉宣帝生下了儿子刘钦，做皇后的呼声最高。然而最后，成为皇后的却是后宫中极少得汉宣帝宠爱的王氏，不仅如此，连太子刘奭也被交给王氏抚养。

之所以这样安排，是因为在汉宣帝心中许皇后永远是最重要的，许皇后生下的儿子刘奭也永远是他最在意的。如果立了张婕妤，很难说已经有儿子的她会不会谋害刘奭，好让自己的儿子接位。

王政君：西汉灭亡的幕后推手

汉元帝刘奭在位时，他的皇后就是被后来史家看作西汉亡国罪人的王政君。正是王政君亲手栽培的侄儿王莽，最终彻底毁灭了西汉王朝。王氏家族的发展壮大也同样是从汉元帝执政时期开始。然而这位王政君本人，从做皇后开始，就是个极其幸运的人，她虽然只在汉元帝做太子的时候被汉元帝临幸过一次，之后终其一生，再未得到过汉元帝的宠爱，然而就是这仅有的一次，却令她生下了儿子，也就是后来的汉成帝刘骜。西汉王朝的历史，很多时候都是受这种"低概率事件"的推动，上一次刘邦宠幸薄夫人的低概率事件为西汉送来了缔造"文景之治"的汉文帝，这一次类似的低概率事件却为西汉送来了把帝国推向灭亡边缘的汉成帝。

不得宠的王政君能够从做汉元帝皇后开始就迅速扩大势力，其中很重要的原因就是她的家族人多。她的父亲王禁一共生了八个儿子，除了王莽的父亲外，其余七位都成了她弄权路上的好帮手。在汉元帝执政时期，她的几个兄弟相继进入政坛，并开始担当要职，而她自己在当时也以勤恳谨慎著称。汉元帝一度欲废除太子刘骜，立宠妃傅昭仪所生的儿子定陶王刘康为太子。消息传来，整个王家上下都慌了神，关键时刻，王政君的哥哥阳平侯王凤有了主意。他主动找到了汉元帝的宠臣史丹，请他出面。在史丹的劝说下，汉元帝终于打消了念头。汉元帝改变主意的原因，正如他对史丹所说："我虽然不喜欢太子，但太子的母亲王皇后素来勤恳谨慎，废黜太子对她也不公平啊！"

王家真正青云直上，是在汉元帝刘奭病逝，汉成帝刘骜即位后。当时王政君的五个兄弟在同一天都被封为侯爵，即西汉历史上著名的"五侯受封"事件。而后王政君的兄长王凤被任命为大司马、大将军、领尚书事，正式掌握了朝廷大权，最终灭亡西汉王朝的王氏家族从此时开始成气候了。

王氏家族和西汉之前所有专权的外戚家族都不同。从吕雉至霍光的西汉外戚大多昙花一现，无法对皇权构成威胁。归根结底，是因为后权来自皇权，外戚的威权本身就是依托皇权存在的。而且这些外戚势力最大的毛病就是内部结构不成熟，往往依靠一个头面人物支撑，头面人物一倒，立刻树倒猢狲散。但王家宗族的权力经营时间比任何一个外戚家族都长，不只在朝廷里根子扎得深，内部更有一套独立的传承体系。这个家族内部的权力牢固程度，比之前任何一家外戚都坚固得多。

弄权是一把好手的太后王政君，却是一个极没有政治智慧的女人。从汉成帝执政时期开始，在王政君的庇护下，王氏家族便开始胡作非为。她的几个兄弟依仗权势圈占土地，横行霸道。在这一时期，西汉农民起义日益增多，国事日益败坏。对于自己家族的这些劣迹，王政君后来也有所警觉。她之所以重用侄儿王莽，也正是因为在当时的王氏家族里，王莽是少有的以品德高尚著称的人，但她没有想到的是，重用王莽却断送了整个西汉王朝。

汉成帝的女人们：比丈夫还出名

汉成帝刘骜身上最为后世八卦的事件，就是他宠爱“汉宫飞燕”，即赵飞燕、赵合德姐妹俩。

赵飞燕是中国历史上出名的美人。她天生身材娇小，婀娜多姿，按照现代的说法，是个“骨感美人”，而且她的出生也很传奇。她刚降生的时候，父母不愿意要女儿，竟然将她遗弃在闹市上。然而扔了三天，她却依然未死，深感惊讶的父母这才将她重新捡回。她天生对舞蹈有极高的悟性，连走路的样子都似柳枝摇摆，煞是好看。

后来她被选入阳阿公主的府邸学习舞蹈，很快就以优美的舞姿技压群芳，“飞燕”的名字就是这样来的。后来，在阳阿公主府上，赵飞燕认识了微服来此的汉成帝，并成功将他迷住，从此专宠于后宫。她吸引汉成帝，除了凭借美貌与舞蹈外，还靠她对男人心态的巧妙拿捏。当时汉成帝宠幸完，本来想立刻带她入宫，没想到她却摆起了架子，三次拒绝汉成帝的征召，一下子把汉成帝迷得欲罢不能，最后一辈子对她百依百顺。

赵飞燕的舞蹈究竟有多美？她有一曲拿手节目，叫《归风送远曲》。这支舞跳起来，她的整个身子如影蹁跹，仪态极为优美，其轻灵的体态在风中更似一吹就倒。有一次汉成帝命她在后宫太液池表演，还亲自为赵飞燕伴奏，结果一阵风吹过，竟把纤细的赵飞燕一下子吹了起来。幸亏伴奏的乐师冯无方眼疾手快，一把将她拉住，否则这位中国历史上出名的美人就要殒命清池了。

赵飞燕（？—公元前1年），号飞燕，名不详，一说名宜主，汉成帝刘骜第二任皇后，舞蹈艺术家。汉哀帝即位后，被尊为皇太后；汉哀帝去世后，被贬为孝成皇后，后又被贬为庶人。自杀而死，葬于延陵。赵飞燕在中国历史上是一位传奇人物，《汉书》中对她的描述仅寥寥数语，但关于她的野史却有许多。在历史上，她以美貌著称，成语“环肥燕瘦”中的“燕瘦”即是指她，通常用以比喻美女体态轻盈瘦弱。同时，她也因美貌而成为淫惑皇帝的一个代表性人物。

赵飞燕和她的妹妹赵合德被合称为“汉宫飞燕”，其实相比于姐姐，做妹妹的赵合德才是最得汉成帝宠爱的女子。在多年的后宫争斗中，这姐儿俩共同进退，虽彼此之间也有嫌隙，但多数时间都是非常坚定的同盟。赵飞燕一度因为许皇后案差点儿被汉成帝废黜，是赵合德替她解围，才成功保住了皇后位子。大多数时候，做妹妹的赵合德都是被姐姐当枪使，赵飞燕要陷害其他妃嫔，多由妹妹出面。但姐儿俩没想到的是，最后她们的失败却同样因为妹妹的专宠而起。

公元前7年，纵欲过度的汉成帝死在了赵合德的床上。痛惜儿子身亡的王政君把怒火撒在了赵氏姐妹身上，赵合德羞愧自杀。赵飞燕情况稍好，因她迎立定陶王刘欣即位为汉哀帝，之后还做上了皇太后。但这皇太后到底是孤家寡人，汉哀帝没几年就过世了，赵飞燕被打入冷宫，后来自杀而死。

班婕妤

在这段时期里，还出现了一位机巧才女——汉成帝的嫔妃班婕妤。她是后来东汉史学家班固的祖姑姑，也是西汉后宫里少有的才女人物。班婕妤自幼熟读经典，擅长著文，尤其精通史书，经常借史书里的典故劝谏汉成帝。她的另一个角色就是汉成帝的工作秘书，汉成帝批阅奏折的时候，甚至经常带她在身边协助。相当长一段时间里，汉成帝对她也恩宠有加，甚至专门为她造了一辆马车，以方便两人一起出游。但班婕妤却拒绝了此事，她对汉成帝说："自古以来，只有荒淫的君王才会给予嫔妃这样的待遇，皇上您难道要像他们一样吗？"汉成帝的母亲王政君闻听此事，也由衷地赞叹说："春秋时期有樊姬，今天大汉朝有班婕妤，真是国家的福气啊！"这是将她类比春秋时期协助楚庄王实现霸业的贤妻樊姬。

得到如此宠爱的班婕妤，自然也招来赵飞燕、赵合德姐妹的忌恨。这两姐妹在借巫蛊案陷害了汉成帝的原配许皇后之后，又把矛头指向了班婕妤。她们曾向汉成帝进谗言，说班婕妤其实和许皇后是同谋，但危急时刻，班婕妤用一种特殊的办法保护了自己。面对汉成帝的讯问，班婕妤毫不慌张，不慌不忙地回答说："像她们（赵飞燕姐妹）诬陷我的那种事，我自己还不屑于去做。"这优雅的气度又一次征服了汉成帝，不但没有办班婕妤的罪，反而给她厚赐。逃过一劫的班婕妤明白危机并没有解除，之后她给汉成帝上奏，请求去侍奉王太后，在太后王政君的庇护下，班婕妤最终躲过了赵飞燕姐妹的陷害。她在交织着阴谋的后宫里能够全身而退，殊为不易。

班婕妤（约公元前48年—公元2年），名不详，汉成帝刘骜的婕妤，东汉班固、班超和班昭的祖姑，辞赋家。中国文学史上以辞赋见长的女作家之一，作品很多但大部分已佚失，现存作品仅三篇，即《自伤赋》、《捣素赋》和一首五言诗《怨歌行》，亦称《团扇歌》。

许皇后

遭赵飞燕姐妹俩陷害的汉成帝原配许皇后本名许娥，也是一位极有背景的女人。她本是汉元帝刘奭生母许平君的侄女，论辈分，应算是汉元帝的表妹，结果却在表哥的安排下，嫁给了自己的表侄汉成帝刘骜。她舞蹈技艺出色，且写得一手好文章，一度很受汉成帝的宠爱。但她的运气很不好，嫁给汉成帝多年，始终未给汉成帝生下一个孩子，又兼年老色衰，以至于逐渐失宠。为了取代她的皇后位，赵飞燕当时选择了和王氏家族合作，联络了王政君的哥哥——大司马大将军王凤。公元前18年，赵家姐妹诬告许皇后行“巫蛊”诅咒大将军王凤，在众口一词之下，许皇后有口难辩，结果被废，全家被流放。其实事情的起因，只是许皇后无子，想通过巫蛊求一个儿子。一个妻子最简单的愿望，就这样被一场政治阴谋断送了。

许皇后在含冤被废后，为了恢复名誉做了很多努力，却被她的亲姐姐许靡给骗了，最后境遇是雪上加霜。当时的许靡寡居在家，与王太后的外甥淳于长私通。被废的许皇后找到姐姐，希望借助这层关系为自己洗刷冤屈。没想到的是，姐姐许靡竟与淳于长联手忽悠，诈骗了许皇后大笔钱财。结果许皇后一生的积蓄都被这对姘头骗走，此后两人还把此事大肆张扬，宣传许皇后的愚蠢。

多年以后，淳于长与王莽争夺大将军位，在关键时刻，王莽把这件事捅给了汉成帝，激得汉成帝大怒。结果淳于长大将军没做成，反被汉成帝下狱处死，许皇后也受牵连，被赐下毒药。

解忧公主：守土何须男儿

汉元帝和汉成帝执政时期的另一件大事，就是著名的昭君出塞。在汉元帝在位的公元前33年，汉王朝将宫女王昭君嫁给了前来朝见汉朝天子的南匈奴单于呼韩邪，从此汉匈和平，有六十多年没有发生战争。关于这场联姻，民间野史、演义中流传最广的，就是元曲《汉宫秋》。按照戏曲中的说法，王昭君本来和汉元帝恩恩爱爱，但无奈匈奴以兵威压迫，汉元帝只得将王昭君嫁给了匈奴，以一个女人换取了民族的和平。

王昭君（约公元前54年—公元前19年）名嫱，字昭君，乳名皓月，汉元帝刘奭时在宫中为宫女，后嫁给南匈奴单于呼韩邪。晋朝时为避司马昭讳，改称“明妃”。中国古代四大美女之一，“沉鱼落雁”中的“落雁”二字就是在讲她。

真实的历史恰恰相反。汉元帝在位时期，西汉已经彻底平定了常年侵扰边境的北匈奴，连北匈奴郅支单于的人头都被汉军斩获。归附西汉的南匈奴单于呼韩邪为了自身的安全，才向西汉提出了联姻的请求。王昭君到达匈奴后，受到匈奴上下的热烈欢迎，她在匈奴得到的封号叫作“宁胡阏氏”，意思是有她的到来，匈奴就不会再被汉王朝攻打，从而得享太平了。同样是和亲，刘邦时期是弱者的忍辱负重；汉元帝时期却真正成为强者的恩赐。

为汉匈民族和平做出重大贡献的王昭君，嫁到匈奴时还只是个二十一岁的年轻姑娘。她一辈子共嫁了两个丈夫，第一个丈夫呼韩邪单于，在和她结婚两年，生了一个儿子后，即于公元前31年过世。此后她又按照匈奴人“夫死妻其长子”的习俗，嫁给了呼韩邪单于的长子复株累单于，并与他生有两女。她的儿女及后人一直是匈奴内部重要的亲汉力量。

汉朝中后期担负“和亲”使命的女子，还有公元前101年远嫁西域乌孙国的解忧公主。比起王昭君的宫女身份，她是个根正苗红的皇族，却也是罪犯后代。她的全名叫刘解忧，祖父就是在“七国之乱”中扯旗叛乱的楚王刘戊。汉朝中后期有个规矩：犯罪的皇族，其家属女眷必须要承担为国家和亲的重任。因此，汉武帝将她赐婚给了乌孙昆莫（国王）。她的丈夫这时刚刚丧妻，死掉的老婆就是汉朝的另一位和亲公主——江都王刘建之女刘细君。

解忧公主的任务绝不仅仅是嫁个老公这么简单。乌孙国是西域的大国，也是汉朝在西域的重要盟友。巩固与乌孙国的关系，对于西汉抗击匈奴的大业来说有着极其重要的作用。

但解忧公主的运气极差，她嫁到乌孙国的最初几年正好是汉武帝晚期对匈奴战争连遭三次战败的时候。战场上不给力，解忧公主的压力自然也大。偏偏在这时候，乌孙国也和匈奴联姻，匈奴也把公主嫁给了乌孙国王。解忧公主和匈奴公主两人分别为乌孙国王的左右夫人，她的身份仅比匈奴公主高一点，一场既为争宠也为国家利益的宫廷争斗在乌孙王宫持续了多年。解忧公主自己的肚子不给力，嫁到乌孙后相当长的时间里都没有生下子嗣。对于一个孤身在西域的女人而言，她面临的局面是非常凶险的。

解忧公主最终在乌孙国站住了脚，凭借的是她卓越的行政能力。她的丈夫昆莫，与她结婚的时候已经是个高龄老人，应对起军政大事早就力不从心。趁此机会，解忧公主施展自己的手段，积极介入乌孙国内外政策的制定。

她比较成功的一个做法，就是抓住一切机会展现自己。每当乌孙国发生水旱灾害的时候，解忧公主往往会在第一时间勇敢地出现在受灾现场，不但访贫问苦、赈济灾民，有时候更不顾危险冲在抢险的第一线。她在乌孙国内的民望也因此节节飙升。

而她实际的工作更是建树颇多。在她的力主下，乌孙国开通了连接中亚的贸易通道，其商路直通到地中海沿岸。连接欧亚的丝绸之路，其实是在她的主持下走向成熟。这些卓越的工作成就，也令她最终压倒了匈奴公主。

而后，她为乌孙国王相继生下了三子两女，她的长女名弟史，还曾被她派回长安学习中原文化，学成回家的路上途经西域龟兹国，与龟兹国王一见钟情，从而喜结连理。这段爱情的另一大意义是，为了讨弟史欢心，龟兹王甚至下令，都城的宫殿都要仿照汉王朝长安皇宫来建造。这是汉民族建筑文化第一次传入西域大地。

解忧公主（？—公元前49年），名解忧，西汉嫁到乌孙国的和亲公主，汉高祖刘邦弟楚元王刘交的后裔，祖父楚王刘戊是“七国之乱”的发动者之一。之前远嫁乌孙昆莫（国王）的汉朝公主死后，汉武帝刘彻为了巩固与乌孙国的联盟，将其嫁给乌孙昆莫，汉宣帝时归汉。

嫁到乌孙国的解忧公主，曾经面临过一次异常凶险的生存考验。公元前74年，趁汉昭帝病危的机会，匈奴大举在西域集结重兵，叫嚣着要求乌孙国把解忧公主交给他们处置，否则就要大兵进犯乌孙国。消息传来，整个乌孙国都炸了锅。担忧匈奴来犯的乌孙王室甚至一度要答应匈奴的要求。但这时候的解忧公主已是一个成熟的政治女强人，她临危不乱，在自己及整个乌孙国生死存亡的时刻，先是联络乌孙国的亲汉大臣，主动对抗匈奴的威胁，随后致书长安请求西汉王朝出兵增援。

然而令人寒心的事情发生了。适逢汉昭帝驾崩，对于这件关系到抗匈大业的重要事件，汉朝政府上下居然两年没有反应，一群高官只忙着讨论谁当皇帝的问题。幸亏这时解忧公主的小儿子大乐已经是乌孙国的知名战将，他手中掌握军队，才暂时保住了解忧公主。那些日子里，解忧公主本人更是衣不解带，与儿子一起四处巡查军队，部署防御。

解忧公主得救，是在汉宣帝刘询登基后。雄才大略的汉宣帝在接到乌孙国的求救后，毅然决定以重兵进攻西域。

公元前72年，西汉王朝以十五万大军入西域，同乌孙国的五万本土军队联合，发动了这场事关西域命运的反击战。结果汉乌联军大胜，仅俘虏的匈奴军就达三万九千人。解忧公主趁机出面，联合西域各国一同反击匈奴。次年，她亲自指挥，粉碎了匈奴对乌孙国的报复性攻击。之后三年，乌孙国在对匈奴的战争中连战连胜，解忧公主的威望也在西域空前提高。

正是在这场战争后，匈奴势力逐渐退出西域，北匈奴更逃奔到中亚，并被西汉王朝全歼。而后西汉王朝在西域设立都护府，正式将西域纳入版图。在这个过程中，解忧公主其实是个起到承前启后作用的人。

公元前65年，乌孙国以隆重的礼仪举国欢庆解忧公主的生日，当时西域有三十六个国家的王公亲自前来朝贺，盛宴之上，汉朝使节常惠趁着酒兴，当场赋诗一首，诗歌中说道："四海之内谁不知道啊！大汉朝的中兴强盛天下无比。有目共睹啊！汉朝和亲的公主，个个都呕心沥血啊。"这首在正史中不知名的小诗，表面写给解忧公主，却更像写给千百个知名或不知名的女人——自西汉开创以来所有担负和亲使命的女子们。赞扬她们沉默的牺牲与光辉的伟业。

公元前51年，年迈的解忧公主给汉宣帝上书，请求汉王朝允许她返归故土。这次请求在《汉书》中有一段感人的描述：公主说她年纪大了，几乎每天都思念着故土，请求汉王朝允许她返归，死后可以葬在汉地。以《西京杂记》的记录，汉宣帝在读到此封书信后泪满衣襟，随后回复：“长安城以隆重的礼节，迎接载誉而归的解忧公主。”

除了继承乌孙国王位的长子以及远嫁龟兹的长女外，解忧公主的其他三个子女都随同她一道返回。他们到达长安的那一天，不但欢迎仪式隆重，而且长安城百姓万人空巷，纷纷前来围观这位传奇人物。她其实是代表着自西汉建国后，所有为国家和平离乡背井承担和亲使命的女人们来接受这一场荣耀的。一生经历磨难的她，是其中最为幸运的一位：她是唯一一位得以叶落归根的和亲公主，也是唯一一位在世之时得到祖国感谢的和亲公主，更是少有的留姓名于后世的和亲公主。两年后，解忧公主病逝于长安。

孝平皇后：皇后变公主

在王莽篡汉的最后时刻，反对最激烈的是王莽的姑母，当时的老太后王政君。多年以来，王政君虽然努力培养王家力量，但她做梦也没想到，自己一手提拔的侄子居然想篡夺大汉江山。但当时大势已去，在王莽的逼迫下，王政君愤然把玉玺摔在地下，从此大汉朝的传国玉玺也因此缺了一个角。公元9年，王莽正式废黜西汉末代皇帝——是年只有四岁的小傀儡刘婴，随后登基称帝，国号叫“新”。立国二百余年的西汉王朝，没亡在匈奴手里，也没亡在诸侯手里，却被外戚“借壳上市”了。

西汉的灭亡，是由于外戚王莽步步为营，最终篡夺了大汉江山。而在王莽篡权的过程中，有一个女人也成为他的棋子，那就是他的长女——汉平帝的正妻孝平皇后。在王莽的安排下，这个正史中没有留下名字的姑娘嫁给了汉平帝刘衎。王莽也因这场姻缘，被晋封为位高权重的上公。然而婚后没多久，汉平帝就去世了，年轻的孝平皇后做了寡妇。汉平帝的死成为王莽独揽大权的跳板，此后王莽立刘婴为傀儡皇帝，并最终废黜刘婴，建立新朝，正式取代了名存实亡的大汉王朝。成了寡妇的孝平皇后后来被王莽封为“黄皇室主”。出于对女儿的歉疚，王莽给予了她极大的荣宠。但是她却一直不能原谅父亲的行为，常年对父亲冷眼以对。

对女儿的婚姻大事，王莽极其重视，他一度想把女儿许配给自己的亲信孙豫。一次借女儿生病的机会，王莽派孙豫带太医来瞧病，意图给两人培养感情，结果女儿不但不接受，反而当着孙豫的面泄愤，鞭打身边伺候的侍女，当场把相亲对象孙豫给吓跑了。之后多年，她一直孤苦伶仃。公元23年，反对王莽的绿林起义军攻入长安。当时她本可以逃跑，却拒绝了部下的援救，在起义军焚烧皇宫之时毅然举身入火海，结束了自己的生命。

孝平皇后（公元前9年—公元23年），王氏，汉平帝刘衎的皇后，王莽长女。新朝建国后被赐号“黄皇室主”。后因绿林军攻入长安，含恨纵火而死，年仅三十二岁。

“任宦当做执金吾，娶妻当如阴丽华”

东汉开国皇帝光武帝刘秀的第一任皇后叫郭圣通，她在公元24年嫁给刘秀。当时王莽新朝败亡，天下群雄逐鹿，雄心勃勃的刘秀意图首先占领河北，击败盘踞河北的军阀王朗。要达到这一目的，就要争取河北真定军阀刘杨的支持。双方合作的一个政治交换条件，就是刘秀必须迎娶刘杨的外甥女郭圣通为妻。

当时的刘秀刚刚婚娶，但为了实现大业，也只好应允。他们的婚礼是在真定府办的，礼仪极其隆重。婚后，得到刘杨支持的刘秀实力大增，很快平定了河北，积攒下打天下的本钱。

郭圣通出身名门，她的外祖父刘普是汉景帝的直系七世孙。按照辈分讲，她和刘秀还有远房表亲关系，这场婚姻更是亲上加亲。因为家族的关系，她早期受到了良好的教育，与刘秀的感情生活一度很融洽。结婚第二年，她就为刘秀生下了长子刘疆，在结婚的前十四年里，刘秀对她也是恩宠不断。即使是当年促成这场婚姻的舅父刘杨后来造了刘秀的反然后兵败被杀，也没有影响到刘秀对郭圣通的宠爱。可见虽是政治婚姻，他们也是有真感情的。

郭圣通在东汉开国之后最先被立为皇后，之后却失了宠。她的失宠，一是因为年老色衰；二是因为她性格高傲，见不得光武帝对别的嫔妃的宠爱，对光武帝本人也经常颐指气使。光武帝在废黜她的诏书里，列举了她诸多大罪，包括吃穿都讲究奢华享受，曾经诋毁其他皇妃，打骂非自己所生的各位皇子等各条罪名。公元41年，郭圣通被废黜。

被废的郭圣通，获得了一个“中山王太后”的尊号被恩养起来，她的家人也继续享受高官厚禄。其亲子刘疆在东汉开国早期被立为太子，在她被废两年后主动辞去了太子位。

公元52年郭圣通病逝。在中国历代所有被废的皇后中，她的下场还算好的。这件废皇后案，在后世也颇遭指责，比如民国史学家蔡东藩先生就曾感慨地说：“刘秀的胸怀，可以包容这么多为他打天下的功臣，为什么就不能包容一个女人呢？”

郭圣通（公元6年—公元52年），东汉开国皇帝光武帝刘秀的第一任皇后，西汉皇族后裔。出于政治联姻需求，嫁给刘秀。后被废黜皇后位，无谥号，后世称之为“光武郭皇后”。葬于邙山北陵。

光武帝的第二任皇后阴丽华，是东汉历史上第一位“贤后”，她和光武帝的感情也格外深。她出身于南阳郡新野阴氏大族，从年轻的时候，就是当年身为破落皇族的刘秀的暗恋对象。刘秀在洛阳太学读书时，曾发出过这样一句名言：“仕宦当做执金吾，娶妻当如阴丽华。”讨她做老婆，一度是少年刘秀的奋斗目标。公元23年六月，已经是一方枭雄的刘秀驻兵宛城，终于实现了自己的人生愿望。这场婚姻，正发生在刘秀人生中最黑暗的时期。当时身为推翻王莽功臣的刘秀遭到绿林军的猜忌，兄长被绿林军安插罪名杀害，他自己更遭到绿林军监视，在宛城朝不保夕。人生最黑暗的岁月，正是阴丽华陪他度过的。

早年的刘秀对阴丽华的负疚也是非常多的。就在和阴丽华结婚四个月后，出于拉拢河北军阀的考虑，刘秀又迎娶了郭圣通，并将其作为正房。对于这桩婚姻，阴丽华表现得非常大度，支持了丈夫的这个抉择，并甘心让位做小。在东汉建国之后，出于稳定局面的考虑，光武帝也将郭圣通立为皇后，为此他还专门找阴丽华谈话。但出乎刘秀预料的是，阴丽华不但没有争皇后位，反而主动向光武帝提出册封郭圣通为皇后。

除此以外，光武帝对阴丽华还犯了一个他自己都无法原谅的错误。二人结婚十周年，即公元33年时，光武帝统兵进军陇西，谁料洛阳发生兵变，兵力空虚的洛阳城惨遭洗劫，阴丽华的母亲也在这场劫难中遇害。事后光武帝在诏书里专门引用了《诗经》中的一则小词，大意是“惶恐危难的时候，只有我和你在一起，现在富贵了，你却将我抛弃了”。这里面的“你”是指光武帝，“我”则是阴丽华。通过这种特殊的方式，光武帝表达了对自己的责备。

阴丽华之所以能得到光武帝的喜爱，除了美貌外，更重要的一点是，郭圣通的缺点却恰恰是阴丽华的优点。郭圣通好妒，阴丽华大度，和光武帝的嫔妃们总能相处得很好；郭圣通好争，阴丽华好让，从一结婚起，遇到名分、利益之类的纷争，阴丽华往往退避三舍。郭圣通做皇后的时候，经常以皇后的身份呵斥身为贵人的阴丽华，每次阴丽华都选择隐忍，从没有和郭圣通发生一次正面冲突。郭圣通被废后，阴丽华也从未采取任何报复行为。

按照后来东汉名臣第五伦的说法，阴丽华天性善良，从来不肯伤害任何人。而且比起郭圣通的奢靡，阴丽华一生厉行节俭，生活朴素。对光武帝的其他儿子，她也关爱有加，视如己出。她去世的时候，谥号是“光烈太后”，她也成为中国历史上第一位有自己谥号的太后。

阴丽华一生另一个颇得称赞的行为，就是严格要求自己的家属，不但不许他们胡作非为，更不许他们掌权。她哥哥阴识在得到光武帝封赏时，很知趣地拼命推辞。弟弟阴兴做得更绝，不但不要光武帝的赏，反而干脆归隐山林，当起了隐者。

在她的以身作则下，东汉建国后，但凡跟后宫沾点亲的外戚功臣，基本都主动引退，回家过日子去了。对待“情敌”郭圣通一家，她也非常公正，在儿子汉明帝刘庄即位后，对阴、郭两家的亲眷在封赏上一视同仁，毫无偏袒。这两个家族在整个东汉时期，一直都是关系亲密的世交。

看似对娘家要求苛刻的阴丽华，其实也是个极重亲情的女人。她七岁丧父，婚后又因光武帝的错误而丧母，每次回忆起自己的父母，她都会泪流满面，甚至看到父母的遗物，也常哭泣不已。每到这个时候，光武帝也悲叹连连，对她倍加抚慰。

阴丽华病故于公元64年，享年五十九岁。汉明帝刘庄对于母亲的故去悲伤难当，此后很多年，汉明帝都生活在对母亲的怀念里。

阴丽华病故十年后，即公元74年，汉明帝突然在梦中梦见了母亲，随后，一生节俭的他以盛大的仪式对父母进行了祭奠。典礼结束后，汉明帝路过母亲住过的寝宫，看到母亲生前用过的梳妆工具，又当场泪如雨下。西汉开国皇帝刘邦一家是一个被权力吞噬亲情的家庭，而东汉开国皇帝刘秀一家却依然充满着普通人家的浓浓亲情。

阴丽华（公元5年—公元64年），汉光武帝刘秀的第二任皇后、结发妻子，春秋时齐国名相管仲之后。在历史上以美貌著称，内持恭俭，外抑宗族，为一代贤后。谥号为“光烈”，与光武帝合葬于原陵。

楚国太后许氏

东汉开国早期，发生了一起宗室谋反事件，这就是楚王刘英谋反案。在光武帝的儿子中，刘英原本是与汉明帝刘庄关系最近的一个，他俩自幼交好。后来刘英被封为楚王，并迷上了各种民间宗教。他以搞宗教活动的名义，大肆招募宾客，甚至利用宗教宣传自己才是“真命天子”，结果被人告发。公元71年，东窗事发的刘英在流放路上自杀，而他的死，也令他的家人尤其是母亲许氏颇受连累。

这个许氏，在光武帝健在时只是个不得宠的嫔妃，而且特别爱发牢骚，尤其喜欢和别的嫔妃攀比。刘英被封为楚王后，她不满儿子的封赏比别的皇子少，经常冲儿子唠叨。刘英最后的造反，跟她长年的潜移默化大有关系。刘英死后，汉明帝对这事采取了宽容的处理办法，保留了许氏“楚国太后”的尊号，并恩养在楚王宫中。公元74年，汉明帝还曾专门到楚地看望许氏一家，并流泪谈心许久。作为“反贼”的母亲，可以颐养天年并得以善终，在中国历史上，这也是个奇迹。

错选儿媳，外戚上位

汉明帝的皇后马氏，是东汉开国功臣马援的小女儿。她能够嫁给汉明帝，却全因世态炎凉。战功卓著的马援病故在为光武帝平定湖南战争胜利的前夜，但他生前得罪了光武帝的女婿梁松及外戚窦固，以至于墙倒众人推，被污蔑贪污，马家也因此遭到抄家查办。事发之后，马援的妻子也因悲伤过度病倒，只有十岁的马氏便支撑起了这个家。马家遭难后，之前与马家交往甚密的好友们纷纷划清界限，原本有婚约在身的马氏也遭对方取消婚约。此后，在马家堂兄马严的安排下，马氏反而因祸得福，以未婚女孩的身份进入了刘庄的太子府，并得到刘庄的宠爱，在刘庄登基后被立为贵人。公元60年，马氏被立为皇后。

与婆婆阴丽华一样，马氏也是东汉历史上的贤德皇后。她能够登上皇后位，与阴丽华的支持有很大关系。阴丽华在懿旨里，就曾称赞马氏德冠后宫。她被人称道的地方，一是她的宽厚，二是她的无私。虽然她从未给汉明帝生育过儿女，但对汉明帝的其他儿女，她从来视如己出。汉明帝所立的太子刘炟就是由她抚养长大，一生感情甚深。早年家族的遭遇令她看透了世态炎凉，对名利也非常淡泊。她成为皇后之后，有人曾拍她马屁，要求给她的亲属封官，结果她正色回答说："你看历史上那些外戚大族们，风光的时候，家门前热闹得就和集市一样，一旦失势了，马上就门庭冷落，争这些有啥用呢？"成语"门庭若市"就是由此而来。终其一生，没有一个亲人在她在世时得到封爵。

一生贤惠的马氏，在给养子汉章帝刘炟选老婆的时候却犯了一个大错误。公元77年，已是太后的马氏为汉章帝挑选了一位她心目中的好儿媳——出身河西门阀大族的窦氏。马太后欣赏窦氏，除了因为这个女子美丽的容貌外，更因为她与马太后相似的经历：窦氏的父亲窦勋是东汉开国功臣窦融后人，早年也同样因罪死于狱中。

马太后健在的时候，窦氏小心伺候马太后，基本很老实，但在马太后于公元79年过世后，她终于露出了本来面目。她诬陷了太子刘庆及其母宋贵人，导致太子被废，宋贵人自杀。另一位受汉章帝宠爱的妃子梁贵人在见过了窦氏狠毒后主动示好，将儿子刘肇交给窦氏抚养。在窦氏的支持下，刘肇被立为太子。正当梁贵人一家暗自庆幸时，窦氏却又向梁贵人举起了屠刀：梁贵人遭到窦氏诬陷，同样被逼自尽。

窦氏在汉章帝时期可以如此肆无忌惮，原因自然是汉章帝的宠爱。从小她就是个不简单的女人，六岁的时候，就有看相先生断言，这个女子将来会有大富贵。她比起两汉诸多嫔妃来，还有一个优势：从小就熟读经史子集，文化水准极高。好东西没学到，阴谋诡计她却样样门清。在汉章帝面前，她极会把握帝王心术，每次和汉章帝说话都能把汉章帝哄得高高兴兴。这样一个八面玲珑的人物，其他嫔妃当然不是对手。

窦氏对于东汉政治最大的影响就是，得宠后的她一反东汉先前皇后低调简朴的做派，开始大张旗鼓地册封自己家族的弟兄。她的兄弟在汉章帝执政时期就非常嚣张。汉章帝死后，她以皇太后的身份控制了年岁幼小的汉和帝刘肇，并将国家大权交给了她的哥哥窦宪。此后的四年里，窦宪大肆专权，一度把持朝政。直到四年后汉和帝才终于依靠宦官的势力咸鱼翻身，将窦家打垮。

窦氏一生的作为，无意中开启了东汉中后期最高权力的斗争常态——外戚专权与宦官专权的轮流坐庄。

那些外戚专权下的女人

邓太后

汉和帝的第一个皇后阴氏，其祖姑正是光武帝的皇后阴丽华。但比起贤德的阴丽华，这位阴皇后却是一位妒忌心极强的女人。她于公元96年被立为皇后，但她心眼极小，一见到汉和帝宠爱别的嫔妃就气恼，甚至还放狠话：“总有一天，我要让其他的嫔妃都死无葬身之地。”她最后倒霉，是栽在两汉宫廷常见的巫蛊之祸上。当时，阴皇后在姨妈的撺掇下秘密召集了一批女巫，成天作法诅咒后宫嫔妃，不久事发。偏偏那时候汉和帝正好生病，于是阴皇后就被怀疑诅咒汉和帝。这下阴皇后可是跳进黄河也洗不清了，被废黜皇后位，并送廷尉府审讯。刚烈的她不堪讯问，在牢狱中自杀身亡。

阴氏做皇后的时候，最妒忌的嫔妃就是深得汉和帝宠爱的邓绥，而后来取代她做皇后的，也正是这位邓绥。比起阴皇后，邓绥的出身也不差：她的祖父就是东汉开国功臣邓禹。出身名门的邓绥是个才女，年轻时候就精通各类儒家典籍。小时候的她，还曾因喜欢和男孩子一起读书，不喜欢和女孩子一起学女红，而遭到母亲的责骂，后来在父亲的劝解下，才获准可以白天学女红，晚上读书。成为后宫之主的她，其实也做了和小时候类似的事：她不只做了一个母仪天下的贤德太后，更成为东汉历史上杰出的政治家。

和熹邓皇后（公元81年—公元121年），名绥，汉和帝刘肇第二任皇后，东汉开国功臣邓禹的孙女。汉安帝即位后，临朝称制十五年。谥号为“熹”，与汉和帝合葬慎陵。

阴皇后气焰嚣张的时期，邓绥极其低调。她对阴皇后非常尊敬，在她面前不敢大声说话，走到哪里都是毕恭毕敬的。为躲避阴皇后的猜忌，在阴皇后色衰爱弛的时候，她甚至还曾假装身体不好，拒绝汉和帝对她的宠幸。如此低调却还是差点儿没躲过阴皇后的暗算。当时阴皇后除了召集巫婆诅咒她，还想雇用杀手准备杀她全家，好在阴谋很快东窗事发。

逃过一劫的她却对阴皇后一家采取了大度的处理方式。阴皇后去世七年后，即公元110年，已是太后并主持东汉国政的邓绥下令召回阴皇后被流放的亲人，并发放五百多万钱供他们家族安居。

邓绥能从一个太后变成女政治家，也得益于东汉当时的流行性瘟疫。汉和帝执政时期是东汉瘟疫的高发时期，汉和帝的子嗣中就有许多人因感染瘟疫去世，汉和帝自己一生更饱受瘟疫折磨。因此，汉和帝的子嗣为逃避瘟疫，大多都散养在民间，正是这件事，给了邓绥掌权的机会。

公元106年汉和帝过世后，邓绥以太后的身份主持大局，并立汉和帝幼子——当时仅出生一百天的刘隆即位。仅登基不到半年，这个婴儿皇帝就过世了。而后邓绥以瘟疫为由，拒绝再立汉和帝的子嗣登基，反而从外地诸侯中选择了刘祜入京即位，为汉安帝。她的目的很简单，就是为了能更好地操纵政权。

从公元106年汉和帝去世，到公元121年四十岁的邓绥病故，这十五年其实是邓氏外戚把持东汉大权的十五年，以太后身份主持国家大事的邓绥实为东汉第一政治女强人。

邓绥执政的十五年也是东汉帝国走下坡路的十五年，不过在这十五年里，她的建树倒也颇多：一个是大赦天下，不但赦免了她的仇人阴氏一家，连从光武帝开始遭治罪的各类家族也大多得以赦免，恢复了平民身份；另一个是躬行节俭，扭转了自汉章帝以来的奢靡浮华风气。

在执政上，她也是一个相当精明的人。汉和帝刚过世时，皇宫内发生珍珠盗窃案，结果邓绥不用刑罚，仅是把犯罪嫌疑人召集起来，靠观察每个人的神色就判定了凶手。

精明的邓绥，治国时的主要帮手自然是她背后的邓氏家族。在外戚专权时常发生的东汉历史上，邓氏家族也是最为显贵的一族。邓绥主持国事的十五年里，这个家族仅封侯爵的就有二十九人，官职做到郡守这一级别的达到四十八人，如此数字，也创造了东汉历史之最。

她最倚重的治国帮手就是她的兄长大将军邓骘。但倚重外戚的邓绥，也是东汉所有专权太后中对外戚要求最为严格的一位。她主持国事后多次下令，要求各级地方官，要访查皇亲国戚尤其是她自己家族的不法劣迹。

她的兄长邓骘，在东汉历代外戚中是难得得到好评的一位。他为人谦虚朴实，并有礼敬贤才的美誉，东汉第一清官杨震就是由他发现的，并得到邓绥的重用。有一桩小事也可说明邓绥对外戚的态度：一次邓骘的儿子替人请托跑官，邓骘知道后大惊失色，吓得汗流浃背，二话不说，当场把儿子剃成秃头，拉到邓绥处请罪。

邓绥也是东汉历史上非常勤政的太后之一。按照《后汉书》的记录，她每天处理国事，经常忙碌到深夜。对于国家大事，她尽可能地亲力亲为。复查冤狱这些事情，她更是亲自把关。她执政的十五年，是东汉历史上内忧外患、天灾人祸极重的时期，在内，地震水旱灾不断；在外，又有西北羌人等部落的侵扰，而所有的问题，都被她一一协调解决。

她的治国成就，按照《后汉书》的评价，就是“天下复平”，也就是国家在经历灾难后，重新回归太平。她去世时的谥号为“熹皇后”，这个谥号就是“有安定国家功劳的皇后”的意思，也足以说明她勤恳劳碌的一生。

但勤恳一辈子的邓绥，生前也是一个非议极多的女人。最大的非议就是，她在世的时候始终拒绝把权力还给做傀儡的汉安帝刘祜。汉安帝从十二岁即位，一直到二十七岁邓绥去世后才正式亲政。这期间，不断有大臣上奏要求邓绥将大权还给汉安帝，几乎都遭到邓绥的镇压。汉安帝二十六岁那年，郎中杜根犯颜直谏，结果被邓绥用布袋蒙住头，当场活活打死。连邓绥的弟弟邓康也曾劝邓绥见好就收，不要把持大权。气恼无比的邓绥最后将弟弟罢官了事。

在整个东汉中期，还有一位人生横跨汉章帝、汉和帝、汉安帝的杰出人物——班昭。今人知道她，主要因为她编纂《汉书》的成就。尤其是在兄长班固于汉和帝时期过世后，《汉书》的最终定稿出版，其实是由她完成的。但她还有个身份——东汉杰出的女政治家。在汉和帝时期，班昭的兄长班固因为受外戚窦宪株连，最终死于牢狱中，他未完成的《汉书》就由班昭继续编写整理。为了这部经典历史著作能问世，汉和帝当时还给了班昭特权，可以自由出入皇宫藏书阁，查阅相关资料。而她和当时尚是皇后的邓绥，也就从此建立了亲密的交情。

汉和帝去世后，邓绥以太后身份掌握大权。此后的十一年里，班昭就是邓绥最信任的助手之一，许多重大的国策都来自她的谋划。邓绥还委任班昭为“师傅”。而班昭的眼光，也比许多人看得远。早在邓家权势滔天的时候，她就曾提醒邓绥，为了保全家族，需要有步骤地向皇帝移交权力，否则很有可能招祸，这番预言，也在邓骘死后成为现实。

班昭过世于公元117年，邓绥极为悲痛，甚至亲自穿素服为她举哀。以国家盛大的仪式，悼念一位非皇室背景的女人，班昭是两汉历史上唯一的一位。她死于汉安帝亲政前，这也使其家族躲过了之后汉安帝的清算。她过世的时候，已是七十二岁高龄，在当时东汉的政治人物中，属于极为长寿的一位。

班昭（约公元45年—约公元117年），一名姬，字惠班，史学家班彪之女，班固与班超之妹，中国第一位女历史学家。嫁同郡曹寿，早寡。班固著《汉书》，遗稿散乱，未竟而卒，班昭继承遗志，完成了第七表《百官公卿表》与第六志《天文志》。汉和帝即位后，多次召其入宫，令皇后及贵人视其为师，号大家（gū）。善赋颂，作《东征赋》《女诫》。

做了十五年傀儡的汉安帝，对邓绥也极为记恨，一是因邓绥把持大权，二是受他信任的乳母王圣的挑唆。邓绥死后没多久，汉安帝宠信的宦官李闰等人就罗织罪名，诬陷邓绥生前曾想废黜汉安帝，另立平原王为君。结果汉安帝因此兴起大狱，邓家的子弟纷纷获罪，邓绥治国的最主要帮手邓骘及其儿子邓凤双双服毒自尽。而邓绥生前最亲信的宦官——改进造纸术的蔡伦，也被汉安帝逼死。这件大案，也成了邓绥死后蒙受的冤屈。事情发生后，连许多在邓绥生前曾经反对过她的官员都为她喊冤。面对举国压力，汉安帝只好草草了结此案，并厚葬了自杀的邓骘。邓家彻底平反，则是在后来汉顺帝刘保执政的时期。

汉安帝的奶妈和皇后

汉安帝刘祜是东汉历史上有名的昏君，他被人诟病的一大缺点就是宠信小人。这里的“小人”，既有李闰等宦官，也有两个特殊的女人——他的奶妈王圣以及王圣的女儿伯荣。这王圣是个好搬弄是非的女人，而伯荣更是一个好享受的女人，这娘儿俩除了陷害了邓绥一家外，更贪污腐败，整天收受贿赂，生活奢侈腐化。

汉安帝刘祜亲政的三年里，后宫的争斗很厉害。他的皇后阎氏多年不育，却是个性格阴毒的女人，几乎杀害了所有汉安帝宠爱过的妃嫔。对这个女人，汉安帝却恩宠有加。

在阎皇后的挑唆下，汉安帝又干出了另一件蠢事——废太子。当时的太子刘保，生母早被阎皇后杀害，阎皇后更希望能够借助废太子，由自己拥立别的皇子登基，趁机掌握国家大权。公元125年，废黜太子刘保的汉安帝带着阎皇后外出巡游，却在路上暴病身亡。他死后，阎皇后火速开始了夺权行动，扶植年幼的刘懿为帝。结果没想到，刘懿登基不久便因病去世了，被废黜的刘保趁机联合宦官发动政变，一举推翻阎氏，并将其幽禁。得胜的刘保，就是东汉历史上的汉顺帝。

阎姬（？—公元126年），汉安帝刘祜皇后，长水校尉、北宜春侯阎畅之女。因其母与邓绥之弟西平侯邓弘的夫人是同胞姐妹，在邓绥临朝时得到很多照应。汉安帝去世后，在权力斗争中失败，被迫离宫居住。谥号为“安思皇后”，与汉安帝合葬恭陵。

梁太后

靠宦官帮助登上皇位的汉顺帝，以性格软弱著称。他执政时期的东汉最高权力斗争是比较特殊的，别的时期都是宦官和外戚斗，唯独这个时期是宦官和外戚勾结，其中起到重要作用的就是他的皇后梁妠。

这位梁皇后早年与她的姑妈一起被选入皇宫，并双双成为汉顺帝的妻子。梁皇后本人能得宠，一个重要原因就是她饱读史书，尤其精通权谋，平日里与父兄交谈，也常拿历史上的教训告诫他们。

汉顺帝在位时，梁皇后的父亲梁商就已经是把持朝政的大将军。汉顺帝过世后，两岁即位的幼子刘炳仅在位几个月就过世了。之后，梁皇后任用兄长梁冀为大将军，拥立七岁的刘缵登基，为汉质帝。从此时一直到公元159年汉桓帝诛灭梁冀，就是东汉历史上最后一段外戚专权时期——跋扈将军梁冀专权时代。梁太后本人病故于梁冀覆灭的九年前，即公元150年。她在历史上被记录下的恶行不多，但《后汉书》认为，她一生扶植兄长，宠信宦官，对于东汉的灭亡同样有不可推卸的责任。

梁太后与兄长梁冀把持大权时期，为了控制年轻的汉桓帝，他们安排把自己的妹妹梁女莹嫁给了汉桓帝，成为汉桓帝的第一任皇后。如果说梁冀是个跋扈将军，那么梁女莹就是个跋扈皇后。按照《后汉书》的说法，她是东汉皇后中少有的既没有才华又没有道德的女人，更是长得最丑的一个。但她却非常嚣张，汉桓帝一旦宠幸别人，她大吵大闹不说，还多次残害汉桓帝的其他子嗣。迫于对梁家权势的畏惧，汉桓帝也对她颇多忍让。梁女莹的另一个恶行，就是她的奢侈。她的吃穿用度是东汉所有皇后里最豪华的，无论衣食住行，都极尽奢靡。

两人关系的改变是从公元150年梁太后去世开始。这以后的汉桓帝虽然又受了梁冀九年的控制，但已经开始试探着去摆脱梁女莹的淫威，对梁女莹的种种嚣张行为敢于直接驳斥。而那时候的梁冀由于长年志得意满，对权力也放松了警惕，不但不为妹妹撑腰，反而时常教育妹妹要和丈夫搞好关系。在梁冀败亡后，深感大势已去的梁女莹也因悲伤过度一病不起。但因为长年对她的忌惮，她过世前，大权在握的汉桓帝依然没有废黜她的皇后尊号。公元160年七月初八，梁女莹病死在皇宫里，她去世后的第二天，汉桓帝就迫不及待地宣布废黜梁女莹的皇后称号，贬为贵人。

汉桓帝一辈子一共有三位皇后，而且这三位皇后的身世有两个共同点：一是她们都出自之前东汉曾经掌握朝政的外戚家族。除了梁女莹出身梁家外，第二任皇后邓猛女是汉安帝时期主政十五年的邓绥的侄孙女，而第三任皇后窦妙则是汉和帝早期把持朝政的窦太后一族后人。二是这三位皇后都爱奢靡、善妒忌。第二任皇后邓猛女起初姓梁，自幼父亲病故，母亲带她改嫁给了梁冀妻子孙寿的舅父，因此也改了姓，直到梁冀败亡后才改回来。在做皇后的时候，她的特点就是“猛”，对于一切得到汉桓帝宠爱的嫔妃，一律穷追猛打，咬住了就不放。而且个人生活也爱攀比，常和别的嫔妃比豪华，最终被汉桓帝废黜。而第三任皇后窦妙更厉害，在汉桓帝死后，她因恼火其他妃子当年和自己争宠，在汉桓帝的棺材前火性大发，当场砍死了汉桓帝生前最宠爱的田贵人，并诛杀其他嫔妃。但在大事上，她却非常没胆量。汉桓帝死后，汉灵帝即位，受宦官摆布。窦妙联合自己的父亲大将军窦武意图诛杀宦官，却因临时犹豫，错失良机，反被宦官发动政变，窦武身死，她本人则被软禁，她的母亲也被流放到越南。公元172年，闻听母亲病故的窦妙，在深宫里幽怨不已，郁郁而终。

窦妙（？—公元172年），汉桓帝刘志第三任皇后，大将军窦武之女。汉灵帝刘宏即位后，被尊为皇太后。与窦武联合诛杀宦官的图谋泄露，窦武被杀，此后遭到软禁。谥号为桓思皇后，与汉桓帝合葬于宣陵。

何太后

在东汉晚期宦官专权的大背景下，最后一次由外戚牵头发动的驱逐宦官的政变，爆发于汉灵帝过世后，发起者之一就是汉灵帝的皇后，汉少帝刘辩的生母何氏。

比起东汉历代皇后的显赫身世，何氏却恰恰相反。她是一个屠夫的女儿，出身极其低微，是靠了父亲给宦官行贿才得以入宫的。而她本人的做派也与屠夫有一拼，汉灵帝生前最宠爱的嫔妃王美人就是被她害死的。汉灵帝的生母董太后，也在汉灵帝死后被她逼迫赶走，最后郁郁而终。她当年杀害王美人时就曾惹怒汉灵帝，差点儿被杀掉。幸亏她平日结好宦官，在宦官们的求情下才捡回一命。这种特殊的关系，也令她犯了和当年窦妙同样的错误——在与宦官的博弈中犹豫不决。

汉少帝刘辩登基前，就因宦官张让谋反差点儿没当上皇帝。幸亏何氏的兄长大将军何进带兵镇压，这才使汉少帝顺利接班。但在汉少帝登基后，何氏反而宽恕了张让等宦官的行为，继续信任他们。而她的兄长何进也是个极无政治头脑的人，汉少帝上台后，他以为天下太平，整天喝酒享乐，反而被宦官们设计诱入宫中杀害。这场谋杀案引发了连锁反应：先是何进的部下们趁乱攻入皇宫，大肆屠杀宦官，接着镇守并州的军阀董卓以平叛名义进入京城洛阳，废黜何氏的儿子汉少帝，另立当年被何氏杀害的王贵人之子刘协为帝，何氏本人也被董卓毒杀。东汉在经过了数次最高权力内耗后，终于以此为起点，走向了分裂的不归路。被董卓拥立的刘协，就是东汉末代傀儡皇帝汉献帝。

伏皇后与曹皇后

东汉末代皇帝汉献帝一生共有两个皇后。第一位皇后是伏寿，她出身名门，父亲是东汉大学问家伏完，母亲则是东汉皇室杨安公主。不凡的身世也造就了她不凡的志向。从嫁给汉献帝第一天起，她就竭尽所能帮助自己可怜的丈夫。早年汉献帝被董卓操纵，几番颠沛流离，她就陪在丈夫身边，并指挥所有嫔妃和丈夫一起同甘苦。后来汉献帝受制于曹操，又是她大胆地向汉献帝提出联络外地诸侯共抗曹操。事情失败后，曹操逼迫汉献帝交出伏皇后。当时的伏皇后被逼得走投无路，披头散发地对丈夫哭诉说：“难道你真的救不了我吗？”汉献帝哭着回答说：“我自己都不知道能不能活呢！”这番对话，也成为中国历朝末代皇帝中最悲苦的一幕绝唱。事后伏皇后被曹操软禁，暴毙宫中，她为汉献帝所生的两子也相继被曹操杀害。

汉献帝的第二个皇后，就是曹操的二女儿曹节。然而比起心机深重的父亲来，曹皇后本人却是一位善良贤惠的好女子。如果说伏皇后一直在帮助汉献帝成就大业，那么曹皇后就一直在用尽办法保全自己的丈夫。曹操健在的时候，每次她见到父亲都不忘记说丈夫的好话。公元220年曹操死后，其子曹丕意图篡汉自立，先派大臣华歆劝汉献帝退位，结果被曹皇后劈头盖脸臭骂了出来。第二天曹丕亲自来劝，眼看事情无可挽回，曹皇后愤然把玉玺摔到地上，并大骂说："你篡夺汉家天下，也注定不会长久。"被废去皇后位的曹皇后以"山阳公夫人"的身份陪汉献帝隐居在河南焦作，度过了汉献帝人生最后十四年平静的时光。汉献帝去世后，曹节一直活到公元260年。此时篡汉自立的曹魏政权，已经沦为被司马家族掌控的傀儡，曹皇后扔玉玺时的那句怒吼，居然一语成谶。

三　大汉文臣列传

没有萧何与张良，就没有大汉

萧何

西汉的开国丞相、被誉为“汉初三杰”之一的萧何，在刘邦造反前是沛县的主吏掾。他早年给人的最大印象有两个。一是办事沉稳。工作上的事情事无巨细，都安排得井井有条。二是生活简朴。按照当地地方志的说法，那时候萧何的宅院位于沛县最偏僻的角落，室内布置简单，屋外不设院墙。以萧何自己的说法，这样做的目的就是要让后代牢记勤俭的训条，他自己以身作则，不折不扣地按这两个训条过了一辈子。

萧何（公元前257年—公元前193年），西汉开国功臣，首任相国，汉初“三杰”之一。早年入仕秦朝，后辅佐汉高祖刘邦起义，西汉建国后，担任相国，册封酂侯，名列功臣第一。采摭秦六法，重新制定律令制度，作《九章律》。在法律思想上，主张“无为”，喜好“黄老之术”。谥号为“文终”。

萧何做狱吏的时候，他的直接下属就是大汉朝的第二任丞相曹参。从在沛县开始，曹参就跟在萧何的身后，通常是萧何干什么他就跟着干什么，萧何说怎么做他就学着怎么做。而且无论大事小情，他为难的时候都首先想到向萧何请教。后来萧何过世，曹参接替萧何做了宰相。萧何制定的规矩，他就不折不扣地遵守，凡是萧何生前说过的话，他都坚定不移地执行。他俩这种特殊的关系，也造就了后世的一个成语：萧规曹随。

萧何的一大特点，就是耐心。他做事的办法很寻常，甚至有些方法在外人看来是笨办法。比如公元前205年，刘邦在彭城遭遇惨败，带去打项羽的五十万大军被项羽打得全军覆没。面临生死存亡的刘邦，当时最大的问题就是缺兵。而此时身在关中负责后勤的萧何，担负起了为刘邦征兵的任务。当时关中几经战乱，民生凋敝，人口锐减，征兵何其难。但萧何不辞劳苦，挨家挨户地走访，一家一家苦口婆心地劝说。按照褚少孙的说法，为了给刘邦凑齐一支救急的军队，萧何的鞋接连走坏了好几双，因为说话太多，还导致口舌生疮。然而靠着这种笨办法，一支新军到底组织起来了。即使是再笨的办法，放到萧何手里也能做到底，并达成了不起的成就。在秦末汉初的诸多英杰里，他是最具执行力的人。

萧何的另一大能耐，就是常常善于把复杂的问题简单化。在他坐镇关中负责汉军后勤的时候，刘邦除了缺钱缺人外，另一大问题就是缺官。他麾下的精英大多被他带到了前线，而关中这片新占有的地盘也面临着缺少官吏、管理混乱的问题。而萧何却用一个简单的办法解决了这个难题，这就是乡民自治。他命令每个县都要选拔三位德高望重的长者协助县令管理地方，负责收税征粮等事务。获得长者身份的人还可以获得免税等特权。就这样一个简单的政策，不但使关中地区民心稳定，秩序恢复正常，更从此生产力大增，效率提升，保障了前线的物资供应。

从军事上说，萧何对刘邦的最大贡献，就是发现了韩信这个不世出的军事天才。而萧何发现韩信也是因为一个偶然事件。刘邦受封汉王时，韩信前来投奔，却只被委派了一个管粮饷的官职，恰好是萧何的下属。和之前韩信见过的所有人一样，萧何也没瞧得上他。但一次偶然的牢骚却令萧何对韩信刮目相看。当时韩信因为不得志，经常喜欢和同事们凑在一起吹牛皮，每次都侃侃而谈，分析之前秦末战争中各个战役的成败得失，说得头头是道。别人都当笑话听，但萧何无意中听了一两次，却立刻震惊了：这是人才啊！之后就有了萧何“月下追韩信”的千古美谈，韩信也成为刘邦决胜项羽的关键棋子。

在刘邦建国后的论功行赏中，萧何被列为首功，封酂侯，萧何也因此被称为“西汉开国第一侯”。对于这个封赏，刘邦麾下相当多的部将都不同意。为了说服大家，刘邦打了这么一个比方：在打天下的过程里，那些冲锋陷阵的军将好比是猎狗，萧何就好比是指挥猎狗追逐猎物的猎人。对于萧何的贡献来说，这个比喻恰如其分。

在汉初开国的“三杰”中，功高震主的韩信遭到诛杀，运筹帷幄的张良在建国后主动归隐，唯一一位始终沉浮宦海却得以保全的就是萧何。然而，与刘邦关系非同一般的萧何，其实一直以来也未让刘邦放下防备。

早在楚汉战争的时候，每次萧何派人往前线运送粮食，刘邦问的第一句话准是：“萧何在汉中都干什么呢？”而在西汉建国后，勤勤恳恳的萧何也越发遭到刘邦的猜忌。起先萧何依旧勤勤恳恳，廉洁奉公，但不久之后，萧何的一位门客就警告他说：“您很快就要被满门抄斩了！”萧何吃了一惊，连忙询问原因，门客回答说：“您长期以来认真做事，但如此下去，您的威望就要压过皇上了，皇上还能让您活吗？”醒悟的萧何为了保护自己，假意做了一些侵占民财、贪污腐败的事情，结果不出所料，刘邦表面生气，把萧何叫去批评了一顿，其实却对萧何放心了。谁料危机刚过去没多久，萧何向刘邦奏请，请求将上林苑的土地分配给百姓耕种，再次令刘邦怀疑萧何收买人心，一怒将他下狱。

这时候，韩信已经被杀，张良早就跑路，满朝文武几乎都认定，这次轮到萧何倒霉了，谁都不敢出面劝，唯独一位叫王卫尉的硬汉仗义执言，他对刘邦说：“萧何这么做，不是为自己买人心，而是为您收买人心。因为百姓看到有这样好的丞相，必然相信，重用这样丞相的君主是一个贤明的君主。”一番话再次打消了刘邦的猜疑，吃了几个月牢狱之苦的萧何得以无罪释放。

萧何从牢房里出来的时候是非常惨的，当时他的手脚因为长期戴镣铐都已经麻木了，而且整个人蓬头垢面，连澡都没来得及洗，就被带到刘邦面前。如此惨状，让刘邦也生出了几分心酸，见面就自责说：“你看我真是个像桀纣一样的君主啊，怎么能把你害成这样呢？”经过这场折腾，萧何更加小心谨慎。只知道低头干活，遇到敏感问题再也不敢随便说话。

萧何之所以能够在刘邦的猜忌下平安过关，也因为他善于揣摩帝王的心思。他在西汉建国后的另一个工作就是营造西汉皇宫，那时候天下初定，国家经济贫困，刘邦一再指示萧何，造皇宫的时候绝对不许奢华。可等西汉皇宫正式竣工，刘邦到了一看，只见到满眼的金碧辉煌，豪华无比。刘邦当场就生气了，斥责萧何说：“我不是说过了吗？不许造得这么奢华！你怎么不听啊！”萧何不慌不忙回答说：“臣之所以造成这样，主要是为了宫殿修好后，后代就没有必要再增添建筑了，这样反而节俭。如果开始修得太简陋，后世帝王一代代扩建，那不是更浪费吗？”就这一句话，让刘邦一下子就变得高兴了，连夸萧何干得好。趁着刘邦高兴，萧何请刘邦为新都城起个名字，刘邦乐呵呵地说：“那就叫长安吧。”从此，长安成为西汉帝国的首都。

张良

汉初三杰中，最能打仗的是韩信，最能执行的是萧何，最能谋划的就是张良。

张良是韩国贵族出身，早年只是一个专事恐怖活动的“愤青”，人生的理想就是复兴韩国，还曾组织策划过博浪沙刺杀秦始皇事件。按照《史记》等资料记录，刺秦失败的张良，在人生最迷茫的时刻遇到了一位老者，并以诚恳的态度打动老者，得到了老者传授的一本奇书，从此学会了一身治国平天下的能耐。但这位老者到底是谁，他送给张良的究竟是什么书，在汉朝之后的许多年里，各类史家众说纷纭。甚至有人认为那个老人是姜子牙的后代，送给他的是姜子牙的名作《太公兵书》。直到宋朝张良墓遭盗墓贼光顾，那本随张良一起下葬的奇书也得以重见天日，它就是秦末汉初中国先秦思想的集大成者《素书》，赠予张良此书的老人就是秦末五大隐士之一的黄石公。

在这本黄石公亲自编纂的书中，主要讲述了五大问题，一是思想体系问题，即作者个人的思想理念，道、德、仁、义、礼五大思想要素；二是用人选择问题，即判断人能力的眼光；三是治国的经验方法问题；四是加强个人修养的方式问题；五是正确处理人际关系问题。全书完全是用语录体写成，收录的是黄石公的个人语录，可谓包罗万象，深入浅出。正是对这本书的研读，决定了张良一生的命运。依照书中关于用人原则的阐述，他不再把虚无缥缈的复兴韩国当作自己的人生目标，而是按照书中的教诲，一心一意选择真正的明主。

张良（约公元前250年—公元前186年），字子房，西汉开国功臣，汉初“三杰”之一。战国时韩国贵族，先辈担任过韩国五代国相。以出色的智谋，辅佐汉高祖刘邦在楚汉之争中最终夺得天下。西汉建国后，被册封为留侯，后隐退，从“吕后乱政”中幸免于难。谥号为“文成”。

在公元前209年的下邳，张良认识了刚刚拉起一支队伍，正在当地扩展力量的刘邦。其实一开始，张良并没有把刘邦放在眼里。他当时只是路过下邳，准备去投奔另一个农民起义领袖景驹，但是随后刘邦的表现却深深吸引了他。刘邦与他畅谈兵法，而且他每说出一段《素书》的韬略内容，刘邦马上就可以领悟，甚至能够举一反三。从这时候起，张良就下定了决心，今生今世，他只有这一位值得以死相报的明主。以死相报的原因，其实在《素书》的论述中就可以找到答案。《素书》认为，一个正确用人的明主，应该做到不论人的出身高低，只要能用的他都会去起用，而且起用后就会给予绝对的信任。在刘邦军中短暂停留并目睹了当时经验欠缺的刘邦种种原始的表现后，张良显然坚定了信心：刘邦，就是《素书》上所说的那类明主。事实证明，他没有看错。

张良对于刘邦最大的意义是在于他其实是刘邦逐鹿天下全过程的总策划师。最能打仗的韩信和最能干活的萧何，他们功业的全过程其实都是执行了张良的筹谋。而一直躲在后面运筹帷幄的他，在秦末战争中最出彩的表现当数公元前206年2月的鸿门宴。当时项羽以四倍兵力进逼霸上，威逼已经占领咸阳的刘邦。危机局面下，张良决心险中求胜，亲自陪刘邦去项羽军中讲和。随后在项羽军中那场满含杀机的宴会上，狡猾的刘邦要面对暴虐的项羽，而多智的张良则要面对有西楚第一谋士之称的项羽“亚父”范增。

后人说到最后刘邦的死里逃生，无不慨叹项羽的愚蠢、刘邦的聪明与侥幸、布置杀机的范增及其最后的功亏一篑。其实鸿门宴中间的一些小细节就决定了这次较量的成败。按照《汉书》和《史记》的记录，张良在宴会前做得最多的准备工作就是仔细向刘邦分析项羽的性格弱点，并给刘邦确定了对策——见了项羽就戴高帽，千穿万穿马屁不穿。会面后，在刘邦的谦恭之下，项羽怒气大消，并热情设宴款待，开始了著名的“鸿门宴”。

项羽的谋士范增孤注一掷，命项羽部将项庄假意舞剑助兴，其实要伺机杀刘邦。危机时刻张良火速行动，叫来了随刘邦而来的猛士樊哙，冲进宴会现场，把这场阴谋搅了局。莽撞的樊哙反而因为勇猛，得到了项羽的赞叹与赏赐。最后他假装送刘邦上厕所，掩护刘邦胜利大逃亡。事后他又返回项羽大营灭火，托词说刘邦喝高了，怕见到项羽失礼，就先走了，并有礼物送上，还哄得项羽高兴，乐呵呵地收下了礼物。整个谋划之所以实现，表面看是项羽傻，实际却是张良把握住了事件每个环节的关键点：刘邦能否顺利过关，关键因素在项羽，所以就要冲项羽使劲。范增虽然杀心坚决，却最多只是个帮忙的。要想搞定项羽，就要抓住他的性格弱点。项羽好面子，所以就要给足他面子，见面拍马屁，走时送礼物。一进一出，哄高兴了事情就好办了。项羽天生武勇，也最欣赏壮士。所以就算范增使坏，关键时刻让樊哙进去一闹，不光可以搅了范增的布局，还能博得项羽激赏，不会有任何处罚。最后跑路的时候，自己大胆留下来，给项羽送礼物搭笑脸，那是为了防止项羽翻脸，并把高帽子戴到底。对手的性格弱点，乃至对手在每一个环节中心态的转变，都在张良的算计中，并一步步对症下药，解决问题。这场博弈，与其说是刘邦赢了项羽，不如说在这场秦末汉初的谋士对决中，老范增完败于小张良。“知己知彼，百战不殆”的最高谋略境界，张良已经做到了。

张良在西汉建国后就淡出核心权力层，选择了归隐。他归隐的方式也很特殊——假托神道。当时他给刘邦的理由是，自己要修行求道，一是为大汉帝国求福；二是要寻求养生之道。以这样的名义，方才从复杂的权力场全身而退。在封赏功臣的时候，张良获得了三万户食邑，他却推辞不受，最后刘邦百般赐予，他才给刘邦提出了要求：把留地封给自己做食邑。选择这个地方，一是为了低调，不成为别人的标靶；二是也有特殊意义，留地，正是青年时期寻求明主的他与刘邦初相识的地方。

陈平

而对于刘邦的大业来说，鸿门宴也带来了一个计划外的后果。在整个鸿门宴中，项羽军中一位不起眼的谋士在见识了刘邦的心机隐忍后，对他大生钦佩，也从此下定了决心：今生今世，非刘邦不投。这个人，就是刘邦打天下团队中的又一杰出谋士——陈平。

同为刘邦谋士，陈平和张良究竟有何不同？纵观整个楚汉战争的过程，从他们各自为刘邦出的计谋上就可以看出。对于后来的楚汉战争而言，张良主要做出过三次极具影响力的筹划，一是用烧毁四川连接中原栈道的方法，来麻痹对刘邦不放心的项羽；二是先取三秦大地，然后以此为跳板，挥师中原与项羽决胜；三是在刘邦兵败彭城实力大损的危急局面下，为刘邦定下了拉拢韩信、彭越、英布三大势力夹击项羽的战略，一举帮助刘邦破解困局。

陈平（？—公元前178年），西汉开国功臣。在楚汉相争及平定异姓诸侯王的战争中成为汉高祖刘邦的重要谋士。西汉建国后，先后受封户牖侯和曲逆侯。谥号为“献”。

相比之下，陈平的贡献有四条：一是离间了项羽和范增的关系，导致范增被逐病故，翦除了项羽的羽翼；二是荥阳之战中，在项羽重兵压境的情况下，设计由相貌酷似刘邦的纪信乔装打扮引开项羽，助刘邦突围；三是献策封韩信为王，拉拢住韩信；四是在项羽与刘邦于公元前203年签订和平协议后，说动刘邦背信弃义袭击项羽，终于将项羽彻底剿灭。纵观两人的贡献，张良往往重在大战略的宏观布局，陈平往往重在细节的具体谋划。张良重在搞定事，陈平善于搞定人。两人加在一起，就把刘邦的人和事都搞定，胜利也就不远了。这个差别，也注定了两人以后的命运。西汉建国后，看清未来大势的张良很知趣地躲了；而善于搞人的陈平却沉浮其间，混得如鱼得水。

陈平最终投奔刘邦，是在公元前205年春。在见到刘邦之前，他还遭遇了一场生死危机。在他乘船渡黄河的时候，摆渡的船夫是个强盗，见陈平衣着华贵，便起了谋财害命的歹念。还好善于察言观色的陈平反应快，连忙故意把身上的衣服一件件脱掉，向强盗展示自己身无分文，这才保住了性命。按照许多史料的记录，当时那位强盗并未为难陈平，反而因此客客气气地送他下船。但《西京杂记》中却有不一样的记录：陈平投奔刘邦后，很快得到了重用。然而不久之后，就有人向刘邦告状，说陈平贪污公款。刘邦生气地找陈平对质，没有想到陈平不但大大方方地承认，还向刘邦叫屈说："我来投奔你的时候，过黄河遇到劫道的，那厮没劫到钱，就把我身上衣服全扒光了。进你大营的时候，我就穿了一件内衣，不贪钱我连衣服都没钱买啊！"

陈平得以投奔刘邦，是靠了他在刘邦军中好友魏无知的帮忙。老魏也很够朋友，极力在刘邦面前称赞陈平的才华。没想到此后陈平劣迹斑斑，刘邦还听说了陈平早年在家乡与嫂子私通的丑事。在找陈平对质前，刘邦先把魏无知叫来训斥了一顿，说："你怎么给我推荐了一个这样的人？"谁知老魏还一肚子委屈，当场抱怨说："天地良心啊，我只是给你说陈平很有才，可没说他道德高尚啊！"

劣迹斑斑的陈平之所以最终得到刘邦的赏识，按照《史记》和《汉书》的记录，是因为刘邦在找陈平对质时，陈平侃侃而谈，成功为自己先前的劣迹辩解。但真正打动刘邦的，还是他辩解过后的举动。在被刘邦怀疑贪污公款后，陈平大大方方地把自己所有的账本摆在刘邦面前，说："我来了以后所有的开支都在这里，剩下的钱我也还给你。要是不待见我，那我走好了。"刘邦连忙挽留说："别介别介，以后你办事要用钱，不用给我说，直接去我会计那里拿就行。想拿多少拿多少，只要把事情办成了，事后也不用汇报账目。"这几乎是推心置腹的信任，而这信任的原因，正是陈平最后的举动向刘邦证明，他虽名声不好但还算是一个坦诚的男人。

曹参

西汉的第二任丞相曹参早年也是刘邦沛县的老哥们儿。刘邦造反时，大多数时间曹参都是军将，直到楚汉战争的末期，才受命留守齐国，西汉开国后担任了齐国相。他做齐国相后的第一件事，就是向当地一位精通黄老学说的长者盖公请教。盖公告诉他，治理地方最好采取黄老学说，奉行清静无为的政策。为了表达对盖公的尊敬，曹参特意把自己办公的正厅腾出来让给盖公居住，请他做自己的幕僚。从此之后九年，他一直都很“清静无为”。

他“清静无为”的方式，一是鄙视那些夸夸其谈的文士，专爱起用那些看似不善言辞，却老成厚道、做事扎实的官员；二是不讲繁文缛节，行事简单随意，还很爱享受生活，每天大部分时间不是饮酒作乐就是找人聊天；三是啥活不干，连治下有多少人口、土地都搞不清楚，而且衙门里难得断案，碰上告状的，只要不是刑事案件一般都庭外调解。但就是在他治下，齐地民生安定，经济发展，百姓安居乐业。

西汉第一任丞相萧何与第二任丞相曹参，早年在沛县的时候就是工作上的上下级关系，但在楚汉战争期间，因为一些小事的误解，他们的关系渐渐恶化，在曹参去齐地当丞相后，彼此多年没有来往。但是，当世人都以为这对昔日老友要反目一生的时候，公元前193年，生命已到弥留之际的老丞相萧何对前来探病的汉惠帝刘盈说：“我死之后，能够接替我丞相位置的，也唯独曹参了。如果皇上能用曹参来接替我，我就是死也没有遗憾了。”不久后萧何病逝，而远在千里之外的曹参在得知萧何死讯后，立刻命令下人收拾行装，并断定说：“萧何在临终的时候一定举荐了我做丞相，我马上就要入京了。”这对曾经彼此误会的老友其实依旧心心相知。

曹参的工作特点在西汉建国后始终如一——啥事都不干。做齐国相的时候，他就整天喝酒玩乐，后来进京当了丞相，还是整天喝酒玩乐。他这人的一大毛病就是要酒不要命，太尉周勃曾劝说他道：“你打仗受了这么多伤，少喝点酒吧，要不伤身体。”曹参答：“反正身体也这样了，还不如多喝点酒，抓紧享受才是真呢！”他到任长安后，家里天天高朋满座，一群人整天在后花园喝酒呼号，十分没有丞相样。但这位表面酒糊涂的老头内心却是非常有主意的。离齐地赴任前，继任的齐国相向他请教怎样才能管理好齐地。曹参答：最重要的是管好齐国的集市与监狱，因为这两个地方是善恶交汇的地方，管理好了这里，就等于管理好了大局。

后来做丞相后，汉惠帝也问他：“你整天喝酒不干事，国家可怎么办啊？”曹参回答说：“皇上您不如汉高祖，我也不如萧何，他们制定好的规矩，我们照着办就行了，还用得着干别的吗？”这位表面“不作为”的老头，其实是一位识得大局、善抓重点的睿智政治家。

曹参（？—公元前190年），字敬伯，西汉开国功臣，是继萧何后的汉代第二位相国。跟随汉高祖刘邦在沛县起兵反秦，身经百战，屡建战功，攻下二国和一百二十二个县。西汉建国后，功居第二，赐爵平阳侯。汉惠帝时官至丞相，举事无所变更，一遵萧何约束，有“萧规曹随”之称。谥号为“懿”。

董公

刘邦任用的文臣中，还有一位至关重要的人物——董公。刘邦进兵中原与项羽争天下的早期，当时作为“新城三老”（协助官吏管理地方的长者）的董公，在刘邦大军进至洛阳地区的时候突然拦路挡住了刘邦的车队。开始刘邦非常不屑，甚至命令军士将他赶走。结果董公大呼说：“你以为天下人真的支持你吗？他们会说，刘邦和项羽争天下，与我何干？”就这一句话令刘邦幡然悔悟，连忙虚心求教。随后董公向刘邦献策：项羽劣迹斑斑，必须要把他做过的所有错事昭告天下，让天下人都知道他是个怎样的坏蛋，更让天下人知道，刘邦打项羽是为了捍卫正义。随后，刘邦发布了讨伐项羽的檄文，大搞宣传攻势。原本是楚汉争霸的战争，变成了好人刘邦惩治坏蛋项羽的正义故事。素来被看作英雄的项羽在刘邦的宣传攻势下被包装成了恶棍，而素来被看作流氓的刘邦却成了正义使者的化身。

叔孙通

在刘邦早期的文臣里，还有一颗出了名的“扫把星”——大儒叔孙通。他很长时间以来的特点，就是跟谁谁就倒霉。他跟着秦二世混的时候，秦二世问大家现在全国局面怎么样，大家纷纷进言，有说农民起义四起的，有说天下大乱的。唯独叔孙通识相，张口就唱赞歌，热情讴歌秦二世的英明统治，颂扬全国形势一片大好，拍马屁都不打草稿。捧得秦二世心花怒放，当场就封了他当博士。升了官的叔孙通更识相，眼见秦王朝自身难保，瞅准机会脚底抹油赶快跑，摇身一变又成了北上伐秦的项梁的谋士。在项梁的军中混了没几天，项梁就在定陶之战里死了。捡了一条命的叔孙通马不停蹄，又混成了楚怀王熊心的谋士。高谈阔论了没两天，楚怀王又被项羽坑死了。叔孙通眼泪都没掉一滴，接着又跟着项羽混，一路混到了彭城。眼见刘邦大军压境，他立刻掉转枪头，投到刘邦麾下，气还没喘定，刘邦就在彭城之战里被项羽打得全军覆没。这样的扫把星，刘邦是不敢用了，摆摆手打发他回汉中，协助萧何安定后方，发展生产。他前脚一走，后脚刘邦就稳定了形势，此后连战连捷彻底打垮了项羽。

叔孙通对刘邦最大的贡献，就是在西汉开国后为刘邦制定了西汉王朝的君臣朝仪。这套礼仪不但沿用于两汉，还成为两千年中国封建王朝的礼仪模板。但叔孙通做这件事的时候，不但那些功臣宿将不理解，就连儒家学派内部也反对声连连。当时叔孙通受刘邦命，回山东召集儒生帮他一起制定朝仪，结果连他当年的门生弟子中好多人也颇多牢骚。有儒生嘟囔说：“现在刚打完仗，老百姓饭都吃不饱，连死了的人还有好多没埋呢，现在制定朝仪，有这个必要吗？”结果叔孙通劈头一顿骂，说：“你们这群读死书的家伙，怎么就不知道变通呢？”除了骂外，叔孙通还用了一些利诱手段，比如他给那些儒生们许愿，说道：“你们只要好好跟着我干，将来有了好处，不只是我一个人的，而且还是整个儒家学派的。”就这样连哄带骂，终于召集了一群人，完成了这件奠定中国封建王朝礼法传统的大事件。

陆贾

刘邦的儒生里，还有一位以口才著称的英杰——陆贾。关于陆贾的事迹，最著名的就是《史记》记录的那段与刘邦的对话：西汉开国后，作为刘邦谋士的陆贾经常劝说刘邦多读书，一次刘邦被说烦了，大骂说："老子是马背上打下来的天下，读书有什么用！"陆贾随即反驳说："马背上可以得天下，马背上可以治天下吗？"而《汉书》中的记录更详细：刘邦听了这话并没有立刻醒悟，陆贾说完这两句话后，他依然破口大骂不止。真正令刘邦醒悟的，是陆贾挨完了骂后又说的一番话："皇上，当年吴王夫差就是迷信武力，结果被人灭了。秦始皇也迷信武力，同样也被灭了。如果秦始皇不迷信武力，你有机会得天下吗？"正是此语惊醒了刘邦，连忙对陆贾说："是我见识不明啊。"作为刘邦儒生中以口才著称的一位，陆贾显然知道说服刘邦的最好办法就是给他找反面教材。

陆贾（约公元前240年—公元前170年），西汉政治家、文学家、思想家、外交家。早年追随汉高祖刘邦，因能言善辩常出使诸侯。两次出使南越，说服赵佗对汉称臣；说服陈平、周勃同力诛吕。汉代第一位力倡儒学的思想家，总结秦朝灭亡及历史上国家成败的经验教训，著文十二篇，即《新语》。

陆贾对刘邦的贡献，除了出使南越说服南越归顺，以及劝说刘邦倡导文治外，还有他为刘邦上的《新语》十二篇。这十二篇论著的中心思想，就是反思秦朝灭亡的教训，阐述西汉的治国之道。这十二篇论著写成后，他负责为刘邦朗读，每朗读一段，都喜得刘邦击节叫好。而这十二篇论著对整个西汉都产生了深远的影响。首先，从此开始，西汉把秦朝当作批判对象，总结反思秦朝灭亡的教训，成为西汉前期思想界的主流。其次，这十二篇论著，奠定了西汉的治国方略——黄老无为道家思想，但这思想中并非仅有道家。其中除了有法家重视刑律的内容外，还有重要的补充，就是儒家中关于“德治”的思想。尽管陆贾明白黄老无为思想是西汉开国唯一的选择，但身为儒生的他，从西汉建国开始就往西汉“主体思想”中不断掺入儒家的元素。

薛公

在刘邦建国后诛灭异姓王的过程里，也有一位老儒生帮了他的大忙，这就是楚人薛公。这位薛公在秦末汉初的时候曾经做过楚怀王的令尹，西汉建国后，他又成了刘邦功臣夏侯婴的门客。公元前196年，淮南王英布造反，一时间西汉帝国震动。消息传来，朝廷上下惊慌失措，薛公反而不慌不忙地对夏侯婴说：“没事，我早知道这小子要造反。”夏侯婴问为啥，薛公答：“这不明摆着吗？韩信死了，彭越死了，剩下的英布就是不想造反也要反了。”断定此人有门道的夏侯婴，就将他推荐给了刘邦。果不其然，薛公为刘邦仔细分析了英布造反后可能采取的三种进兵方略，并为刘邦定下了平英布的战术。结果，汉军在刘邦中箭、初战失利的局面下，最终成功平定英布，解决了西汉开国后最后一家异姓诸侯王大患。事后薛公被封为千户侯，但《汉书》里记录，刘邦个人还觉得惋惜，后来还对夏侯婴感叹说：“这个薛公极有谋略，你说我怎么没早遇到他啊，这样我统一天下也许就不费劲了。”

郦食其

从打天下开始，刘邦就搜罗了很多儒生出身的谋士，这些儒生们经常在关键时刻为他献上奇计，立下大功。但有时候，儒生也经常给他出一些傻主意。比如当年化装成流氓求见他的儒生郦食其，在刘邦彭城之战被项羽打得全军覆没的时候给刘邦出了一个主意：让刘邦去册封六国后人为王，换取他们支持自己。刘邦一开始觉得是好主意，准备让郦食其为使者，带着他的大印出使各国。结果张良知道后立刻劝刘邦说："当年陈胜吴广封了那么多王，那些人最后不是照样背叛他吗？"刘邦这才明白过来，自视颇高的郦食其这次给他出了个多么愚蠢的主意。醒悟过来的刘邦狠狠地大骂说："这个傻书生，差点坏了我大事。"但对郦食其本人，刘邦并未因此疏远他，也未惩罚他，依然对他言听计从。表面流氓的刘邦能够吸引诸多文士，正因为他这种宽广的胸襟。

周昌

刘邦执政时期的第一直臣，就是曾经力阻他废太子的周昌。周昌和刘邦的关系也很特殊，早年他曾做过泗水狱卒，属于最早跟随刘邦打天下的老班底。他这人有两个特点，一是结巴，跟刘邦说话时素来结结巴巴，有时候着急了，还能把刘邦逗得哈哈乐；二是耿直，不管什么情况下，都是心里怎么想就怎么说，而且不怕触怒刘邦。

一次他找刘邦奏事，进去之后发现刘邦正在床上搂着戚夫人亲热，吓得他拔腿就要跑。没想到刘邦心血来潮，居然光着膀子蹿出来，一下子骑在他身上，边骑还边调侃说："爱卿啊，你看朕是个什么样的帝王啊？"狼狈不堪的周昌破口大骂说："皇上，您这样子和夏商的桀纣暴君没啥两样啊！"刘邦不但不生气，反而又哈哈大笑。

耿直的周昌在西汉开国后官至御史大夫。他还有个毛病就是傲慢，看不起那些年纪轻且从事文案工作的官员。当时他的部下，有一个叫赵尧的御史一直想取代周昌的官职。曾经有个叫方与公的赵国人提醒周昌说："小心你手下那个叫赵尧的御史啊，他很可能会取代你呢！"周昌反而很不屑地说："那人不过是个小吏，他有这本事吗？"可没想到，赵尧真有这本事。

一次，赵尧找刘邦汇报工作，见刘邦闷闷不乐，便趁机对刘邦说："皇上您是不是担心以后吕雉会加害赵王如意啊？我倒有个办法，您要是把周昌调到赵王如意身边，保管谁都加害不了他。”一番话立刻令刘邦拨云见日，他随即下令，周昌由御史大夫降职到刘如意所在的赵国为丞相。消息传来后周昌傻了，赶快找到刘邦说：“皇上啊，从您打天下一开始我就跟着您，您怎么能把我给调走呢？”刘邦叹口气说：“我也知道这个安排对你是降职，可为了保护我的儿子，我也没其他办法啊，爱卿你就委屈了吧。”结果，周昌委屈地去赵国了，他御史大夫的职务果然由赵尧继任。后来赵王如意被吕雉害死，周昌因没完成刘邦的嘱托，两年后也郁郁而终。而那位顶替了周昌的赵尧，因出了这个主意，被刘邦封为广邑侯。但好景不长，吕雉专权后，听说这个鬼主意是赵尧出的，立刻将他的侯爵爵位剥夺，并撤职打发他回家了。

周昌（？—公元前192年），西汉开国功臣。秦时为泗水卒史，秦末农民战争中，随汉高祖刘邦入关破秦，任中尉，后为御史大夫，封汾阴侯。耿直敢言，高祖欲废太子，他直言谏止。后为赵王刘如意的丞相，因刘如意为吕后所杀，后托病不朝。谥号为“悼”。

张苍

在早期追随刘邦的文士中，还有一个人曾因为脱衣服而保住了命，他就是张苍。张苍是阳武人，在刘邦率军途经阳武时投奔了他，后来因犯法入狱。本来张苍被判了斩首，可行刑的时候他刚脱掉衣服，露出的那一身皮肉非常奇特，既白洁如玉，又肥硕得好像个葫芦。在场的刘邦重臣王陵连连称奇，认为此人长得奇特，定然有大本事，随即主动向刘邦说情。得到赦免的张苍，在刘邦打天下时期立的最大功劳，就是作为幕僚参加了韩信破赵国的井陉之战。而且身为文士的他在战斗中带头提刀冲锋，居然亲手活捉了赵军主将陈余。正是凭借这一功劳，他开始在西汉初年崭露头角。而比起打天下时因肌肉和战功出名，战后的他却成了一个知名的文臣。刘邦执政时期，他的主要工作是给诸侯王做国相，先做赵王张敖的国相，后又做过代王刘恒和淮南王刘长的国相，到了刘恒登基成为汉文帝时，他更成为西汉帝国的丞相。他除了行政能力卓越外，更是一个通才，精通法律甚至数学，西汉的度量衡正是由他主持统一的，而数学宝典《九章算术》也同样由他修正完成。另外他还精通音律，整个两汉时期，他算是发展最为全面的一位丞相。

张苍最令后人称道的品质就是知恩图报。对曾经救过他性命的王陵，他一生都感激万分。王陵活着的时候，他就把王陵当作父亲一样孝顺。后来王陵过世，即使他位居丞相，仍然保持着每隔五天去拜见王陵的妻子的习惯，并奉上美酒饭食，以朝见母亲的礼仪来对待她，一直到她过世。

张苍的“遗传基因”也很令后人称奇：张苍的父亲身高不过五尺，儿子也不满六尺，偏偏只有他身高八尺多，堪称异类。而且他也是西汉历史上最长寿的丞相，一共活了一百零四岁。晚年的时候，他牙齿都掉光了，只能以人奶为食，为此家里养了好多个奶妈。而他被人诟病较多的，就是他的纵欲，家里的妻妾近百。在夫妻生活上他也有习惯，凡是为他怀孕生过孩子的妻妾，他就一辈子不再碰。做他的老婆往往比较倒霉——为他生了孩子，就要守一辈子活寡。

张苍（公元前256年—公元前152年），西汉开国功臣，科学家。西汉建国后，历任代国国相、赵国国相，被封为北平侯，后为丞相。校正《九章算术》，制定历法，主张废除肉刑。谥号为“文”。

在吕后手下讨生活的文臣们

审食其

刘邦去世后，西汉帝国进入了十五年吕后专权时期。这十五年里，尽管刘邦的诸多老臣依然担任要职，吕家的亲族也多得到封爵，但真正成为百官之首的，却是一个特殊的人——审食其。

作为吕后的宠臣，他与吕雉之间的私人关系也成为后世猜测的话题。早在刘邦与项羽争天下时，审食其就作为侍从，在家乡伺候吕雉一家。后来吕雉等人成了项羽的人质，审食其也跟着陪了绑，在项羽大牢里陪了吕雉三年，他和吕雉之间也真正建立起了患难与共的关系。此后终其一生，他都是吕雉的铁杆亲信。刘邦建立西汉，开始犒赏群臣时，吕雉仅开口向刘邦为一个人要过封赏，就是封审食其为辟阳侯。

到汉惠帝死后，丞相王陵退休，审食其升为左丞相，也从此成为吕雉治国最重要的帮手。当时西汉帝国主要的国家大事，都是吕雉同审食其一起商议决策。按照《汉书》的说法，有时候已经到了深夜，审食其还在吕后的寝宫里商讨工作。而其他大臣要找吕雉汇报，只要审食其在里面，他们也只能在外面等着。两人之间的关系，在他们生前身后都引起了不少猜测，有许多后世史家认定，审食其不仅仅是吕雉的心腹，更有可能是吕雉的情人。

遭受非议的审食其，在汉惠帝时期遭遇过一场牢狱之灾。当时他因罪被汉惠帝下狱，罪名在各类史书上五花八门，而按《史记》上的说法，当时吕雉是因为羞愧万分，才不方便为审食其求情。这样的含糊其词，也引起了后人对两人关系的猜测。

审食其这一次得救，得益于他有一个叫朱建的朋友。朱建是当时一位以品德才学著称的名士，本不待见审食其，但当他母亲去世时，因家贫无力发丧，审食其慷慨解囊，从此之后，他就成了审食其的知交。在审食其被汉惠帝下狱后，朱建找到汉惠帝的宠臣宏孺，就对他说了一句话："你是皇上的宠臣，审食其是太后的宠臣，如果皇上杀了审食其，那么太后也会杀了你。"就这一句话，吓得宏孺立刻给审食其求情，这才帮审食其逃过一劫。

审食其（？—公元前177年），西汉开国功臣。初任刘邦舍人，与吕后同时为项羽所俘，渐为吕后所亲信，后封辟阳侯。吕后时，任左丞相，公卿皆因而决事，权势很大。吕后死，陈平、周勃诛杀诸吕，于是被免去相位。后为淮南王刘长所杀。谥号为"幽"。

虽然审食其名声不好，但在许多史料中也记录过他做的一些善事，比如《史记》就认为，刘邦刚过世时，吕雉曾想把先前刘邦的功臣全都杀掉，是审食其拼命苦劝，才使吕雉改变了决定。而比起吕雉死后吕氏家族遭屠戮的景象，审食其下场不算坏，仅仅被免除了丞相职务，并未遭到太多株连。个中原因，除了因他与陆贾等文士交好外，也因他平日厚道，早早给自己留了后路。

不过该来的总没法躲过去。早年时他曾协助吕雉暗害淮南王刘长之母东桓美人，到了汉文帝时期，他在一次出游的路上被替母报仇的刘长杀害。对于这位在历史上名声不甚光彩的人物，明朝人冯梦龙倒有不同的看法，他认为以吕雉泼辣干练的处事方式，能够受得了她的，也就是审食其了。审食其为人谨慎忠厚，善于调解吕雉与大臣之间的矛盾，也算是个有能力的人了。

田生

吕雉专权时期的一个重要举动，就是大封吕家宗族为王，而最早为吕雉捅破窗户纸的，却是一位叫田生的齐地儒生。他本是刘邦堂兄营陵侯刘泽的门客，因受刘泽的厚恩而许诺说，自己愿意为他奔走，让他封王。之后田生洞察朝局，游说吕雉的宠臣张卿，说破吕雉的心思，怂恿张卿向吕雉提议册封吕家宗族为王。张卿一奏，果然讨了吕雉的欢心。事后张卿欲酬谢田生，田生不但不受，反而请托张卿说："您要谢我，就趁热打铁，给我家主人刘泽也讨个王位吧。"果然心花怒放的吕雉顺水推舟，册封刘泽为琅琊王。

喜讯传来后，田生顾不得高兴，就急急忙忙拉着刘泽去琅琊国赴任。事情果然如田生所料，吕雉在册封了刘泽没多久后就后悔了，她果断派人去追刘泽，企图收回册封命令，但当使者赶到的时候，却见刘泽已经优哉游哉在琅琊国称王了。

张辟疆

吕雉专权时期，"汉初三杰"中张良的儿子张辟疆同样以智谋著称。汉惠帝过世的时候，张辟疆才十五岁。当吕雉宣告汉惠帝死讯的时候，脸上竟然一滴眼泪都没有，当场闹得群臣惴惴不安。结果张辟疆看出了吕雉的心思，对周勃、陈平等大臣们说："太后之所以不掉眼泪，是因为怕自己家族势力单薄，无法巩固她的地位。如果大家可以给太后上奏，请求封吕家的亲侄掌握大权，太后肯定会为儿子放声大哭的。"陈平等人一开始不信，但抱着试试看的心态，第二天还是上奏了，果不出张辟疆所料，心里一块石头落地的吕雉当场放声号啕，哭得梨花带雨。和父亲张良一样，张辟疆后来眼见吕家专权成定局，自觉退出权力场以避祸，之后不知所踪。现在有说法称，百家姓中的“良”姓，就是张良家族的后人。

郦寄

吕雉死后，汉朝宗室联合功臣平定吕氏家族，史称“诸吕之乱”。这场政治斗争的结局，也上演了一出西汉版的“潜伏”故事。本来吕雉死后，她的侄子吕禄、吕产、吕台等人个个位高权重，且掌握着西汉兵权。手握兵权的上将军吕禄，最要好的朋友当数西汉开国功臣郦商之子郦寄。郦寄自幼就与吕禄交好，吕禄对他从来都很信任，甚至到了言听计从的地步。当齐王刘襄等诸侯王率先起兵，大举讨伐吕氏家族时，经相国陈平授意，郦寄劝说吕禄交出兵权，可以保住终生富贵。结果没大脑的吕禄果然上当，爽快地把兵权交给太尉周勃。如此一来局势立刻逆转，拿到兵权的周勃随即发动兵变，很快将吕氏家族尽数屠戮，所谓“诸吕之乱”也因此而平定。事后论功行赏，郦寄得以继承父爵，封为曲周侯。但他的名声却从此臭了，时人说起他，总不忘了加四个字：卖友求荣。而按照《汉书》上的说法，早在吕后专政时期，郦寄就被陈平派到吕禄身边做卧底，负责通报吕家的有关动向。照这个说法，从一开始吕禄就算不得他的朋友，他只是执行任务而已。完成任务的郦寄，在汉景帝年间曾经官拜上将军，并在平定“七国之乱”中立下大功。但两次安定西汉江山的他，最后却栽倒在一桩婚姻上。晚年的他，竟然要娶汉景帝的丈母娘——王皇后之母臧儿为妻，结果惹怒了汉景帝，被论罪削去了爵位。

文景之士：治世多能人

周勃

西汉的诸多文官都是职业武将出身，尤以早期为甚。做过丞相的周勃、申屠嘉等人，都是经历过楚汉战争的老军人。而在文官任上，他们做得并不顺心。比如周勃，在汉文帝时期被任命为右丞相，汉文帝有次问他，咱们大汉朝土地多少，人口多少，全国税收多少，断案多少，周勃居然张口结舌，一问三不知。回家后他才发现，自己的整个后背都吓得被冷汗浸透了，成语“汗流浃背”就是因此而来。而且因为他没文化，最不喜欢别人长篇大论，尤其是属下那群读过书的官员们，每次找他汇报工作，引经据典说半天，他愣是听不明白，最后干脆大吼一句：“有什么话赶快说，别给老子绕弯子。”

申屠嘉

后来做丞相的申屠嘉更没文化，楚汉战争的时候，他的身份只是个队率（连长），后来从汉惠帝到汉文帝时期，一步步升任到丞相。他最大的本事就是认死理，一辈子唯一的信念就是遵从刘邦的训导。而且他性格强硬，有时候连汉文帝的账也不买。

当时太中大夫邓通仗着汉文帝宠信，在申屠嘉面前非常傲慢，十足拿丞相不当干部。事后申屠嘉二话不说，直接以丞相的身份给邓通下令，让邓通来自己家里听候处理，如果邓通不来，就把他杀头。邓通吓得如丧家犬一般跑到汉文帝处求救，汉文帝只是淡淡地说："丞相让你去，你就去嘛。"结果邓通刚到申屠嘉家里，就被申屠嘉命人拿下。然后申屠嘉指着邓通鼻子大骂一顿，把邓通不遵守高祖礼法的种种行为数落一遍，最后还是汉文帝派人来说情，这才饶过邓通。后来整个汉文帝执政时期，邓通只要一见到申屠嘉，腿肚子就忍不住打哆嗦。

强硬的申屠嘉，最后却是被汉文帝的儿子汉景帝给憋屈死的。当时汉景帝的老师晁错任御史大夫，与申屠嘉向来不和。一次晁错找汉景帝请示工作，因为路远不方便，就从高祖宗庙外面凿开墙进去了。申屠嘉知道后又来了精神，想拿当年敲打邓通的办法来对付晁错，于是上奏给晁错扣帽子，说晁错凿刘邦的宗庙墙壁，属于大不敬罪名。但汉景帝偏袒晁错，反而回答说："这个墙只是内墙，并没有冒犯宗庙。晁错这么做没有错。"事情过后，申屠嘉越想越气，每天都向人慨叹说："我真应该先杀了晁错，然后再给皇上禀报。"气了没几天，申屠嘉竟然憋屈得口吐鲜血，病重而亡。

冯唐

初唐诗人王勃在其名作《滕王阁序》中，曾发出一句"冯唐易老"的感慨，用以形容古代文士的怀才难遇。这里的冯唐，就是汉文帝刘恒执政时期的又一个名臣。冯唐一直到汉文帝时期，才因孝行得到举荐，被推荐做了郎官。当时他年龄有多大，各类史料说法各异，但汉文帝见到冯唐的时候，第一句话却是："您都这么大岁数了，怎么才做到个郎官啊？"

冯唐见汉文帝后，推销自己的办法主要是炫祖宗。当时汉文帝正为匈奴入侵而忧虑，冯唐正好对症下药，见面就炫耀说："我爷爷和战国名将李牧是好朋友，我爹和战国名将赵齐是好朋友。"这一炫就炫中了汉文帝的心病，汉文帝当场叹息说："唉，你说我怎么就没碰上李牧这样的将领啊！"冯唐接着毫不客气地回答："说实话，就是碰上李牧这样的将领，您也打不过匈奴。"这一下子把汉文帝惹火了，他气得当场拂袖而去，但冯唐却还装着和没事人似的。不久后汉文帝气消了，又找冯唐问那个问题："你凭什么说我打不过匈奴啊？"冯唐答："战国时期的将领，君主都给他们极大的自主权，可现在汉朝的将领，啥事都要听中央的，打了败仗却要自己背黑锅。就算李牧来了，照样也没法跟匈奴打。"汉文帝立刻醒悟，随即改革军制，并在冯唐的举荐下，重新起用了因小败而被罢官的抗匈名将魏尚，终于稳定了边疆局势。而为汉文帝建言的冯唐，一直到了汉景帝时才得以被封为楚国丞相，却在不久后又被罢官。汉武帝登基后，再次征召冯唐为官，但这时候冯唐已经年过九旬，早就心有余而力不足，"冯唐易老"的典故，也就因此流传下来。

冯唐，生卒年不详，西汉大臣。因出仕晚，常被后世视作老来仍不得志的典型人物。左思在《咏史》中叹道："冯公岂不伟，白首不见招。"王勃在所作的《滕王阁序》中发出"冯唐易老，李广难封"的感慨；苏轼的《江城子·密州出猎》中的"持节云中，何日遣冯唐"也曾提到他。

张释之

"文景之治"时代，西汉以执法严格著称的官员还有历仕文景两代帝王的廷尉张释之。他在汉文帝时代就以严格执行律法、不徇私情著称，也为此开罪人颇多。除了曾顶撞汉文帝外，他还曾得罪当时尚为太子的汉景帝刘启。

那时太子刘启某日与弟弟梁王刘武同乘一辆车，哥儿俩在车上谈笑风生，亲密无间。但张释之却看不过去，因为这哥儿俩乘车过司马门的时候，没有按照法律规定下车。随后张释之就将此事告知汉文帝，让汉文帝严惩了自己的儿子。

多年后，当年受罚的刘启登基为汉景帝，张释之随即准备辞官回乡避祸。消息传来后，某一日廷尉府来了位叫王生的老头儿，进了廷尉府就大摇大摆坐下，给张释之发号施令说："你把我袜子脱下来。"张释之二话不说，恭恭敬敬地给老头儿脱下来。老头儿光着脚在廷尉府消遣了一会儿，又给张释之说："你再给我把袜子穿上。"张释之同样恭恭敬敬地把袜子给老头穿上。结果老头儿连个"谢"字都不说，就优哉游哉地走了。事后，许多人都责怪王老头儿无礼，王老头儿解释说："我这么做，是为了树立他谦虚待人的形象，提高他的声望啊。"果然，知道此事的汉景帝对张释之称赞有加，许多曾忌恨张释之的官员，也因此对他刮目相看。这位文景两朝最杰出的铁面司法干部，也得以躲过了官场生涯最大的危机。

邓通

汉文帝执政时期被人指摘比较多的错事，就是宠信弄臣邓通。邓通最早的职务是皇宫里负责撑船的"黄头郎"，一直默默无闻。他得到汉文帝的宠爱，最早是因为汉文帝做过的荒唐一梦：汉文帝梦见自己要上天成仙，没想到爬南天门时怎么都爬不上去。这时候突然有一个黄头郎挺身而出，硬是把汉文帝托到了天上。醒来后的汉文帝在皇宫里转悠，就恰好遇到了黄头郎邓通。接着汉文帝问邓通叫什么名字，邓通如实回答，结果汉文帝一下子就高兴了：邓通，谐音"登通"，也就是我上天的道路畅通无比，好好好！从此以后，邓通官运亨通，深得宠幸。

邓通在历史上的名声并不好，后人说起他来，总说他是靠拍马逢迎起家的弄臣。但比起后世的弄臣来，邓通为人小心谨慎，从不自傲，对同僚也非常谦和。他讨汉文帝欢心的办法一是会说话，经常拍马屁；二是工作会表现。他身为中大夫，工作非常勤恳，甚至每次有放假的机会他都不回家，反而坚守在工作岗位上。这样一个又会拍马屁又勤快干活的好干部，自然深得汉文帝欢心。

后来有人给邓通看相，说他会冻饿而死，这下汉文帝着急了，这么好的一个干部怎么能饿死呢？汉文帝一着急，就给了邓通铸造铜钱的特权，这下他可富甲天下了。尽管这个决定是汉文帝执政的一大败笔，但得到铸币权的邓通在铸造铜钱上是非常小心的，铜钱的制式都严格按照汉朝的规章制度，而且他每年铸多少钱也都严格按照国家规定，每次铸钱之前还要认真向汉文帝打报告，所以，邓通铸钱对国家经济的破坏其实是很有限的。

邓通遭难的伏笔发生在汉文帝的晚年。当时汉文帝胳膊上长了个毒疮，心疼领导的邓通二话不说，抓起汉文帝的胳膊，给汉文帝吮吸毒疮里的毒液。每次吮吸都让汉文帝舒服无比，甚至连药都不想吃了。

后来太子刘启来看望汉文帝，汉文帝也要刘启给他吮吸，结果望着那血肉模糊的毒疮，刘启恶心得差点儿吐了。儿子一恶心，做爹的汉文帝当然伤心了，一伤心就得发脾气。每次刘启来看老爹都会因此被臭骂一顿，骂得多了，刘启恨邓通自然也恨得多。

邓通不知道的是，他每次给汉文帝吮吸毒疮，虽然让汉文帝舒服了，但其实却耽误了最佳治疗时机。结果耽误治疗的汉文帝最终英年早逝了，邓通也因此失去了最大的靠山，被即位的汉景帝刘启新账老账一起算，剥夺全部财产后扫地出门，最后果然冻饿而死。

贾谊

汉文帝时期的青年政论家贾谊，二十几岁的时候就由河南郡守吴公推荐，成为朝中的博士，而后节节提拔，成了太中大夫。他个人不但论述颇多，而且对国家大事极有见地。

汉文帝时期命列侯归国的政令，以及废除关传、发展生产的政策，相当多都出自贾谊的谋划。但是在此时的西汉王朝，他却两头不是人，因为他主张限制勋贵权力，结果得罪了诸如周勃等权贵。汉文帝一度欲提拔贾谊做公卿，结果周勃在朝堂上大骂说："像贾谊这样的人，小小年纪，学问一般，却迷恋权力，国家大事就是他这种人搞乱的。"另外像邓通这样的宠臣也担心贾谊威胁到自己的地位。

结果在两边的压力下，贾谊被汉文帝贬官，派到长沙国去做太傅。在路过当年屈原投水的汨罗江时，想起当年屈原遭奸臣诬陷的冤屈，贾谊触景伤情，写下了著名的《吊屈原赋》。也就是从这时起，屈原成为中国历代怀才不遇文人的精神寄托。三十二岁那年，最终未得重用的贾谊英年早逝。

贾谊（公元前200年—公元前168年），西汉初年著名的政论家、文学家。十七岁即有才名，年轻时由河南郡守吴公推荐，二十余岁被文帝召为博士，不到一年被破格提拔为太中大夫。但是在二十四岁时，因遭群臣忌恨，被贬为长沙王太傅，后被召回长安，为梁怀王太傅。后梁怀王坠马而死，因深感歉疚，忧伤而死。其著作主要有散文和辞赋两类，散文如《过秦论》《论积贮疏》《陈政事疏》，辞赋如《吊屈原赋》《鹏鸟赋》。

作为汉文帝时期最杰出的政论家，贾谊最著名的奏疏就是他的《治安策》。在这份论疏中，贾谊着重说了两个问题：一是诸侯王势力膨胀问题；二是讨伐匈奴问题。

在诸侯王问题上，贾谊认为，诸侯王是否会造反，不看他们的人品，也不看他们与皇室之间的亲疏关系，只看实力。实力越强的诸侯，造反的可能性也就越大。而解决诸侯国问题的最佳方式，就是在上一代诸侯王过世后，把他们国家的土地分别分配给其所有的儿子，用这种办法来削弱诸侯的力量。这个政策到了几十年后的汉武帝时代，被演化成了一个固定政策——推恩令。

在讨伐匈奴问题上，贾谊认为，单纯的武力讨伐和单纯的和亲，都不能解决匈奴问题，最好的办法，就是在对匈奴进行军事打击的同时，对他们内部进行分化瓦解。而在汉武帝反击匈奴的战争里，这个方略也终于被执行到底，最终归顺汉朝的南匈奴正是因此而来。一道奏疏，却决定了西汉之后百年的命运。

晁错

从对于西汉王朝的影响上看，文景时代能与贾谊媲美的政论家，当数汉景帝的老师晁错。年轻时候的晁错所学驳杂，他既跟随西汉法家张恢学习过法家思想，也曾经远赴山东跟随当时的儒家大师伏生学习过儒家思想。他最早是凭着学问出名，经过地方上举孝廉，做了长安的太常掌故，是个负责祭祀的小官。这个官职级别不高，权力不大，却也有些油水，比如祭祀的财务用度及摊派分成，总有可以捞钱的地方。但晁错却以“峻直刻深”著称，也就是说他为人严苛，大小事情都不肯通融，又兼为官清廉，因此得罪人也不少。

晁错（公元前200年—公元前154年），西汉大臣。汉文帝时，因文才出众任太常掌故，后历任太子舍人、博士、太子家令（太子老师）等职。善于分析问题，辩才非凡，被太子刘启（即后来的汉景帝）尊为“智囊”。因“七国之乱”被腰斩于长安东市。

晁错人生的第一次转折发生在汉文帝在位时期。当时汉王朝需要选派一个人，去山东儒家大师伏生那里学习《尚书》，这是西汉历史上一件非常重要的事。秦始皇焚书坑儒，连带着把儒家经典《尚书》也烧了。到了西汉时期，儒家的诸多典籍都失传，尤其是《尚书》，全国精通《尚书》者，只剩下这位身在齐地的伏生。虽说这时期儒家不吃香，但毕竟也是文化抢救工作。晁错因其才学被上司推荐，得到了这个重要的机会，这个机会他抓住了。

学成归来后，他不但向汉文帝详细地阐述了学习心得，更借儒家典籍的诸多条文，对国家大事阐述了个人的改革见解，尤其是对于汉文帝非常关心的三个问题：农业生产问题，抗击匈奴问题，加强中央集权问题。也正是由此，让汉文帝第一次认识了这个原先不起眼的年轻人。虽然晁错的条陈并没有被汉文帝接纳，但他却因此得到了一个有前途的工作——太子舍人，也就是此时身为太子的刘启的老师。

与贾谊一样，晁错对西汉王朝的贡献，也在于他有两篇著名的政论——《论贵粟疏》和《言兵事疏》。这两道奏疏，讲的就是反击匈奴的两个最重要的问题：攒钱，练兵。

讲攒钱的，主要是《论贵粟疏》。西汉反击匈奴，难就难在组织兵马和提供粮草花费巨大。晁错的办法是，可以通过国家的有关政策来调整不同地区的物资储备。比如，可以采取奖励制度，对给边地提供粮食者给予爵位上的尊崇和政府性的奖励。这就是汉文帝时代著名的“入粟拜爵”制度。凭此制度，西汉王朝从此开始积累了大量的粮草财富。良性循环下，西汉王朝的农业发展也从此突飞猛进。

而反击匈奴的另一个问题，就是练兵。晁错提出“募民实边”的战略，即从中原招募百姓到边境屯垦，由政府发放农具，提供土地，给予减免赋税的政策，并修缮堡垒来保护他们。同时发给百姓武器，鼓励他们结社自保，再从中选拔精壮充实入军队中，这就有了最可靠的兵源。与此同时，由西汉政府出资大量招募匈奴人来汉地居住，邀请他们为汉朝训练骑兵，甚至充入汉军中为兵。这些人熟悉匈奴的作战方式，并且能够带来精良的战马和先进的骑兵训练方式。

因此，该制度实行之后，西汉边地的骑兵素质从此突飞猛进。说这两道奏疏是大汉铁骑腾飞的起点，也毫不为过。同当年张良与陈平的区别一样，贾谊长于大战略谋划，而晁错则长于细节的付诸执行。

晁错官场生涯做的最大的事情，就是在汉景帝登基后提出削藩。当时身为御史大夫的他，看到汉帝国地方诸侯势力日强，中央权威受到挑战的危险，力主用强力的削藩手段来保障汉帝国的中央集权。早在做内史的时候，晁错就开始动手了。他利用内史的权力，变更了各项对诸侯的管制条令，对诸侯的入京朝见做了严格的限制。后来他官至御史大夫，掌握了国家监察大权，更于公元前155年正式向汉景帝上了《削藩策》。对他的决策，当时大多数的朝臣不支持，宗室贵族也不支持。满朝文武里鲜明表态反对的是魏其侯窦婴，景帝召集群臣商议，最后演变成了晁错与窦婴两个人的“辩论赛”。

在这场辩论赛里，晁错充分发挥了自己犀利的口才和旁征博引的能力，一场唇枪舌剑，将窦婴驳得无言以对。尤其是在匈奴问题上，一句“攘夷必先安内”，让所有的反对声都闭了嘴。但回到家的晁错，却又遭到他家老父亲的反对。晁错爹劝说晁错说：“你这么做，汉朝皇家安稳了，可我们晁家就危险了”。苦劝无效下，老人竟然服毒自尽，而他临终前的忧虑，却在不久之后变成了现实。

晁错在“七国之乱”早期汉帝国战局不利的情况下，被削藩之心一度大沮的汉景帝当替罪羊杀掉。他的死因，表面上是政敌袁盎在出使叛乱诸侯国归来后向汉景帝添油加醋，谎称只要杀掉晁错，叛乱诸侯们就会退兵，而真正对杀晁错起到关键作用的，其实是之前和晁错为削藩争论过的窦婴。主张强化天子权威的晁错，不但难容于诸侯，其实也难容于外戚。窦婴凭借自己是窦太后母侄的关系，通过他的姑妈窦太后，向汉景帝发出了杀晁错的信号。而晁错本人也做出了错误的抉择，叛乱发生后，他建议汉景帝御驾亲征，对于从未经历过战阵的汉景帝来说，这种行为无异于赌博。而这个建议，同样也开罪了手握重兵的周亚夫，所以，晁错之死已不可避免。先是袁盎出使叛军归来，由窦婴引领密见汉景帝，提出了杀晁错的建议，但此时的汉景帝还在犹豫。十天以后，丞相陶青等人联合上奏，弹劾御史大夫晁错。弹劾的内容很有学问，没有指责削藩政策——毕竟这是汉景帝亲自拍板的，反而是指责晁错要求汉景帝御驾亲征，是目无君父的表现。一语正好触动了汉景帝的忌讳，也帮他下了决心：杀！

袁盎

汉文帝刘恒登基早期最大的问题，就是受到“诛吕”功臣们的掣肘，尤其是扶持他登基的陈平、周勃等老臣。为了制约这些老臣，汉文帝也需要扶持自己的势力，其中之一就是文景两朝的名臣袁盎。

袁盎本身并不是汉文帝的亲信，吕氏当权的时候，他曾经是吕雉侄儿吕禄的家臣。吕禄伏诛后，他出任西汉的郎中令。从做郎中令的第一天起，他就很识趣地与汉文帝保持一致。

当时的右丞相周勃常以功臣自居，甚至总在朝堂上大吵大闹，十分不给汉文帝面子。对此汉文帝虽然憋气，却不好明说。后来每次周勃在汉文帝面前有了失礼之举，别人不敢说，袁盎却第一个站出来批评，引经据典把周勃骂得张口结舌。可怜周勃武将出身，耍嘴皮子哪是袁盎的对手？后来被袁盎骂得急了，周勃也曾气愤地说：“我和你哥（袁哙）是好朋友，没想到你竟然这么对我。”可袁盎不理，每次还是照骂不误。

后来退休回家的周勃遭人告发谋反，被逮捕入京治罪。当时的汉文帝已经大权独揽，就算是皇族，也没人敢给周勃说情。没想到袁盎却挺身而出了，还没等周勃喊冤，他就四处奔走，上下请托为周勃脱罪，最终帮助周勃证明了清白。按照《史记补注》里的说法，幸运脱身的周勃出狱后握着袁盎的手哇哇哭，大呼说：“我真没想到是你来帮我啊！”之后，被袁盎骂了好多年的周勃，反而和袁盎成了至交好友。

袁盎之所以能在汉文帝执政时期青云直上，除了因他紧跟汉文帝外，也因为他善于做人情。

汉文帝登基初期，他是最早提醒汉文帝提防淮南王刘长造反的。后来淮南王造反事败，却也是他第一个主动给淮南王求情。淮南王被汉文帝判流放邛邮时，袁盎还曾竭力阻止，并断定他必然会死在充军的路上，最后的结果也印证了他的预料。淮南王死后，还是袁盎第一个上奏，请求汉文帝把淮南王的国土分别册封给淮南王的三个儿子。结果，虽然淮南王最早被袁盎揭发，但淮南王的子女们却一个个对袁盎感激不尽，刘姓的其他诸侯王也有很多人称赞袁盎的仁德。也就是在这一时期，袁盎的官位节节攀升，等淮南王死后，已经官升中郎将。好人，全让袁盎做了；便宜，也全让他占了。

袁盎在文景时期，在朝中是出了名的好人缘，另一个重要原因就是他非常“识趣”。汉文帝时期，吴王刘濞已经渐成中央的威胁，为了遏制吴国，汉文帝特意委派袁盎担任吴国丞相。本来袁盎还踌躇满志，但袁盎的侄子袁种敲打他说：“吴王这个家伙素来狡诈，他手下又个个是亡命徒，你去做他的丞相，如果和他们对着干，能有好下场吗？您啊，到了以后也不用太认真，找机会劝说他忠于朝廷，也就尽了责任了。”就这一番话把袁盎吓坏了。到了吴国后，他除了喝酒玩乐，基本上啥正事也不干，而且手脚不干净，收了吴王刘濞不少钱。后来他回长安述职，慷慨激昂地诉说吴王刘濞多么忠诚，很是把大汉朝上下忽悠了一把。

袁盎这个人除了善于做好人之外，坑人也很有一手。汉景帝时期，最受宠信的宦官是赵同。此人仗着汉景帝的宠爱经常和袁盎作对，而且他为人极其张狂，汉景帝出巡的时候，他都和汉景帝同乘一辆马车。对这样一个奸人，袁盎只用了一个很轻松的办法就解决了他。一次汉景帝架车出巡，依然拉着宦官赵同共乘一车，半道恰好碰上袁盎。但见袁盎不慌不忙向汉景帝拍马屁说：“皇上您是万乘之躯，无比金贵，应该一个人在车上享受天子的荣耀。让一个阉人和您同车，这不是降低了您的身份吗？”汉景帝当场大悟，立刻把赵同赶下车来。此后汉景帝因恼火赵同降低了他的身份，从此对他日益疏远。

但“识趣”的袁盎，骨子里还算是很傲气的。一次他在路上遇到了丞相申屠嘉，袁盎一开始很恭敬地行礼，但申屠嘉只是冷冷地点点头。袁盎当然受不了这个气，事后一跺脚找到申屠嘉家里去了。一开始申屠嘉还是冷淡，不耐烦地对袁盎说：“你要是工作上的事，明天到官署说；要是私事，就干脆别说，赶快走人。”结果袁盎先满脸堆笑问：“申屠丞相，你这么牛，请问你比得上你的前任陈平和周勃吗？”申屠嘉不耐烦地说：“那还用说，当然比不上啦！”这下袁盎可逮着理了，申屠嘉话音未落，袁盎立刻发飙说：“亏你还知道啊，你这家伙当年不过是高祖手底下一个小官，你的前任周勃和陈平当年都是你的首长，可你看看人家立了这么大功劳，待人还这么谦虚。咱们的皇上这么高的地位，对官员都这么宽厚。却唯独你，啥都不如人家，整天还牛气冲天。我看你这样下去啊，离倒霉也不远了。”就这一番指着鼻子骂，吓得申屠嘉立刻客气起来，连连给袁盎赔罪说：“哎呀，我就是一个粗人，不懂礼数，您千万别和我一般见识啊。”从那以后，素来傲慢的申屠嘉，每次见了袁盎都客客气气的。

袁盎（约公元前200年—约公元前150年），字丝，西汉大臣。个性刚直，有才干，被时人称为“无双国士”。汉文帝时名震朝廷，因数次直谏，触犯皇帝，被调任陇西都尉；后迁徙做吴相，吴王优厚相待。“七国之乱”时，曾奏请斩晁错以平众怒。“七国之乱”平定后，被封为太常，显贵异常。后被刺客所杀。

傲气的袁盎，一辈子也有一个傲气的对手——晁错。他和晁错都曾经被汉文帝委派教导太子刘启，但每当袁盎来到太子身边时，晁错立刻甩袖子离开，反之袁盎亦然。按照《史记》的说法，这两个人好多年都不说一句话。而相比袁盎的好人缘，晁错的人缘却相当差。因晁错铁面无私外加待人傲慢，经常得罪人不说，还特别爱表现，尤其是在太子刘启面前，经常用他雄辩的口才纵论时事，总是压过别人一筹。这样一个锋芒毕露的人物，也自然容易成为别人的眼中钉。

晁错死后，汉景帝为了求和，连忙派与叛军吴王刘濞有私交的袁盎为使者，把消息通报给吴国。一开始袁盎喜滋滋地跑到吴军大营，喜滋滋地给吴王汇报说："晁错已经死了，藩也不削了，大王您能退兵了吧？"谁知道吴王哈哈大笑说："谁说我起兵是为了杀晁错啊？倒是袁大人您替我劝刘启杀了晁错，是给我立了一大功啊。您也别走了，就在我这里当官吧。"悔得袁盎差点没撞墙。事后袁盎被吴王软禁，得亏看守他的士兵是早年他家的家仆，这才里应外合帮助他脱身。等到袁盎跑回长安复命的时候，脸上身上全是伤，衣服鞋子都残破不堪，见到汉景帝就号啕大哭说："臣要不是思念陛下，早就被吴王刘濞给杀了。"然而恼火他出馊主意杀死晁错的汉景帝，还没等袁盎说完就怒吼一声："滚！"

杀晁错事件后，袁盎本人虽然没有遭到汉景帝的追加处罚，但这件荒唐事也着实让他身败名裂。然而素来善于作秀的他，也很快找到了自我标榜的机会。回到家乡的袁盎从此淡泊名利，每天只是斗鸡遛狗取乐。有一天，洛阳豪侠剧孟上门拜访，袁盎给予热情接待。他们家乡有个富户不解，询问说："这个剧孟是个有名的赌棍，你怎么能和他来往啊？"这下袁盎可逮着机会了，他借题发挥说："剧孟是个赌棍不假，但他为人至孝，讲义气，敢于为朋友两肋插刀，这样的人我佩服。你竟然敢瞧不起他，那以后你也不要和我来往了。"从此，袁盎真的与这家富户绝交了。事情一传开，十里八村议论纷纷，都说袁盎仁德。身败名裂的袁盎就用这种自我炒作的机会，巧妙地恢复了名誉。

害死晁错的袁盎没有想到，他自己死得也像晁错一样冤。"七国之乱"平定后，在平乱中立下大功的汉景帝的弟弟梁王刘武雄心勃勃，意图成为汉景帝皇位的继承人，而此时对朝政极有话语权的窦太后也极力支持。群臣苦劝无效下，汉景帝派人招来了在家闲住的袁盎，命他出面劝说窦太后。结果，袁盎引经据典，借春秋时代宋国五室相残的悲剧，令窦太后改变了主意，却也因此开罪于梁王。事后梁王收买杀手，意图刺杀袁盎。第一个杀手在闻听袁盎的贤名后，放弃了刺杀任务，反而向袁盎告知了梁王阴谋。得知消息后，袁盎非常惊恐，为保平安，他到集市上找人占卜。没想到还没走到算卦摊，就被梁王派来的第二个刺客杀掉了。这场刺杀案一下子震动了全国，后来在廷尉署的严密追查下，虽然确定了是梁王所为，但因有窦太后保护，主凶梁王最终逃过了责罚，仅仅是他的亲信羊胜和公孙诡伏法。袁盎做梦也没有想到，和政敌晁错一样，他也成了稳固汉家江山的牺牲品。

为臣子难，为武帝臣子更难

辕固

汉武帝刘彻在位时期最重要的举措，就是“罢黜百家，独尊儒术”。在他人生的青少年时代，对他影响最深的人就是一位儒生——辕固。汉景帝在位的时候，辕固既是汉景帝非常亲信的儒生，也是一位出名的狠人。他不同于后世那些死读书的腐儒，除了饱读典籍、精通辩论外，还练得一身好武艺。刘彻初立太子的时候，辕固一度被委任为他的老师。

辕固后来招祸，源自一场“辩论赛”。当时汉景帝把儒家和道家两派学者召到宫中，就具体问题展开讨论。辕固是儒家代表，黄生是道家代表，辩论的话题是“汤武革命是不是对的”。黄生认为，汤武革命属于以臣子反对君主，是以下犯上，破坏安定大局，属于肮脏的篡逆。辕固却认为，汤武革命属于正义战胜邪恶，明君打败暴君，是正义行为。在辩论过程中，双方各执一词，最后辕固说：“既然照道家的说法，反对暴君是不对的。那汉高祖刘邦反对暴秦，是否也是破坏安定，肮脏篡逆呢？”一番话当场令道家学派哑口无言。事后窦太后得知辕固的言论，大为恼火，特意把他叫过来问：“你读道家的书吗？”辕固很不屑地说：“那都是寻常的学问。”他这一不屑，后果很严重。窦太后当场下令将辕固扔到野猪圈里，打算把他喂野猪。但辕固除了能说外，武力同样也不错，他抓起汉景帝扔来的剑，当着窦太后的面手起剑落，居然把野猪当场击杀。

正是这位勇武且博学的老师，真正点燃了少年汉武帝对于儒学的追求与向往。经过此事件后，辕固不久归乡，后来即使汉武帝登基，他也没有应召为官，除了在乡间做传播儒学的工作外，就是为汉武帝推荐了诸如公孙弘之类的人才。在儒家最终确立正统地位的过程中，默默无闻的辕固，其实是最关键的一块基石。

辕固，生卒年不详，又名辕固生，“生”即“先生”的意思，西汉经学家，“诗学”四大流派之一“齐诗学”的创始人。学术严谨，敢于坚持真理，汉景帝时以治《诗》为博士。

主父偃

汉武帝在推行“罢黜百家，独尊儒术”的过程里，并没有起用提出这一思想的董仲舒，早期他最信用的大臣，是一位“半吊子”儒生——主父偃。这位主父偃早年是学纵横之术的，只是因为听说汉武帝喜好儒术，这才改换门庭，成了一名儒生。他的身份连那些纯粹的儒家弟子们都不待见，视他为异类。在被汉武帝重用前，他的数年人生起伏，只能用一个“惨”字来形容，按照他自己的话说，就是周游列国二十多年，始终得不到重用。结果他穷困潦倒，连家人也不待见，父母不认他这个儿子，兄长姐妹不认他这个手足。主父偃年轻时尝尽了世态炎凉，遇到汉武帝后，他才时来运转。

公元前134年他得到了汉武帝重用，先做郎中，又做谒者，再做中郎，后做中大夫，一年之内连升四级，从一个籍籍无名的小卒，摇身一变成了国家重臣。他也开创了西汉建国后的一个纪录：西汉升官最快的直升机干部。

汉武帝重用主父偃，主要因为他为汉武帝策划的那道推恩令，即通过让诸侯王诸子继承本国国土的方式，来分裂各诸侯国，使他们无力威胁中央。而主父偃的另一个本事，就是他的狠毒。他除了谋划推恩令外，还亲自主持推广，最擅长的事情就是给诸侯挖坑。凡是得罪了他的诸侯，都会被他罗织罪名办罪。当时力量最强大的两个诸侯齐王和燕王相继被他整惨，燕王被砍了头，齐王被逼得自杀。当时汉武帝想整治哪个诸侯王，就把主父偃派到那里去做丞相，紧接着，就肯定是那家诸侯王倒霉。那年头的主父偃，既是汉武帝整顿诸侯的利器，更是诸侯人见人怕的灾星。

主父偃（？—公元前126年），汉代大臣。出身贫寒，早年学长短纵横之术，后学《易》《春秋》和百家之言。在齐受到儒生的排挤，于是北游燕、赵、中山等诸侯王国，但都未受到礼遇。后在长安直接上书汉武帝刘彻，当天就被召见，拜为郎中。不久又迁为谒者、中郎、中大夫，一年中升迁四次，得到汉武帝的破格任用，向汉武帝提出“大一统”的政治主张。

灾星主父偃最终倒霉，是在公元前126年。他被赵王告发了，罪名有两个，一是贪污受贿，二是逼死了齐王。而在被告发之前，主父偃已经飞扬跋扈到了极点。当时他身边就有人劝道：“你也收敛点，这么嚣张下去肯定会惹事的。”没想到主父偃满不在乎地说：“我已经吃了四十年苦了，还有什么可怕的？男子汉大丈夫，就是活着吃不了五鼎的食物，死也要受五鼎烹炸。所以我再怎么胡作非为，又算得了什么呢？”

倒行逆施的主父偃，在被汉武帝收监后，仅查出收受的贿赂就有上千金，最终被判灭三族。生前尝够世态炎凉的他，死后又尝到了另一番世态炎凉：他的上千门客，只有一个叫孔车的肯为他收尸，而那些平日里巴结他的官员们，此时掀起了揭批主父偃的高潮，把主父偃从三岁起做过的丑事全都挖了出来。对此，司马迁写《史记》的时候都为主父偃鸣不平：主父偃当官的时候，大家都称赞他；他获罪了，大家又都骂他，真是悲哀啊！

张汤

汉武帝时期重用酷吏，其中最著名的一个就是廷尉张汤。张汤这个人，在当时不仅手段狠毒，更以精通律法著称。他最早出名还是在自己十三岁时。当时张汤被父亲命令看家，结果父亲回来后，发现家里的粮食被老鼠偷走了，气得把张汤暴打一顿。但挨了打的张汤却一滴眼泪都没掉，反而擦干眼泪，发狠掘老鼠洞，最终逮住了那只偷粮食的老鼠。之后，令张汤父亲震惊的事情发生了：张汤居然当场开堂审案，写了一份条理清晰、结构完整、证据确凿、法理充分的判决书，然后当场把老鼠肢解。这则童年时的故事，也注定了张汤一生的命运：这是一个性格坚韧狠毒、行事缜密细致、手段毒辣且能把律法玩弄于股掌的狠人。

素来以铁面无私、打击豪强面目示人的张汤，早年其实也是靠巴结外戚爬上去的。当时汉武帝的舅舅田胜犯法，张汤利用自己精熟的司法知识，钻汉朝法律的漏洞，最终帮田胜脱罪，正是这件事情让他得到了提拔。后来陈皇后巫蛊案中，他秉承汉武帝的旨意，大肆诛杀涉案人员，得到了汉武帝的赏识，得以晋升中大夫。从表面看，张汤也有一些值得尊敬的品质，比如他礼敬文士，待人谦虚，而且为官清廉，家里从来不蓄私财。而且他还极会笼络人心，比如对他的属下非常好，每次属下执法上犯了错误，张汤总会主动承担责任，他常对汉武帝说的一句话是："这个错误其实是我犯的，当时我的属下曾经提醒过我，但是我没有听从，皇上您要罚就罚我一个人吧。"如此这般，也令他的鹰犬们对他感激涕零，乐得为他殊死效力。

按照《史记》的说法，张汤的执法方式往往是这样的：在接到一个案子后，他并不着急断案，而是先试探汉武帝的态度，汉武帝说从严，他就往死了办；汉武帝说从宽，他就往宽了办。他审案期间最主要的工作，就是不断旁敲侧击，打听汉武帝本人对案件的态度。而他最大的本事，是不管一件案子最后做出什么样的判决，都能根据自己娴熟的律法知识，做出圆满的解释。执法严苛的张汤其实并不尊重法律，他尊重的只是皇帝本人。

张汤办案有多狠毒，看看他办的几个案子就知道了。先是陈皇后巫蛊案，涉及此案的三百多名宫女、太监先后被处死。然后是淮南王谋反案，淮南王王后、太子相继被逮，淮南王刘安畏罪自杀，更株连无数，先后有两千多人因此获罪。如果说这两件案子张汤尚只是秉承领导意图的话，那么颜异案就算是张汤自己的发挥了。当时身为西汉大司农的颜异对货币改革不满，张汤知道后，干脆给颜异安插了一个“腹诽”的罪名，罪状是颜异在讨论国家大事的时候，嘴角上翘，显然是心里对货币改革不满，因此必须要杀。颜异就翘了一下嘴角，就把自己的脑袋翘没了。

张汤最后身死，也是栽在一件冤案上，而这件祸事还是由他自己惹下的。按照《史记》的记录，先是一位叫李文的官员，因为常年搜罗张汤的罪状，被张汤授意属下鲁谒居罗织罪名，最终遭到杀害。事后，与李文交好的三位丞相府长史庄助、王朝、朱买臣开始合谋报复张汤。他们抓住了张汤的两条小辫子：先是指控张汤给属下鲁谒居按摩脚，有失官场体统，结果张汤矢口否认。接着他们汇报说，张汤勾结商人田信，出卖国家经济情报，以谋取私利。这条罪名一下子触怒了汉武帝，先前张汤矢口否认，已令汉武帝不满，这下又火上浇油，汉武帝随即把张汤下狱。派去审理张汤案件的，是另一位与张汤私交甚好的司法吏员赵禹。赵禹劝说张汤：“你以前整死了这么多人，仇家太多，现在都来指证你，你为什么一定要对证，不肯伏法呢？”张汤答：“我本来就是小吏出身，因为陛下的宠幸而得以升官，这没有什么好说的。但这次我没有做过的事，我绝对不能认罪。”为了证明清白，张汤愤然在狱中自杀。

张汤死后被抄了家，人们发现他家里只有五百金，而且还都是平时的俸禄和汉武帝的赏赐。张汤的母亲也是个极有性格的女人，她拒绝厚葬张汤，只用牛车拉着将他草草下葬。按照她自己的话说：“我儿子是被冤枉死的，有什么好厚葬的。”得知此事的汉武帝也很懊悔，三位诬陷张汤的长史皆被汉武帝处死。

张汤（？—公元前116年），西汉官员。幼时喜法律，曾任长安吏、内史掾和茂陵尉，后补侍御史。中国古代著名的酷吏，又以廉洁著称。

难得善终的丞相们

汉武帝执政时期大权独揽，在他执政的年代，最难干的工作恐怕就是丞相了：活干得多，汉武帝怀疑专权，要被拿下；不干活，汉武帝说你怠工，照样被拿下。汉武帝的丞相中，早年的卫绾因为信奉黄老学说，干活不称职，被免；窦婴因为卷入和汉武帝舅父田蚡的争斗，最终被斩首；田蚡之后在汉武帝的高压下，也郁郁而终。

之后的公孙弘，做丞相做到七十九岁，最终病故在任上。他善终的办法一是外表谦和，对汉武帝大多附和；二是比较会装，对别人的批评，经常装作虚心接受。当时直臣汲黯就曾批评他故意展示自己清廉，属于收买人心，公孙弘不但不反驳，反而向汉武帝称赞汲黯贤明。如此种种，皆让汉武帝对他颇为器重。但公孙弘其实也有狭隘的一面，对得罪过他的人，他表面称赞，暗地里却会报复，主父偃之死其实就是由他一手策划的，《史记》也因此评价他“外宽内忌”。

公孙弘死后，汉武帝本人变得越来越专断，丞相也越来越难做。公孙弘之后，汉武帝先后任命了七位丞相，其中得到善终的只有石庆和田千秋二人，其他的五位，三位在牢狱中自杀（李蔡、赵周、庄青翟），一位被处死刑（公孙贺），还有一位被灭族（刘屈氂）。表面位高权重的丞相，在汉武帝时代却真正成了高危职业。

公孙弘之后仅有一位病死在任上的丞相石庆，他保全自己的唯一方法就是什么都不干，基本成了摆设。那时候汉武帝商量国家大事，都是直接召集具体官员，丞相表面品级高，却已经很少掺和了。石庆当丞相的时候，是汉武帝比较忙的时期，当时国家自然灾害不断，又在进行诸如币制改革之类的经济改革，样样大事都是汉武帝直接操纵。这种当摆设的日子，石庆自己也过得很痛苦。有一次河南发大水，汉武帝召集大臣商议，然后转头对石庆说："我们商量国家大事，丞相你就回去歇歇吧！"这个场景也深深刺痛了石庆，第二天他就愤然递交了辞呈，要求回家养老。没想到石庆一愤然，汉武帝当场翻脸，冲着石庆一顿臭骂："最近国家大事这么多，你做丞相的消极怠工不干事也就算了，居然还想跑路溜号，你还有没有点责任心了？"吓得石庆连连叩头求饶，把辞呈收回去才算完。从此之后，石庆就彻底老实了，每天尸位素餐，小心翼翼，三年后病故在任上。他的遭遇也是汉武帝后期大部分丞相的遭遇：干活皇上来，黑锅丞相背。

汉武帝的丞相不好干，以至于有些人还没干丞相，就已经有了不祥的预感，抗匈名将公孙贺就是其中之一。石庆死后，汉武帝任命公孙贺为丞相，结果他连连叩头，哭着喊着不愿干，最后被逼无奈只得接受。从当上丞相第一天起，他就惶惶不可终日，但祸事还是躲不过。很快他的儿子公孙敬声因为挪用公款，外带和公主私通，东窗事发后连累全家，刚做了不到一年丞相的公孙贺也被株连问斩。

汉武帝后期的丞相获罪大都比较冤，唯独倒数第二任丞相刘屈氂不冤。他是中山靖王刘胜的儿子，也是西汉历史上第一位皇族出身的丞相。他做丞相时期做得最出格的事情，就是几年如一日地陷害太子刘据，特别是利用江充大搞巫蛊案，最后把太子刘据逼得起兵，并落得兵败自杀的下场。但第二年，这件公案就水落石出，刘屈氂被判腰斩，家族也遭灭顶之灾。

在“巫蛊之祸”早期，让太子刘据真正下定决心起兵的是他的老师石德。当时酷吏江充借助巫蛊案，矛头直指太子，并大肆诛杀无辜，连已故大将军卫青的三个儿子都被逮捕。危急之下，石德劝说刘据道：“现在皇上病重，江充胡闹，如果不及时制止的话，恐怕会酿成大祸啊！太子你想想，秦始皇的大儿子扶苏是怎么死的。”就是这句话深深震撼了刘据。为了不做扶苏，刘据下定决心干一票。可石德太形而上了，汉武帝不是秦始皇，刘据也不是扶苏。刘据起兵失败后，石德也被贬为庶民。

在刘据被诛杀后，汉武帝一度对这个儿子恨到了极点，甚至给他加了个“戾太子”的封号。对这个案子的真相，朝野上下一度全都失语了，最后大胆上书鸣冤的，却是一个叫田千秋的小郎官。他劝汉武帝的方法也很讲技巧，在奏折里说：“天子的儿子调动了天子的兵马，打一顿就可以了，为什么要杀了呢？这不是我说的，是我梦见的一位神仙向我说的。”没想到，就这简单的一句话，就令汉武帝老泪纵横。事后他接见田千秋，对他深情地说：“父子间的事情，外人是很难插嘴的。你敢于向我表明太子的心迹，这一定是高祖保佑，派你来辅佐我啊。”结果田千秋一路升官，几个月后刘屈氂伏法，他就接替成为丞相。

这是继主父偃后西汉官场的又一个奇迹。一个没有任何功劳、任何建树的人，仅凭着一封信，就立刻成了丞相。如此场景，别说汉朝百官不接受，匈奴也极其不待见。得知消息的匈奴单于甚至对汉朝使者嘲讽地说：“原来你们汉朝皇帝选丞相，也不是唯才是举啊！写一封信就可以当丞相，这太容易了。”使者把这番话转达给汉武帝，气得汉武帝差点把使者剁了。

被匈奴人低估的田千秋，其实是个很有能力的人。没有任何施政经验的他，当的却是汉武帝时期最难做的丞相。当时国家连年战乱，经济疲敝，外加汉武帝本人年老体衰，经常想一出是一出。身为丞相的田千秋，为汉武帝提出了“施恩惠，缓刑罚”的奏议，并力主休养生息，恢复民力。汉武帝过世后，他作为辅政重臣，与霍光一起辅佐汉昭帝。汉武帝后西汉的又一盛世“昭宣中兴”，他其实居功至伟。汉武帝临终前，给他的封号是“富民侯”，即希望他这个丞相能够让老百姓富裕起来。事实证明，他没有辜负汉武帝的希望。

田千秋（？—公元前77年），又名车千秋，西汉大臣，战国时田齐后裔。原为高寝郎，供奉高祖陵寝。“戾太子”刘据因江充谗害而死，田千秋上书诉冤，汉武帝感悟，擢用为大鸿胪，数月后任丞相，封富民侯。为人谨厚持重。昭帝即位，受遗诏辅政。

卜式

汉武帝时期也是经济学家辈出的时代。除了经济改革家桑弘羊外，另一位杰出的经济学家，就是牛羊商人出身的卜式。他不但是商人出身，而且是个白手起家的励志人物。他的家庭原本也是经营畜牧业的小康之家，但小时候父亲就去世了，家里还有母亲和弟弟。有弟弟，也就意味着有了财产纠纷，家里闹分家，弟弟总想多分点，母亲疼爱小儿子，也向着弟弟。身为长子的卜式却不计较，他干脆大手一挥，把父亲名下的大部分财产都留给了弟弟和母亲，自己仅带着一百多只羊分家另过。当时邻居朋友都笑话卜式傻，但分家没几年，卜式就迅速发家，成了当地的畜牧业大户，名下的牛羊多达上千头，而且还买了大宅子，成为河南当地有名的富户。

他能发家，是因为在牛羊的饲养上很有心得，特别是对草料的配比和饲养时机的把握，都有一套自己的学问。他的牛羊比其他商户长得快，也更膘肥体壮，因此求购者云集。另外，他的经营手段也很有意思。当时的牛羊交易一般都是一手交钱一手交羊，但卜式却反其道而行之。他在做买卖的时候，首创了“后付费”政策，即前来求购的商户如果手中的钱不够，可以先行支付一部分，余下的部分可以在之后补足，但附带的条件就是，按照滞后支付的日期，需要再额外加付相应的利息。特别是对于那些经济条件有限的自耕农家庭，卜式更推出了“白给”政策，即前来求购的普通农户，可以不用支付一分钱就带走牛羊，然后在年尾偿还欠款并交付利息。如此一来，虽然卜式的牛羊价格比其他人要高得多，但是大部分人都买得起，市场非常大，客户也比其他人多，发展的速度自然也极其快。

卜式不但是个成功的商人，还很爱国，挣了钱就热心于回报社会。当时汉朝反击匈奴的战争已经进入了白热化阶段，国家花钱甚多，卜式上书汉帝国，表示愿意捐赠自己一半的家产，帮助朝廷抗击匈奴。这份奏章令汉武帝本人也震惊了。当时的汉武帝正为富商们囤积居奇、趁火打劫的事情大伤脑筋，像卜式这样不但不坐地起价，反而给国家送钱表忠心的，之前从没见过。按照汉武帝的想法，这人要么昏了头，要么另有目的。偏偏丞相公孙弘也是一个心胸狭窄的人，眼看卜式表忠心，自然要趁机下药。他说卜式此举恐怕“非人情，不轨之臣”，也就是说卜式这么做是别有用心的。因他的下药，卜式满怀忠诚的奏疏不了了之。对卜式的行为，汉武帝本人也深感疑惑，他曾经派使者去见卜式，问卜式这么做究竟为了什么。卜式的回答掷地有声：“天子诛匈奴，愚以为贤者宜死节，有财者宜输之，如此而匈奴可灭也。”但生性多疑的汉武帝，到底不相信卜式有这么高的觉悟，因此还是没搭理他。

卜式得到汉武帝的重用，是在一年后。匈奴打了败仗，浑邪王率众归降大汉，朝廷不得不花大量钱财安置流民。卜式得知后，主动拿出二十万钱给河南太守，用来安置百姓。此事被汉武帝知道后，他终于相信了卜式的耿耿忠心。为了表彰卜式的功劳，他又封赏了卜式十二万钱。刚刚“出血”的卜式不但分文不受，反而把这些钱又捐给了朝廷。然后卜式又利用自己在商界的影响力，不辞劳苦走访各家商贾，苦口婆心劝说他们出钱资助朝廷。一番奔走之下，竟然又给汉帝国募到了一百多万钱的赈灾款。汉武帝自然大为欣赏，他立刻任命卜式为中郎将，赐十顷地，并且把他的事迹昭告天下。但卜式的觉悟高，汉武帝赐予的土地，他推辞不要；汉武帝给予的官职，他更是推托不受。捐完钱后，还是安安心心在河南养羊。而且他对汉武帝的使者推托说："我这个人没别的本事，就会养羊，所以当不了官。"汉武帝知道后，回答也干脆："我找你当官，就是让你给我养羊的。我的上林苑有很多羊，足够你养的。"这样，卜式再也没有借口推托了，他爽快地接受了汉武帝的中郎将官职，去汉武帝的上林苑干他的老本行——养羊。

卜式，生卒年不详，西汉大臣。以牧羊致富。汉武帝时，上书朝廷，愿将一半家财捐公助边，后又以二十万钱救济家乡流民。后拜为中郎将，仍布衣为皇家牧羊于山中。先后任齐相、御史大夫。

当了官的卜式，给人最大的印象就是他根本不像个官。当中郎将的时候，他每天穿着破衣麻服亲临工作第一线，为汉武帝兢兢业业地养羊。因为羊养得好，他官位节节攀升，先做偃师县令，又做齐王的太傅，到后来高升为齐国的国相，行使起了汉帝国最富庶的齐地的行政权力。但是这段时间，他影响最大的却是和汉武帝的一段对话。当时汉武帝看到卜式养羊养得好，心里很高兴，便请教卜式究竟用什么办法来养羊。卜式的回答是这样的："第一是要按时照料羊的起居；第二是要实行淘汰政策，把那些劣等的羊淘汰出去，留下优等的，也就是说不要重视数量，而要重视质量。"汉武帝听着和听天书一样，但卜式下面的一句话却让他醍醐灌顶："养羊如此，治民更如此！"汉武帝一下子对卜式刮目相看：这个外表朴实憨厚，自称除了养羊什么都不会的牧羊人，很有可能是一位治民的大贤。所以，才有了卜式官位的节节高升，从放羊人直做到封疆大吏。

卜式的养羊理论看着很普通，但针对汉帝国当时的实际情况，却是很实在的。卜式认为，养羊就像治理老百姓一样，两者的共同点就是：羊是要养的，老百姓也是要养的。羊要养得好，就要给予羊充分的照料，更要给予羊一个健康的生长环境；老百姓要想富足，国家要想发展经济，就必须给老百姓足够的发展空间，一个健康的发展环境。其实他在经营畜牧业的时候，之所以要搞赊账，搞后付款，就是因为客户的购买力也是需要去培养的。只有客户有了钱，才能买你更多的羊，生意才能好。而国家的生意要想好，关键因素也在于老百姓要有钱。这就是他的"养羊如养民"理论。这条理论在西方也出现过，比如西方近代著名经济学家马尔克斯的"市场培育理论"认为，如果想在市场中赚钱，就必须要培育购买力。西方现代国家的福利政策也正是基于此而展开的，但卜式的理论却比他们早了近两千年。

昭宣文臣的高超政治智慧

丙吉

“昭宣中兴”时期，有一位富有传奇色彩的丞相——丙吉。汉武帝“巫蛊之祸”时，丙吉只是一个狱吏，刚巧废太子刘据刚刚出生数月的孙子刘询就关在他看管的牢房。当时还在气头上的汉武帝派人来到牢房，要杀掉这个尚在襁褓中的孩子。人微言轻的丙吉勇敢地保护住刘询，并对找上门的杀手说：“普通人都不能无辜被杀，何况是皇帝的重孙子呢？”他的坚持终于保住了废太子刘据的骨血，即后来的汉宣帝。而后，刘询这个没人待见的孩子，一直由丙吉出钱在牢中抚养长大。后来从刘询记事开始，丙吉又将他交给了外公外婆抚养。若没丙吉的勇敢，也就没有后来的汉宣帝了。

丙吉救助刘询的大功，很长时间里刘询并不知道。从他记事起，他就一直生活在自己的外婆家。即使后来刘询登基为帝，丙吉也并未向他提起那段过往。汉宣帝最终知道这桩旧事，还是通过一个偶然事件：当时一个年老宫女来找汉宣帝邀功，说自己早年曾经抚育过汉宣帝，如果他不信可以去问丙吉。汉宣帝这才知道，在自己记事前的幼年岁月里，是丙吉无私无畏地保护了他。

丙吉的另一个功劳，就是在汉昭帝英年早逝后，以大将军霍光长史的身份向霍光举荐刘询为帝。当时刘贺被废黜，汉武帝活着的儿子还剩下一个广陵王刘胥，但此人无才无德，根本没能力继承帝位。选择皇帝要符合两个条件：一是有点能力；二是辈分还不能太低。于是丙吉进言说："废太子刘据的孙子刘询还在民间呢，他有才干而且名声在外，不如立他吧！"这才让大家想起来还有这么一位皇族流落民间。就这样，看似毫无称帝希望的刘询，才最终得以登基为帝。

丙吉在汉宣帝执政时期成为丞相，他这位丞相最大的特点就是施政宽厚。他的马车夫喜欢喝酒，有一次居然闹出了"醉驾"事件，赶车的时候醉酒呕吐，在丙吉的马车上吐了一路。如此罪过搁在别人身上，被炒鱿鱼都算轻的。但丙吉知道后说："如果把他赶走了，他又能到何处容身呢？"最终还是宽恕了这个车夫。对工作人员尚且如此，对待其他官员自然更不用说。当时有官员犯了小错，丙吉总是帮助他们遮掩。而且他还不争功。他那位曾经醉驾的车夫老家在边境，所以非常熟悉边关的情况，经常向丙吉介绍边境局势。每次丙吉与汉宣帝讨论边事的时候，他常因对答得体而得到汉宣帝赏识。但丙吉却不居功，反而对汉宣帝说："这不是我贤能，而是我家车夫说的啊。"借着这个话头，丙吉又劝汉宣帝说："一个车夫都能有这般才能，可见天下的人才都是各有所长，要不拘一格用人啊！"汉宣帝执政时期为政宽厚、人才荟萃，就是他这个丞相带的头。

丙吉施政的另一个特点就是只管该管的事。一次他下班回家，正好碰见一群百姓斗殴，丙吉不但不管，反而掉头就走。过了一会儿，又碰上一家百姓牛跑了，正气喘吁吁追牛，丙吉反而饶有兴趣地问："这牛逮着了吗？"有人嘲讽他说："那边打得头破血流了你都不管，这边跑了个牛，你倒问个没完。"丙吉回答说："我是丞相，处理百姓斗殴那是长安令的事情，不是我的工作范围。而跑牛的事，是因为今年春天太热，我要问问牛跑出去之后有没有出汗，以此来确定今年春天的天气是否会妨碍耕作。”“问牛不问人”就是丙吉一贯的执政风格，这桩小事也折射出丙吉的施政特点：一是只抓重点大事，二是以小见大。

丙吉（？—公元前55年），一作邴吉，字少卿，西汉大臣。治律令，本为鲁国狱史，累迁廷尉监。汉武帝末期，奉诏治“巫蛊之祸”于郡邸狱，救下皇曾孙刘询。后任大将军霍光长史，建议迎立刘询，即汉宣帝。后任丞相。谥号为“定”。

黄霸

汉宣帝时期，除了善于抓大事的丙吉外，还有一位善于抓细节的能臣——黄霸。此人虽然名字霸道，却是一位以宽厚爱民著称的官员。汉宣帝登基时，他就在西汉地方官里以德行著称。他的一个本事，就是善于监督官员。他做颍川太守的时候，有一次一位属下要向他汇报工作，路上吃饭的时候，桌子上的肉菜被乌鸦叼走了。事后属下见到黄霸，黄霸第一句话就是：“你这一路辛苦啊，吃个饭都被乌鸦抢走了。”当场把属下吓得大惊失色。从此以后，他的属下事无巨细都不敢再对他隐瞒。他做了几任地方官，属下官员都服服帖帖，不敢背着他做害民的事情。

黄霸治理地方有两个特点：一是宽厚；二是精细。他除了劝课农桑、宽厚治民外，还发动衙门养猪养鸡，用来赈济当地的鳏寡孤独。对于善于安抚百姓的官员，他更是尤其看重。他的治下有一位姓许的县令常年耳聋眼花，有属下奏请要撤掉此人，黄霸回答说：“许县令虽然耳聋眼花，但是他善于抚慰百姓，名声颇高，所以不能撤。”他极少轻易撤换属下的官员，原因是他认为，如果地方官调动太频繁，往来的费用肯定增大，而这些负担也势必会摊到百姓头上去。他的另一个特点是精细，治下的大小民事没有他不知道的，甚至就连他治所里的红白喜事，哪一棵树可以做棺材，哪一头猪适合祭祀用，他都了解得清清楚楚。后来他因为治理地方发展经济有功，被封为关内侯，他也是西汉历史上少有的因为振兴地方经济而被封侯的官员。

黄霸（公元前130年—公元前51年），字次公，西汉大臣。通晓文法，明察秋毫，为官清廉，文治有方。性情又温良懂得谦让，为政外宽内明，力劝耕桑，推行教化。先后任河南太守丞、廷尉正，扬州刺史，颍川太守等职。后代丙吉为丞相，并封建成侯，总揽朝纲社稷。后世将其与龚遂作为“循吏”的代表，称为“龚黄”。谥号为“定”。

耿寿昌

汉宣帝时代在经济上的一大创举是设立常平仓，就是国家储备大量粮米，用来调控市场物价，这是中国封建王朝历史上第一次由国家运用经济手段来调整市场的经济政策。这个奏议是由汉宣帝的大司农耿寿昌提出的，他也是中国历史上著名的经济学家。常平仓的设立，使西汉王朝的物价得以稳定。当国家丰收的时候，可以通过抬高粮食收购价格的方法，防止谷贱伤农；当国家粮食歉收的时候，又可以通过平价卖粮的方式用以平抑物价。此举也被中国之后的历代封建王朝沿用。

泱泱大汉亡于谁手？

萧望之

西汉经过“昭宣中兴”后，又在汉元帝时期进入了衰落期。而导致西汉衰落的汉元帝刘奭，是被一个志大才疏的儒臣萧望之培养出来的。

萧望之出身名门，是开国功臣萧何的六世孙。在汉昭帝时期，他就干过出名的事情。当时他由正担任霍光长史的丙吉推荐，得以觐见霍光。那时候的霍光刚刚平定了上官桀叛乱，上下如惊弓之鸟，连拜见他的官员们进出他的府邸都要搜身。结果萧望之很不爽，见了霍光就说：“你有辅佐皇帝的大功，但是你这样侮辱前来见你的人，说明你根本成不了周公。”这一下可把霍光给得罪了。之后，萧望之被霍光处罚，去当了一个看官门的小官，而与萧望之一道拜见霍光的王忠翁却因为讨了霍光欢心，被霍光委以重任。一次王忠翁出入宫门，前呼后拥好不威风，正好看到在那里蹲着的萧望之，王忠翁很得意地说：“你看你得罪了大将军，结果落得这个下场吧。”萧望之反而很不在乎，说：“咱们各从其志。”

萧望之在霍光死后得到提拔。他最早被汉宣帝选为近侍，负责接待宾客，处理官民上书，工作成绩很突出。尤其是他口才好，善于引经据典发表评论，很快就在朝堂上有了名气。汉宣帝也一度想着力培养他，曾经一年之内将他连升三级，意图培养他做丞相，但后面的事情，却让人大吃一惊。

萧望之先被任命为平原太守，可他嫌做地方官没出息，天天在家装病不上班。后来西羌叛乱，御史大夫张敞主张可以命犯人缴纳粮食赎罪，以此充实国库，萧望之又坚决反对。张敞责问他说："照你这说法，国家没粮食无法平叛，你说该怎么办啊？"萧望之很轻松地回答说："西羌造反是因为他们没文化，可以派儒生过去教他们读书礼仪嘛！"当场让众臣震惊。后来大司农耿寿昌提议设立常平仓，萧望之又坚决反对，认为此举国家徒费金钱，没有必要。但设立常平仓的结果，却是使百姓受惠。从那以后，汉宣帝就对他失望了。而他最令汉宣帝失望的事情，就是当劳苦功高的丞相丙吉退休时，萧望之上奏指责丙吉，说丙吉干了这么多年丞相，底下官员不称职，国家没起色，全都是他的责任。从始至终，萧望之都是个眼高手低，成天为反对而反对的人。

对萧望之失望的汉宣帝却还是看重他的才学，最终命他做太子刘奭的老师。在汉宣帝的晚期，萧望之做得最多的就是礼仪文化工作。汉宣帝过世时，萧望之被任命为托孤重臣，在汉元帝即位早期主持了国家大政。然而新的危机却来了：当时的汉元帝，对宦官石显、弘恭等人极为信用，而这种情况也和萧望之恪守的儒家教条发生了冲突，两家争斗不断。

宦官石显除掉萧望之的办法，却是钻了一个文字游戏的空子。当时石显向汉元帝告状，说萧望之结党营私，培植私人势力，请"谒召至廷尉"。而汉元帝并不知道"谒召至廷尉"就是下狱的意思，还以为是让廷尉府查一查，于是大手一挥就同意了。这一同意可了不得，萧望之随即被下狱。事后汉元帝得知真相，痛骂了石显一顿，打算释放萧望之。但石显说："您已经把他下狱了，如果没个说法就放出来，这皇家的威信何在啊？"为了要面子，汉元帝随即把萧望之撤职。事后，萧望之的儿子上书为父亲鸣冤，石显忽悠汉元帝说："萧望之这么做其实就是让您难堪，您得让他承认错误啊！"汉元帝问："那怎么让他承认错误啊？"石显说："不如您派兵查封他家，吓唬吓唬他。"汉元帝随后派兵将萧望之家包围。没想到这一吓唬，却把萧望之给吓唬死了——得知消息的萧望之仰天长叹："我都是六十多岁的老头儿了，牢房都蹲过，还怕死吗？"随即服毒自尽。噩耗传来后，汉元帝本人极为悲痛，但对忽悠他的石显等人也只是骂了一顿了事。

萧望之（约公元前114年—公元前47年），字长倩，西汉大臣，经学家，西汉开国功臣萧何的六世孙。主治《齐诗》，兼学诸经，汉代《鲁论语》的知名传人。

诸葛丰

汉元帝信用宦官，并喜好那些没有实际行政能力的儒臣，他执政时期是西汉政治变得腐败、朝廷效率变得低下的一个关键节点。但也正是这个时期，出了一位刚直不阿的廉臣——诸葛丰。他在汉宣帝时期就以节操和严格执法著称，向来谁的账都不买。汉元帝在位早期，他曾担任光禄大夫，经常上书揭发其他官员奸恶，自然也就得罪了此时受汉元帝器重的石显之流。先是被陷害，降为城门校尉，而后又被革职。石显本来还想让诸葛丰服刑，但汉元帝怜他年老，还是让他回家了。他在汉元帝时期为官时间并不长，政治上也没太多建树，然而他的后代中却有一位立下大功业的人物——三国蜀汉丞相诸葛亮。

淳于长

汉元帝和汉成帝两代帝王执政时期，是西汉外戚势力迅速膨胀的时期，不但作为外戚娘家的王氏一门飞黄腾达，其他与外戚沾亲带故的人也鸡犬升天，其中典型的就是淳于长。他是汉成帝母亲太后王政君的外甥，靠家族的关系，他最早做的官职是黄门郎。而他能够得到提拔，是因为解决了汉成帝的一桩心病——立赵飞燕为皇后。当时汉成帝宠爱赵飞燕，欲立她为后，但是太后王政君却嫌赵飞燕出身低微，一直不肯同意。作为王政君外甥的淳于长主动出面斡旋，他一面劝解太后，一面给汉成帝出主意，让汉成帝先给赵飞燕的娘家封侯，抬高娘家的地位，最终促成此事。

事成之后，对淳于长感激万分的汉成帝本想给淳于长加官晋爵，他对淳于长说："我是想给你封官，可是按朝廷的体制封官是要有原因的，你都立过什么功劳啊？"结果淳于长硬是找不到自己做过的好事。最后还是汉成帝帮他找了一件：汉成帝修造皇陵的时候，淳于长曾经建议把因修皇陵而被迫搬迁的民户迁回他们老家，并发放安家费。结果借着这件好事，淳于长被封为侯爵，并成为掌握南军兵权的卫尉。

难找到好事的淳于长，坏事却做了一箩筐。他日常做的最主要的坏事，就是收受贿赂。而他受贿的方法也特别，就是大摇大摆地明码标价：你给我多少钱，我给你办什么样的事。短短几年，他的家产就迅速膨胀。但好多时候他并不讲诚信，比如遭汉成帝废黜的许皇后求他为自己洗刷冤屈，但收了许皇后钱的淳于长不但没办事，还到处宣扬这事，嘲笑许皇后愚蠢，最终逼得许皇后含冤自尽。这件事也最终毁灭了他自己。晚年的汉成帝得知此事，大怒把淳于长下狱并处死于狱中。

孔光

西汉最后灭亡是由于外戚王莽篡权，而王莽的得权，与另一位重臣大有关系，这就是大司徒孔光。孔光是西汉晚期历仕三朝的名臣，也是孔子的第十四世孙，少年时就以才学出名。为官时，孔光更以坚持原则、勤恳做事著称。他比较出名的典故，就是“孔光温树”。一次他下朝后，有亲友问他朝中的国家大事，他缄口不言，结果人家又绕弯子，问他衙门里的树是啥样子，孔光还是不说话。他的谨慎扎实，在当时的西汉也成了另类。

孔光最为人称道的优点，首先是不结党。他出身名门，家族的门生遍布朝野，但他自己却奉行君子不党的原则。其次是刚直，每次和皇帝奏议，只要皇帝说得不对，他都大胆反对，而且引经据典驳斥。另外，他还求贤若渴。按照《汉书》的记录，他每次发现人才都第一时间举荐，而且绝对不会让被举荐人知道是他在举荐，属于一心为公、做了好事不留名的典型。

然而，在汉成帝时期，孔光举荐的最重要的人物却是王莽。当时年轻的王莽以清明的做派和卓越的才学得到了孔光的赏识。孔光不止一次上奏，认为王莽将来会是匡扶汉室的重臣。而后王莽打着整顿朝纲的名义排斥异己，每次也都得到了孔光的支持。尤其是汉哀帝时，王莽一度被排斥回家，正是担任丞相的孔光力主，才使王莽得以重新回朝并最终占据高位。《汉书》认为，王莽夺权的道路上，孔光起到了极其重要的作用，他的每次奏议都帮助王莽实现了自己的目的。汉平帝时，昔日被孔光举荐的王莽已经把持大权，并大肆排挤亲汉重臣，孔光也被迫回乡归养。他一手推荐的王莽，最后断送了西汉。

董贤

西汉晚期还出了一位凭借“男色”飞黄腾达的大臣——汉哀帝的大司马董贤。此人相貌俊美，最早的时候只是太子舍人，一次汉哀帝下朝偶然看到了他，随口说了句：“这不是我做太子时候的舍人董贤吗？”董贤连忙答礼，这时汉哀帝才仔细端详他，越端详越惊叹，居然脱口而出一句话：“几年不见，你居然长得这么漂亮了。”从那以后，汉哀帝就对董贤宠爱有加，甚至后宫三千佳丽都被扔到一边。他对董贤好得过了头，睡觉的时候拉他一起，处理国事的时候拉他坐在旁边。有一次起床，董贤还没醒来，汉哀帝的衣袖被他压在身下，因为不忍心惊醒他，汉哀帝居然把袖袍割断，这才起身，成语“断袖之癖”因此而来。为了方便董贤伺候自己，汉哀帝甚至还下令让董贤的妻子也入宫居住。

董贤（公元前22年—公元前1年），字圣卿，汉哀帝刘欣宠臣，西汉御史董恭之子，历史上著名的美男子。初任太子舍人，后汉哀帝被其仪貌吸引，拜为黄门郎，后拜为大司马。王莽掌权后失势，自杀而死。

得到汉哀帝宠幸的董贤官位也升得快，一下子就做到了掌管西汉军政大权的大司马，那时候的他才刚过二十岁。如此升官速度，连匈奴单于都非常惊讶。一次匈奴单于前来觐见汉哀帝，看到一边的董贤，惊问汉哀帝说：“你们汉朝的大司马怎么这么年轻啊？”汉哀帝从容回答说：“董贤虽然年轻，但是他有独特的才华，因此我委他以重任。”这番忽悠，反而令匈奴单于钦佩得五体投地，连声说：“汉朝天子唯才是举，不以年龄资历来做用人标准，做事不俗，真是一代明君啊。”倘若匈奴单于知道董贤的“特殊才能”是啥，估计会晕倒。

董贤得宠的时候，董家上下位高权重，备受时人忌惮。比如历仕三朝的重臣孔光，每当董贤来拜访他时，他必亲自迎接，言谈举止都恭恭敬敬，甚至平时在路上遇到董贤的车子，也立刻点头哈腰打招呼。和董贤说话、告辞的时候从不转身，而是面对着董贤一步步退着走回去。后来董贤的父亲董恭想和汉元帝名臣萧望之之子萧咸结儿女亲家，吓得萧咸赶快送上重礼，连连表示不敢高攀。如此情景，也让董贤的父亲董恭大为忧虑，他经常感叹说：“我儿子没做什么大事，却有这么大的权力，将来必然会招祸啊。”果不其然，汉哀帝死后，失势的董贤遭解职，并在家中与妻子一起自杀，年仅二十一岁。他的政敌王莽甚至怀疑董贤假死，还派人刨开董贤的墓地，以验明正身。

董贤当权的时候，还差点闹出一桩汉末版的“巫蛊之祸”。当时汉哀帝的皇后傅氏一族失宠，经常在后宫里发牢骚，引起汉哀帝不满。郎官桓谭看出端倪，劝傅皇后的父亲说：“你还记得汉武帝时候的‘巫蛊之祸’吗？现在董贤得宠，他妹妹也是妃子，我看祸害也不远了。”吓得傅老爹赶快求教。桓谭教导他说：“傅皇后要处处小心，千万不要迷信巫术方士，傅家也要遣散门客，行事一定要低调。”果不其然，为了让妹妹当皇后，董贤开始构陷傅皇后，一度把傅皇后家人下狱，但里里外外查了半天，却丝毫没找出傅皇后家的过错，最后只得草草收场。傅皇后虽然被废为庶人并含恨自杀，但傅家上下却终得保全。这位救了傅皇后全家的郎官桓谭，后来在东汉早期也一度成为刘秀的重臣。

光武帝的时代，是儒生的时代

张纯

东汉开国皇帝光武帝在重建汉王朝后，其执政的核心政策就是“退功臣，进文吏”，即架空那些打天下时立下大功的功臣，把国家大事委任给儒生出身的文臣们。在东汉开国建设时期建树最多的文臣，当数大司空张纯。张纯是汉武帝时期酷吏张汤的后人，早在西汉汉哀帝时期，他就曾担任过侍中。光武帝打天下的时候，他主要的工作是后勤，负责前线粮草的运输工作。他长期以来的行政方式，就是“无为而治”，然而在他担任大司空后，他却相当有为。除了为光武帝提拔大批儒生，实行儒家治国外，他还大力兴修水利，由他主持兴建的水利工程前后有十多处。同时他还是东汉典章制度的设计者。东汉建立“文官治国”的政治模式，他是其中重要的奠基者。

范升

光武帝时代的文臣里，还有一位博士范升。早在王莽建立新朝时期，他就是一个以才学著称的儒生，曾经上书王莽要求减轻赋税。后来光武帝创建东汉，邀请他出山做官。他在光武帝时期担任博士，主要的贡献在于推广儒学教育，并经常参加光武帝主办的儒家学派辩论。他个人极度厌恶司马迁，甚至曾经建议把《史记》列为禁书。光武帝对他一度极为信任，但后来变成了厌恶，全因其嫌弃糟糠之妻，竟把老妻休掉另娶新妇。此事被人告发后，范升不但被罢官，更遭拘禁多年，政治生命就此断送。

宋弘

光武帝时期，还流传出一桩中国古代历史上的美谈——宋弘拒婚事件。当时光武帝的姐姐湖阳公主刘黄死了丈夫，光武帝很是犯愁，一心替姐姐物色佳偶。最后刘黄自己看中了太中大夫宋弘，可唯一的难题是宋弘当时有老婆，且夫妻伉俪情深。光武帝亲自出面做宋弘的思想工作，先试探着对宋弘说："我听说，富起来的人往往要结交新朋友，身份显贵了以后也往往要换掉自己的老婆，你对这事怎么看啊？"宋弘给出了一段流传千古的回答："我认为，贫困时候的朋友是永远不能忘记的，而穷苦时候陪伴自己的妻子也是永远不能抛弃的。"这番对答也等于摆明了拒绝光武帝。虽是如此，宋弘却也因此得到光武帝的重用，后来被提拔为大司空。而宋弘的这段回答，也给中国历史留下了一段名言：贫贱之交不可忘，糟糠之妻不下堂。

> 宋弘（？—公元40年），字仲子，东汉大臣。赤眉军入长安时以佯死得免。光武帝即位后，历任太中大夫、大司马，封宣平侯。以品行清雅著称。先后为汉室推荐和选拔贤能之士三十多人，有的官至相位。

敢对光武帝说"不"的宋弘，在汉哀帝的时候就已为官。常年以来，他就以性格温顺著称，是朝堂里公认的老好人。但在赤眉军攻破长安时，许多旧臣纷纷卖身投靠赤眉军，而温顺的宋弘却刚烈了一把。他不但拒绝赤眉军的招降，还在长安城外的渭水投河自尽，用死亡来表达自己的抗争，还好没死成，被家人给救了上来。而宋弘也顺水推舟，命家人四处宣传他已死掉，这才躲过了赤眉军的搜捕。温顺却恪守原则，更兼有头脑，一直就是他的风格。

宋弘在东汉开国后成为光武帝的重臣。为人正直的他，平日里还是很温顺，但有时候也会发脾气。比如他举荐桓谭入朝为官，结果光武帝却整天让桓谭为他弹琴取乐，这下宋弘发了脾气。一次他单独把桓谭叫到一边，劈头盖脸一通骂："我叫你来做官，是让你干活的，不是让你陪皇上搞艺术的！"吓得桓谭当场求饶。而后，刘秀又命令桓谭当众给大家弹琴，这次桓谭不但不从命，反而面露难色。这时候宋弘站出来正色说："我推荐桓谭，是希望他能用自己的才学辅佐您，但您却总让他弹琴，这使得您不理朝政，国家上下沉迷于靡靡之音。这是我的罪过，请您责罚我吧！"一番话令刘秀醒悟，从此之后，刘秀一辈子再没听过琴声。

宋弘在东汉时期以"管得宽"著称，甚至连光武帝的私生活也管。一次宋弘找光武帝汇报工作，看到光武帝宫里的屏风上居然画着美女的像，就不高兴了，认为光武帝这么做属于荒淫，就顺口说了句："自称贤德的人，居然还这么好色啊！"结果光武帝二话不说，当场下令把屏风换掉。几天后宋弘又来汇报工作，发现光武帝的屏风已经换成了图案朴实的山水风景画，光武帝还特意问宋弘："你看我这个屏风不好色了吧？"面对如此开明的领导，从不拍马屁的宋弘也情不自禁地称赞道："能遇到陛下这样开明的帝王，是我宋弘的幸运啊。"

桓荣

光武帝的文臣中，还有一位集名臣与儒家宗师于一身的人物——桓荣。桓荣是汉朝儒家欧阳派的传人。西汉晚期，他年轻时就去长安求学，做了一名汉朝版的“北漂”。那时他家境贫寒，学费、生活费全靠他自己打工挣取，在长安一熬就是十五年，最后学成回家，一直在家乡开课授徒。王莽篡汉的时候，他还一度躲进深山中避祸。那时候的他，过的是饥一顿饱一顿的日子，但哪怕没饭吃，也不能没书读。曾经有朋友接济他，给他送来些粮食，他不但不要，还对朋友说：“你真要帮我，就给我多送点书。有书读，我就能省下一顿饭了。”

即使躲进深山，桓荣也不忘记继续授课，传播儒家学说。他的学生有许多都投身西汉末年战争，成了光武帝的重臣。他个人得到光武帝赏识，也得益于一场机缘：当时光武帝为太子刘庄选拔老师，中郎将何汤受命给太子讲授儒学。讲了几场，光武帝很满意，随口问了句何汤：“你讲得这么好，是跟谁学的啊？”何汤回答说：“我老师是桓荣。”这时光武帝才知道有这么个人物。之后桓荣被光武帝邀请到洛阳为官，并给予厚赐。在与桓荣长谈几次后，光武帝感叹连连，不断地向桓荣说：“我用你用晚了啊！”

光武帝力捧桓荣，其中的一个目的就是拿他做一个招牌，比如可以由他出面邀请一些不愿意为东汉效力的大儒，而桓荣也成了当时光武帝的“形象大使”。许多本来架子大、不肯出山的大儒，在桓荣的劝说下都回心转意了。比如东汉两位名儒彭闳和皋弘，就由桓荣出面邀请出山，成为东汉早期的名臣。

比起当时大多数精通辩论、言辞犀利的儒生，桓荣却是一个沉默寡言的人。每次光武帝召集儒生讨论问题，别人都滔滔不绝，唯独桓荣听得多说得少。但寡言不代表他不说话，他的一大优点就是说话简洁，不温不火的一两句话，一下子就能抓住问题的关键，解决别人长篇大论都解决不了的问题。光武帝召开的各种儒学讨论会，最后由桓荣来进行总结发言已成了惯例。桓荣还是一个很讲礼仪的人，一次光武帝赐各位儒生水果，别人拿了就揣在怀里，唯独桓荣恭恭敬敬地捧过来，然后小心地端在手里。这下光武帝高兴了，指着桓荣对大臣们说：“看见没有，这才是真正的儒生啊！”

桓荣在光武帝执政时期主要的工作就是教导太子刘庄。光武帝对他也非常礼遇，经常给予他各种赏赐。每次光武帝赏赐完，桓荣往往会召集弟子，把光武帝的赏赐展示给他们看，而且对弟子说："我得到的赏赐，不是我一个人的，而是儒家学问带给我的，所以你们一定要努力啊。"他和后来的汉明帝刘庄之间的师生情谊，也成了后世津津乐道的美谈。一次桓荣深感汉明帝学问精进，便写信向汉明帝请辞，结果汉明帝不但不许，还回了一封感情真挚的信，信中说："我原本只是一个什么都不懂的孩子，是老师您的教育，才令我如今刚刚懂得了学问。在学习上我只是刚刚入门，以后要请教老师的东西还很多，老师教给我的东西，恐怕更是我一辈子学不完的。过去确实有学生学成后老师请辞的事情，但那样的弟子，往往已经成为名师，我却远远没有到这一步，请老师一定要倍加爱惜自己的身体啊。"

桓荣在遇到光武帝之前，日子过得非常窘迫。当时曾与他一道读书的好些同学都因生活所迫，放弃了对学问的追求，唯独桓荣仍然坚持不辍。他的同族桓元嘲笑他说："现在都什么年月了，读书顶啥用？干点营生糊口才是真。"桓荣只是笑而不语，每天仍然在清贫中修习学问。在相当长一段时间里，他都是乡邻们嘲笑的对象。后来桓荣大富大贵，当年嘲笑过桓荣的桓元也不得不发出感慨："当年我真是太糊涂了，谁能想到探究学问能够带来这么大的利益啊！"

周党

东汉开国后采用了各种方法笼络各地知名大儒，但总有对新政权不买账的，比如太原大儒周党。当时光武帝用了各种方式邀请他出山做官，连派了五批使者去邀请他，这才把他请到了都城洛阳。可朝见光武帝的时候，周党一不穿礼服，二不行大礼，就穿了一件破衣服，见了光武帝后也不磕头，很牛气地往地上一趴，任众臣怎么呵斥也不起来。至于做官的事情，他对光武帝说："我就是一个闲人，你让我回去种地吧。"面对如此骄横的儒生，光武帝倒也宽容，他自我解嘲说："自古以来，即使再贤明的君王，也有不肯为他效力的臣子。"最后还是赐给了周党十匹绸缎，让他回家过日子去了。

严子陵

光武帝招纳儒生，留下的最著名的典故当数"严子陵钓鱼"。严子陵是当时的名士，是光武帝早年在太学时候的同班同学。东汉建国后，严子陵就躲了起来。为了找到他，光武帝命令画工绘制严子陵画像，让各郡国依照图画查访，展开"地毯式搜索"，最终在山东找到了他。严子陵被带到洛阳后，光武帝为表恩宠，拉他同吃同睡，但严子陵却天天捣蛋，睡觉的时候故意打呼噜，有时候还故意把腿压到光武帝身上，最后弄得光武帝也受不了了。他认真地问严子陵："我们难道不是朋友吗？"严子陵答："如果我成了你的臣子，我们就做不得朋友了；如果我不是你的臣子，那我们还可以做朋友。"虽然碰了一鼻子灰，光武帝还是决定成全朋友，最后放严子陵回家。而后严子陵隐居富春江，在当地钓鱼为生，八十岁终老于浙江余姚。而"严子陵钓鱼"的典故，也从此成为千古美谈。

严子陵（公元前39年—公元41年），名光，字子陵，东汉著名高士（隐士）。少年即有才气，与后来的汉光武帝刘秀是同学、好友。光武帝即位后多次征召其为谏议大臣，都被其婉拒。后隐居富春江，终老于林泉间，被时人及后世传颂为不慕权贵、追求自适的榜样。

李章

以宽仁著称的光武帝其实也重用酷吏，其中最有名的一个就是曾担任琅琊太守的李章。李章最早跟随光武帝，还是在光武帝效力于绿林军的时候。而他开始崭露头角，却是从东汉建国后他担任阳平令开始。当时的阳平战乱不休，当地的豪强大都有自己的兵马，不但不服管，而且还相互攻杀。其中最大的一股豪强赵纲，部下多达上千人。而担任阳平令的李章，手里才有二百来人。结果李章到任后，先假意到赵纲府上拜见，主动示好请求关照。等到把赵纲哄得高兴了，就请他到自己府上饮宴。赵纲虽然得意，却也不敢大意，饮宴的时候带了一百多保镖来。结果宴会上，李章先逢迎拍马，继续把赵纲拍得心花怒放。等着赵纲酒喝得差不多了，李章假装过来敬酒，摇摇晃晃地走到赵纲跟前，却突然间抽出赵纲的佩剑，一剑把赵纲刺死。随后李章按部署火速行动，当场把赵纲带来的一百多保镖杀掉，然后趁势端了赵纲家。这股当地势力最大的豪强，仅用了一顿饭工夫就全数覆灭。胆大心狠，又兼思维缜密，他一辈子都是这样。

李章在光武帝时期做得最多的事情，就是严打。而他严打的方式，往往是打击一大片。他后来做千乘太守的时候，当地犯罪猖獗，发案率激增，李章到了就搞整顿。他下令，偷盗罪及以上的罪名，一律都要处死刑，而且是就地正法。虽然杀掉了当地许多民愤极大的大盗，却也株连无数，甚至造成冤案。结果他做太守几年，虽然当地犯罪率下降，治安大好，但百姓却非常恐慌，甚至有许多老百姓拖家带口逃往外地。最后光武帝也恼火他杀人太多，把他下狱论罪，之后特赦改任琅琊太守。

李章最恨的事情，就是豪强地主欺压穷苦百姓。每当他听到有豪强胡作非为的事情，就算是他没能力管的，也会气得当场拔剑怒吼，激愤连连。他搞出的最大事端，就是干掉了安丘豪强夏长思。当时李章担任琅琊太守，正好安丘豪强夏长思飞扬跋扈，把当地太守给抓了。李章听后极为愤怒，虽然安丘地界不属他管辖，未经许可异地动兵更属官场大忌，但李章还是搞了一次“跨省追捕”。他先派兵进入安丘城，在城中四处放火，吸引夏长思注意，接着亲自带兵杀入安丘城，经过一夜激战将夏长思剿灭，夏长思本人被当场处决，其部下三百多人被斩首，太守处兴被救出。事情传到光武帝处，光武帝不但不怪，反而下旨嘉奖。但整人有手段的李章，工作中却犯了低级错误：在开垦荒地发展经济时，不善民事的李章算错了当地田亩数量，结果被光武帝免职并服劳役。

郅恽

光武帝执政时有很多以执法严格著称的官员，其中最知名的一位就是负责看守城门的郅恽。他最出名的事件，就是一次光武帝打猎晚归，从东城门回宫的时候，遭到郅恽的拦阻。郅恽借口天色已晚，过了开门的时间，无法确定对面是不是光武帝，因此拒绝开门。第二日，怒气冲冲的光武帝正要处罚郅恽时，郅恽却已早早上书，劝谏光武帝不要沉溺于打猎玩乐。事后光武帝不但没有找郅恽算账，反而赏他一百匹布，以表彰他的刚正不阿。

光武帝时期，郅恽与洛阳令董宣（杀湖阳公主家人的那位）一道，被豪强大族并称为“洛阳双虎”。而他对光武帝最大的贡献，却是保全了废皇后郭圣通一家。郭圣通皇后被废时，光武帝火气正大，郅恽上书劝告，只说了一句话：“一日夫妻百日恩，这是陛下的家事，我无权说，希望陛下能妥善处理，不要让天下人耻笑。”正是这句话，让光武帝虽然废黜了郭圣通，却并未殃及郭圣通家人。郭圣通被废后，其子太子刘疆的地位也岌岌可危。焦急无比的刘疆找郅恽求助，郅恽教导他说：“你现在唯一可以做的，就是借口奉养母亲，主动请辞太子位，而且一次请辞不许就再请，如此我保你没事。”依照郅恽所说辞去太子位的刘疆被封为东海王，最终得以保全，善终于家。

班氏一族

光武帝时期，曾有一位默默无闻的县令。此人原是军阀隗嚣的幕僚，归附光武帝后只做了几年县令，就因身体多病而罢官。但在中国学术史上，他却是位举足轻重的人物。罢官归家的他醉心于学问，晚年搜集史料，续写司马迁的

《史记》，作《史记后补》六十篇，不但成为记录西汉衰亡的重要史料，更成为后来《汉书》的主要编纂依据。他的家族，也因他成为东汉史学大家。他的名字叫班彪，他的女儿就是东汉才女兼杰出政治女强人班昭；而他的两个儿子，一个是编纂《汉书》的班固，另一个就是投笔从戎拓通西域的班超。

班固（公元32年—公元92年），字孟坚，史学家班彪之子，东汉官吏、史学家、文学家。随窦宪出击匈奴，后因窦宪失势受到牵连，死于狱中。一生著述颇丰。作为史学家，修撰《汉书》，是“前四史”之一；作为辞赋家，是“汉赋四大家”之一，所著《两都赋》开创了京都赋的范例，列入《文选》第一篇；作为经学理论家，所编《白虎通义》集当时经学之大成，将谶纬神学理论化、法典化。

班超（公元32年—公元102年），字仲升，史学家班彪幼子，班固之弟，班昭之兄，东汉军事家、外交家。因不甘心做抄写文书的小吏投笔从戎，随窦固出击北匈奴。后又曾出使西域，为平定西域，促进民族融合，做出了巨大贡献。

班超投笔从戎发生在汉明帝时期。时任书吏的青年班超因不甘心于平庸的抄写生活，一日上班时慨然大呼说：“大丈夫安身立命，应该谋求建立张骞那样的功业，哪里能安心于这种抄写工作呢？”话说得很豪气，但当时他的同事们却大多嘲笑他的不切实际。班超因此也感慨道：“你们这些庸俗的人，哪里能理解大丈夫的志向呢？”

那些嘲笑班超的“庸俗的人”中，有一位正是东汉学问家贾逵。身为班超同事的他，以学识渊博著称。在汉明帝年间，贾逵受命整理前朝史料，一生著作数百万字，为东汉一代名儒。不甘本职的班超，最终创建拓通西域的功业；安心本职的贾逵，也缔造了不凡的学术成就。

在抗击北匈奴的大业中，班超立下大功。而他的兄长——《汉书》编纂者班固，也同样功不可没。班超最早得到从军的机会，正是由班固举荐。班超辛辛苦苦经营西域时，班固除了留在洛阳编书外，还因才学得到汉章帝的宠信，成为汉章帝极为看重的谋士。在匈奴大举入侵西域、留守的班超正孤军奋战的关键时刻，正是班固向汉章帝建言，力陈西域不可弃，才最终促成东汉王朝派出援兵。公元89年，东汉王朝击败北匈奴的关键战役燕然山之战中，班固是汉军主帅窦宪的中护军。然而建树颇多的班固，却最终因窦宪事败而被株连，最终死于狱中。他一生中最光辉的巨著《汉书》，最后由其妹班昭整理完成。

东汉早期文臣群像

王景

汉明帝刘庄在位时，面临的一个大问题，就是一堆烂尾的水利工程。他爹光武帝执政时，为了迅速发展经济，曾由国家投资由南到北修筑了大批水利系统。虽然成果显著，但毕竟面铺得太大，好多水利系统都因民力不及和耗费太大，修到半道就停工了。到了汉明帝执政时，这些烂尾工程不但于生产无补，闹起水灾来更推波助澜。为他解决这个问题的，就是东汉杰出水利学家王景。

汉明帝永平初年，王景受命治水。他先主持了汴渠的修筑工作，后来又受命治理黄河河南段和山东段。在整个汉明帝执政时期，可以说是哪里有水灾，哪里就有他。他除了精通数学外，治水的主要思想大多来自《周易》，尤其是按照《周易》的思想独创了“泄洪渠”的理念。后来，汉明帝刘庄东巡的时候对他的治水成果深有体会。走到汶上地区的时候，汉明帝曾由衷地感慨：“几年前我来这里的时候，还都是一片水灾过后的荒野，现在却已经是肥沃的良田了。”王景还创下了中国古代治水的一个纪录——黄河经他治理之后八百年里未再发生大规模水患。在后来的《资治通鉴》中，也留下了后人对他的一句赞赏：王景治河，千年无患。

第五伦

东汉前期最杰出的清官就是第五伦。早在新朝大乱期间，他就是个很出名的人物，曾经在家乡修筑营垒，率领乡民抵抗乱兵，保护一方平安。东汉建国后，他最早做的是长安主簿这类小官，负责管理集市贸易和钱币铸造。他的清廉也非常出名。做会稽太守的时候他的年薪有两千石，但他每次领到工资后，仅给家人留下十分之一，剩余的钱粮全都拿去救济贫苦百姓。他亲自下地干活、喂马贴补家用，家里穷得连伙夫都雇不起，一日三餐都是老婆亲自下厨。

而为官清廉的他，做事也以严苛著称。每到一任，他干得最多的就是严打封建迷信活动，尤其是禁止民间巫术邪教。凡是有搞巫术的落到他手里，基本上难以活命。汉明帝登基初期，他就因绞杀巫术邪教惹祸，被人告发滥杀，抓到京城治罪。他被逮捕时，当地百姓为了给他鸣冤，甚至阻拦住押解他的官差，闹得连路都给堵了。后来还是被押在囚车里的他给官差出主意，趁着半夜人少走水路，这才被押送到京城论罪。之后，全国各地跑到洛阳来为他喊冤的官民，居然多达数千人。而他运气也很不好，当时同时被治罪的另一个高官正是坑死了汉明帝岳父马援的梁松。汉明帝由于深恨梁松，也迁怒于和梁松一道下狱的第五伦，下旨凡是敢给这两人喊冤的一律治罪。幸亏汉明帝的老师桓荣说情，请汉明帝亲自查问案卷，这才给第五伦洗清了冤屈。

执法严格的第五伦得罪的人非常多，遭到的流言蜚语也特别多，他一辈子差不多都生活在各种谣言里。光武帝在位的时候，有一次召见他，特意询问他说："我听说你名声很不好，曾经鞭打自己的岳父，有这回事吗？"第五伦当场叫屈说："天地良心啊，我结了三次婚，三个老婆都是幼年丧父，我哪有岳父啊？"十多年后，汉明帝有一次也质问他说："我听说你这人荒淫乱伦，居然和你嫂子通奸了十多年，有这回事吗？”这下第五伦快哭了：“我在家排行老大，家里根本没有哥哥，哪来的嫂子啊？”

不过，第五伦在执政时，有时候也喜欢搞“一刀切”。比如他做地方官的时候，最讨厌出身豪族的属下，曾经有一次，他把自己属下所有出身富贵的官员们统统炒了鱿鱼，另换了一批出身贫寒的官吏。汉章帝时，匈奴大军进犯西域，偌大的西域只有耿恭一支孤军死守疏勒城。这时已是尚书令的第五伦上奏，认为朝廷不应该再去援救西域，这片没用的国土还是扔了好。对于正浴血奋战的耿恭部两千将士，第五伦出了个荒唐的主意：可以让他们战斗到最后，也算为国尽忠嘛！

第五伦，生卒年不详，字伯鱼，东汉大臣。新朝王莽时为郡吏，又为乡啬夫。东汉建国后，历任会稽太守、蜀郡太守、大司空，政绩卓著。正直无畏，不惧权贵。

袁安

汉明帝时期以执法严格著称的官员，除了第五伦外便数袁安。此人同样以为官清廉著称，而他的官是被“冻”出来的。袁安为官前，一次洛阳令去拜访他，那天正好下着鹅毛大雪。洛阳令进了门一看，他家连炉子都生不起，袁安本人正缩在床上瑟瑟发抖。洛阳令劝说道：“你都冻成这样了，还不知道找亲戚朋友帮帮忙吗？”袁安边打哆嗦边回答说：“亲戚朋友手头也都不宽裕，为什么要麻烦人家呢？”这件事使洛阳令大为佩服，于是上奏举荐他为官。

执法严格的袁安比起第五伦来，最大的优点就是宽容。他做楚郡太守的时候，正好赶上楚王刘英谋反案。他到来之前，因此案追查甚广，许多涉案人员甚至自杀避祸。袁安到任后，连府邸都没去就先去了大狱，一番详细甄别，最终开释多名无辜人犯。开始楚郡地方官不同意，认为凡是与谋反有瓜葛的就该治罪，甚至有官员在他面前叩首相争，拒不从命。袁安回答说："不如我们把意见上报给朝廷，如果朝廷不同意，那要株连谋反罪的话，就先算我一个。"他的这番力争，最终救下了四百多条无辜人命。

作为后世人眼中的两大清官楷模，第五伦与袁安非但不是朋友，相反还是政敌。第五伦做事严苛，袁安却力主宽仁。两人针尖对麦芒的事件，就是汉和帝时期的招降匈奴事件。当时大将军窦宪大破匈奴，第五伦主张赶尽杀绝，彻底剿灭。袁安则主张招降，以消解战祸。当时倔强的第五伦甚至公开宣称，认为要招降匈奴的官员是对大汉朝不忠，其实就是剑指袁安。当时正好是外戚窦家掌权之时，袁安的主张也同样得罪了大将军窦宪及临朝的窦太后，窦家因此也意图陷害袁安。可罗织了半天罪状，却始终找不到袁安的把柄，最终只得作罢。袁安的家族之后也成为东汉大族，东汉末年的两大军阀袁绍与袁术都是他的后人。

陈宠

东汉早期还出了一位精通刑律的司法人才——陈宠。东汉建国时，其法律思想主要沿袭西汉，更保留了大量严刑峻法的内容。陈宠在年轻的时候只是个郡国的小吏，后来被东汉开国功臣鲍昱看中，得以主管诉讼。长期以来，他就以为政宽和著称，当时的洛阳，犯人中就有"遇宠得活"的说法。

陈宠对于东汉司法最大的贡献，就是在汉章帝执政时，时任廷尉的他力主废黜从秦朝到西汉以来的各种司法酷刑，尤其从法理上禁绝了用严刑拷打疑犯的做法。他晚年还有个更远大的理想，就是重新修订刑律。从汉章帝执政晚期至汉和帝时期，他用了十几年的时间呕心沥血，将西汉法律中的四千九百八十九条刑法缩减为三千条。

当这部新律修订成功时，陈宠本人却因罪下狱，这部本来可成为中国司法史里程碑的新律也因人废言，未经实施便遭废弃。他另一部著作《辞讼比》以精选的案例详细阐述了不同犯罪内容的量刑标准，在他死后得以推广实施。这七卷著作从此成为东汉王朝司法断案的量刑标尺。

黄香

《三字经》中有“香九龄，能温席”一语，这里的“香”，指的便是东汉初期名臣黄香。黄香出名也很早，十二岁时就已名满京师，被人称赞“天下无双，江夏黄童”。母亲死后，年幼的他孝顺父亲，每天晚上睡觉前，都是自己先在父亲的床铺上睡觉，把床铺暖热了再让父亲入睡。如此至孝，也令他得到举国称赞。而他更大的本事是才学，十二岁就已经博学经典。汉章帝甚至给予了他一项特权，允许他在皇帝的书房东观阁博览群书，并可随意借阅。

黄香（？—公元122年），字文强（一作文疆），东汉官员、孝子，“二十四孝”中“扇枕温衾”故事的主角。年方九岁，就知事亲之理，每当夏日炎热之时，则扇父帷帐，驱赶蚊虫；冬日严寒之时，则用身体为父暖床，于是名播京师，被称为“天下无双，江夏黄童”。后官至魏郡太守。

长大后为官的黄香也是历汉章帝至汉安帝三朝的名臣，他主要做过两个职务，一是尚书令，二是魏郡太守。在两个职务任上，他也经历了东汉王朝的两次大事件。第一次是清河“妖言狱”案，因为一起巫师的迷信活动，当地数千人蒙冤，之后黄香复查案情，赦免其中大批无辜百姓。这场冤案过后，黄香与陈宠联名上奏，终于促成东汉取消了自汉武帝时期的“妖恶之禁”。第二次是汉安帝时期，他在魏郡太守任上遭遇了东汉开国以来最大规模的一次水灾。时任太守的黄香将自己的财产以及皇帝历年的赏赐全部捐出用以救济灾民，并勒令当地富户一道捐钱，结果没有动用朝廷一分钱，就完成了救灾任务。可就在这场事件后，黄香本人也因得罪了当地豪强，被扣上“隐瞒灾情”的帽子，遭到免官回乡的处罚。

王充

汉章帝在位时期，曾经诚邀过一位名士出山为官，却因其身患重病而未能成行。这位错过官场机遇的名士王充，此后却成为东汉杰出的思想家。他生活的年代，正好是外来宗教大量传入、中国本土宗教日渐繁盛、鬼神思想传播日广的时代，也因此有了他的思想巨著《论衡》。在这部书中，王充以翔实的笔墨，论述了天地的构成，否认了神怪的存在，这是中国最早的唯物主义论著。同时，王充也是先秦以来中国辩证思想的集大成者，他以总结性的观点，详细阐述了中国本土逻辑思想的精髓。中国之后历代儒家思想皆从中受惠颇深。

王充（公元27年—约公元97年），字仲任，东汉思想家、文学家。年少好学，后到洛阳就读于太学，拜史学家班彪为师。历任郡功曹、州从事等小官，后罢官回家，专心著述。代表作《论衡》，是中国历史上一部重要的无神论思想著作。

许慎

汉和帝时期，中国出现了一位特殊的圣人——“字圣”许慎，他是东汉大儒贾逵的学生。在那个时代，儒学大兴，名篇不断，许多沉寂已久的儒家古经也重见天日。但是时隔日久，古经中的那些字词含义已经和东汉时期大相径庭，而不同儒家学派对古经内容的解释也各异。针对这个难题，许慎完成了中国文化史上的一部皇皇巨著《说文解字》。

《说文解字》共有十五篇，收一万零五百一十六个字，每个字都以小篆为主，注明字音、形体、字义甚至其意义的演变过程，其内容不仅解说汉字本身，更包罗万象，堪称东汉时代的百科全书。汉字中“象形”“指示”“转注”“假借”“形声”“会意”六大类别的划分更是由此而来。此书草成于汉和帝在位时的公元100年，并在二十一年后汉安帝在位时定稿，传播天下。在世时默默无闻，仅做到祭酒职务的许慎，也因此超越了同时代的政治英杰们，成为名垂青史的文化大师。

挣扎在外戚与宦官的夹缝之中

周举

汉和帝之后，东汉政治陷入了外戚与宦官轮流坐庄的局面，也因此走上了下坡路。但在大局日益腐化的情景下，依然有诸多能臣脱颖而出。其中比较知名的，如汉顺帝时期的名臣周举。他做官之前，就以学问闻名京城，当时有“五经纵横周宣光（周举）”的说法。做官之后，他最大的爱好就是发议论，从做县令开始，他就喜欢频繁给朝廷上书，畅谈国家政策得失。因他文采好，论证又翔实，有一段时间，汉顺帝很喜欢把他的文章放在案头，作为规范个人行为的参考。

周举不光会议论，同样也会办事。他在做并州刺史期间就用灵活的手段改革了清明节的风俗。清明节在东汉时叫寒食节，该节日的设立是为了纪念春秋时期因拒绝做官而在当地被烧死的贤臣介子推。东汉时期的旧清明节习俗规定，在节日的这一个月里，老百姓家不许生火烧饭，只能吃生食，因此名为“寒食节”。到周举做刺史的时候，这个风俗的规矩已经越来越邪乎，甚至当时有说法称，如果谁家在寒食节期间生火烧饭，那么这家人就会遭到灾祸。所以长年以来，虽然这则风俗令人苦不堪言，但百姓依然遵从不辍。周举就任刺史后，到介子推殉难的介子山上以隆重的典礼举行了祭祀，并以他的生花妙笔写了一篇感情真挚兼论据充分的祭文，大体意思是说：当年介子推辅佐晋文公成就霸业，之后又归隐身退，那是为了造福黎民苍生啊！而后人却因此禁止百姓生火烧饭，导致苍生寒苦，这岂不是违背了介子推的本意吗？因这篇祭文写得声情并茂，不但闻者纷纷流泪，更在当地儒生中广为传播。结果寒食节一个月不准生火的旧风俗，就顺理成章地破除了。他亲自定下的清明节祭扫的风俗，也一直延续到了今天。

周举以忠诚刚正著称，尤其上奏敢直言，但他的“直言”和别人直来直去不一样，相反很有技巧。他任冀州刺史的时候，正好赶上旱灾不断。汉顺帝认为是自己有失德的地方才闹得灾害频繁，因此昭告天下官员来直言君主的过失。别的直臣大多直接进谏，唯独周举有技巧。他的奏折里用了大段的篇幅来吹捧上古的贤君，接着又用大段篇幅来吹捧汉顺帝本人，等吹捧完了这才话锋一转说：“皇上您虽然勤政爱民，但是有时候您过度追求表面而不切实际，以至于贪污横行。”这篇拍马屁带说理的奏折让汉顺帝本人也动了心，特意召来周举问：“你既然说国家贪污横行，那举几个例子吧。”周举回答说：“我整天在地方上工作，中央有谁贪污，我哪里有发言权呢？不过我认为官员们应该忠诚视事，如果有谁阿谀奉承，那肯定是有问题的。比如您的司徒当了六年，没见他有一次建言，这不是不称职吗？”周举的技巧没有白费，他说完了没几天，司徒刘琦就被免职了。

有技巧的周举其实是个很有原则的人，很多时候同样六亲不认，连对自己的老师也不例外。当年对他有举荐之恩的司隶校尉左雄在物色将帅人选时犯了错误，所提拔的冯直犯了贪污罪。事发之后，周举二话不说上书弹劾左雄，闹得左雄狼狈不堪。事后左雄很恼火，事后他对周举说：“皇上让我选拔能打仗的官员，没说让我选拔清廉的官员啊。”周举反唇相讥说：“没错，可皇上也没让您选拔贪污犯啊。”左雄大怒说：“好你个周举，当年可是我推荐你，没想到你是这么对我的。”周举不但不让步，反而振振有词，说了一段典故：“春秋时期，赵宣子推荐韩厥为帅。不久之后，韩厥公正执法，杀死了赵宣子的亲信，赵宣子不但不生气，反而四处对人说：‘你看看我推荐的韩厥没错吧，他连我的人都敢杀。’这么一比，您可比赵宣子差远了啊。”听了周举这段辩白，左雄满脸羞惭，连忙给周举道歉。周举的清正刚直，连后来临朝的外戚梁氏家族也甚为敬重。外戚大将军梁商临终前，特意向汉顺帝推荐周举。

张衡

东汉中后期最杰出的科学家，当数历经汉和帝、汉安帝、汉顺帝各朝的张衡。早在汉和帝时，他就曾被举为孝廉，结果他拒绝征召。邓太后主政期间，曾经先后十次征召他，也都被他拒绝。出身名门的张衡生性高傲，从年轻时候起就游学四方。按照《后汉书》的说法，他眼光极高，普通人一般很难与他接近，能和他成为朋友的，都得是当时的牛人。青年时代和他交往最深的两个人，一个是经学家崔瑗，另一个是南阳太守鲍德。崔瑗是贾逵的学生，更是儒学大家，张衡后来在天文著作《灵宪》中，将儒家哲学思想与传统天文思想结合的尝试，就是受崔瑗的影响。同时，从公元100年开始，张衡就担任鲍德的主簿，并得以接触到南阳地区典藏的中国传统天文、数学典籍，包括春秋战国时代墨家的著作。张衡的科学思想，正是在此时开始成型的。

> 张衡（公元78年—公元139年），字平子，东汉天文学家、数学家、发明家、地理学家、制图学家、文学家、学者。官至尚书，为我国天文学、机械技术、地震学的发展做出了不可磨灭的贡献。由于其贡献突出，联合国天文组织曾将太阳系中的1802号小行星命名为“张衡星”。

作为一位后世敬仰的科学家，张衡堪称东汉时期的“发明大王”。除了改良浑天仪及首创测试地震的地动仪外，北宋《太平御览》里记录，张衡曾经还制造出一种会自动飞行的木鸟。这种鸟肚子里装有机关，上足发条后就可以自动飞行。第一次试飞的时候，正好京城有个公子出游，看到木鸟还以为是只活鸟，心血来潮，当场掏出弹弓拉直了打过去。没想到连打了两颗弹子，木鸟却照飞如故。那不服气的公子而后紧跟着木鸟跑出两里地，才见木鸟歪歪斜斜地摔在地上，却是一只鸟形的机器。此情此景当时震撼了整个洛阳城，慌忙赶来的张衡赶快将木鸟带走。之后一连多日，不断有权贵造访张衡家，请求再次观览这只神奇的木鸟，却全被张衡拒绝。

杨震

东汉中晚期另一位以清廉著称的官员，就是曾在邓绥太后临朝时期担任要职的杨震。杨震出身于陕西弘农杨氏，也属名门望族，但他从小就命苦，父亲杨宝英年早逝，撇下孤儿寡母三口。杨震小小年纪就挑起家庭生活的重担，种地、打粮、挑水、劈柴，奉养母亲，照料弟弟，还开了几亩荒地种草药，以换钱贴补家用。《续汉书》上说他“奉母教弟，乡里称孝”，放在今天，也是自强不息的典型。粗通文墨的母亲深明大义，接过了小杨震的教育任务，时常以祖先的丰功伟绩训导他，要他时刻牢记光耀门庭，因此杨震也“少有大志”。杨震本人的天赋也好得很，读书过目不忘且悟性极高，时常能举一反三。到杨震十五岁那年，父亲杨宝生前的挚友太常桓郁登门拜访，一番交谈后大为赞叹，当场决定收杨震为徒，命杨震随自己去洛阳求学。临走时，杨震与母亲依依惜别，母亲更是一字一句说出了她对儿子的期望：“若负汝父之清名，则永不相认也。”杨震含泪叩别母亲，将这句话铭记于心。事实证明，他没有违背对母亲的诺言。

杨震在跟随桓郁求学的时候，除了刻苦学习外，也曾做过一件得罪桓郁的事：某一日桓郁开班讲课，说到了西汉欧阳派先贤、汉元帝时代名臣欧阳地余清廉自守的故事。这位官至侍中的大儒一生清贫，去世时家无余财，更留遗言给子孙，到死不接受官府赏赐。如此“廉政模范”，自然让众学生钦佩不已，纷纷表态要学先进。轮到杨震，他却长长地“唉”了一声。桓郁奇怪了：这个平时听话的好学生敢对先贤不敬？刚要张口训斥，却听杨震低头感慨地说：“他虽然清廉，可那时官场风气败坏，贪腐横行，难道就没有他的过失吗？”杨震敢议论大儒的不是，桓郁很恼火，刚想卷袖子教训他，却见杨震抬起头来，斩钉截铁地说出了他从此奋斗终生的理想：“儒家弟子当清廉自守，更要铲奸除恶，匡扶社稷，如此方不负圣人之教也。”此语一出，满座皆惊。桓郁愣了半晌，仿佛才认识他这个学生似的。终于，他的脸上露出了欣慰的笑容，长长地出了一口气，欣喜地对杨震说：“你有如此抱负，这很好，但更要多历世事，体察民情，方能如愿啊！”

杨震（？—公元124年），字伯起，东汉大臣，隐士杨宝之子。拜时任太常的桓郁为师，深钻细研《欧阳尚书》，通晓经传，博览群书，有“关西孔子”之称。官至太尉，为官正直，不屈权贵。后遭到罢免，回乡途中饮鸩自尽。汉顺帝即位后得以平反。

出师后的杨震，在相当长的一段时间里都在家乡教书育人。他开始步入仕途，是在五十岁的时候。按照《后汉书》的说法，那天很有神话色彩：杨震正在讲课，突然有一只冠雀飞进课堂，口叼三只鳣鱼放下，然后扑棱着翅膀飞走了。杨震不解，找人询问后得到答案：“鳣鱼是做大官的象征。三只鳣鱼，说明你将位列三公。”于是，杨震就放下教鞭，从此入朝为官。也有的说法是：彼时在位的汉安帝母亲邓太后赏识杨震，连续三次让其兄长大将军邓骘亲自登门邀请，终于打动杨震。“冠雀送鳣”的故事与其说是神话，不如说是坊间对杨震的一个期待：期待这位品行高洁的“关西孔子”，能亲手书写一段铲奸除恶、振奋朝纲的神话。

杨震入仕后，最早做的都是地方官，先做荆州刺史，再做东莱太守。他到任以前，那些地方都是变乱丛生的乱地；他到任后，都变成了欣欣向荣的乐土。他的执政方式，首先是清廉。他始终保持着简朴的生活方式，衣食住行都力求简单，而且带着属下一道搞廉政。其次是胆子大兼抓主要矛盾，每到一处都打击豪强，而且专挑最有背景的下手。他做荆州刺史的时候，把当地豪强杜家几十口抓了办罪，吓得当地豪强纷纷服软，主动配合杨震。而且杨震脾气倔，不达目的绝不罢休。

东莱当地连续多年水旱灾不断，乃至于“人相食”，可国家没钱，官仓早就空了。杨震想了个办法，他找当地富户豪强借粮，其中最大的一支，就是耿家。杨震直来直去地登门求了两次，人家就两个字：不借。杨震倔脾气上来，干脆守在耿家门口，铁了心和耿家“耗”上了。这一耗就是整整三天，由于水米未进，杨震竟活活晕倒在耿家门口。饿死朝廷命官可不是好玩的，耿家急得连连告饶：“服了您了，我借，我借还不行吗？”接着，他在东莱各地广施赈济，安抚收容灾民，混乱不堪的东莱局势总算开始好转。值得一提的是，手握钱粮的他每天竟只食一餐。属下劝他注意饮食，他总叹息道：“民未果腹，我心何安？”

杨震有一句知名的语录，比他本人的知名度还高，这就是“天知，地知，你知，我知”。杨震做东莱太守的时候，他的学生王密正好任昌邑县令，师徒俩是上下级。一日王密来拜访老师，两人久别重逢自然非常高兴，聊到深夜时王密神秘地打开包袱，送给杨震十斤黄金。杨震一下子愣住了，半天才叹息着问他的学生：“我了解你，难道你还不了解我吗？”王密很轻松地回答说：“您放心，现在夜深人静，这事没人知道……”话音未落，就见杨震怒目圆睁，几乎是用尽全身的力气，发出了那一声振聋发聩、穿越千年的怒吼：“天知！神知，子知（你知），我知，何谓无知者！”王密满脸羞惭，当即拔脚开溜。而这句怒吼，在当时几乎传得大汉朝人人皆知，于是清廉正直的杨震，有了一个响亮的称号：杨四知。

在当时，杨震的清廉之名连土匪都知道。他做东莱太守没几年，就赶上河北涿郡暴乱，结果杨震又改任涿郡太守，受命平乱。谁知他刚到涿郡，土匪们却齐刷刷地投降了，领头的土匪说："我们闹事，杀的是贪官。您杨大人是清官，我们怎么还敢作乱呢？"之后杨震公正处理，对大多数参与暴乱的农民赦免其罪，并发放赈济，只处斩了几个领头者。那几位依法伏诛的"贼首"，在行刑的时候非但毫无怨言，反而恭恭敬敬地向监斩的杨震叩拜。从此以后，杨震在涿郡与百姓同甘共苦，悉心治理地方。他谢绝一切请托送礼，整治官场陋习，废除不合理的苛捐杂税。他的俸禄也大多用来周济他人。有人劝他好歹为子孙留点产业，他回答说："让后人称我的子孙是清官的子孙，这不就是最宝贵的产业吗？"他治理涿郡两年，当地"盗贼几绝迹，官民大安"。

杨震的飞黄腾达，是汉安帝在位前期，得到临朝的邓太后的赏识。当公元121年邓太后去世时，杨震已经是东汉的太尉，手握国家兵权。而他的灾祸，也随着邓太后的去世而到来。早在邓太后临朝时，杨震就因拒绝给汉安帝的舅舅升官而得罪了当时还是傀儡的汉安帝。亲政后的汉安帝一面大肆清算邓氏外戚家族，一面却作践国家大事，成天除了宠信李闰等宦官，就是外出巡视游乐。他与杨震的交恶也起于此时。先是杨震辛苦筹集的边关军费被汉安帝挪作他用，引得杨震上书怒斥。然后，趁汉安帝外出巡视的时候，宦官李闰给杨震上眼药，提醒汉安帝说："皇上您整天在外面，杨震留守洛阳，可是掌握着兵权呢！"就这一句话，导致了杨震此后的悲剧命运：公元124年，远在南方巡游的汉安帝下旨免去杨震的太尉职务，随后杨震一家人被强行押入囚车，由军队押送回老家监禁。在走到临近家乡的陕西华阴几阳亭的时候，万念俱灰的杨震不忍家乡父老看到自己这副模样，含泪为随行的两个儿子留下遗言说："奸臣祸国殃民，我却无能为力；妖女淫乱宫廷，我却不能阻止，又有什么脸面去见日月。我死以后，用杂木做棺材，用被单蒙住我的头，盖住我的身体，不要埋在家族的祖坟，不要祭祀。”之后饮毒酒而死，享年七十多岁。

死讯传来后，汉安帝下令杨震的棺木不许下葬，就地看押，让它在夕阳亭外饱受日晒雨淋。杨震的两个儿子被发配充军，受尽折磨。一年多后，汉安帝过世，即位的汉顺帝刘保为杨震平反，遗弃在夕阳亭的杨震棺木才得以在潼关厚葬。《后汉书》说，杨震棺木下葬之日，有一只大鸟从天而降，在杨震灵前俯仰悲鸣，血洒满地。之后，人们就塑一石鸟守护于碑前。此后，杨震家族英杰辈出，四百多年后更出了一位顶天立地的帝王——隋文帝杨坚。

徐稚

东汉晚期，宦官与外戚轮流坐庄的局面引发了清流士大夫的愤慨，也因此引发了一场场政治斗争。而这些清流士大夫之间的友谊，也成为后世津津乐道的美谈，比较典型的就是徐稚与陈蕃。丰城名士徐稚自青年起，就以见识高远、学问渊博著称。时任豫章太守的陈蕃非常钦佩他的才学，经常邀请他来府邸畅谈，徐稚每次来的时候，陈蕃都专门为他设立专座，两人纵论古今，时常谈到深夜。徐稚走后，陈蕃就会命人把徐稚的专座高悬起来，美其名曰“悬榻”，以表达礼敬爱贤之意。这则典故也成了初唐文学家王勃名篇《滕王阁序》中的经典段落：“人杰地灵，徐孺（徐稚）下陈蕃之榻。”

徐稚（公元97年—公元168年），字孺子，东汉名士，经学家。屡次拒绝出仕，世称“南州高士”。

徐稚之所以被看作名士，除了他的学问外，还因他的人品。在人际交往之中，他始终恪守着“君子之交淡如水”的原则。曾经对他有举荐之恩的太尉黄琼过世时，徐稚自己带着干粮，走烂了数双鞋，徒步到达黄琼的家乡江夏，在当地郊外痛哭一场后返回，却不让事主知道。另一位与徐稚交好的名士郭泰母亲病故，郭家吊客云集。徐稚到来后，只是将一把青草放在郭母的坟头，未等郭泰前来相见，就一言不发地离去了。闻听此事的郭泰也大为感慨，对朋友说：“我常听《春秋》里讲，送逝者一束青草，就等于把逝者看作美玉一样的人物。我何德何能，能担当得起徐稚这么隆重的赞誉啊！”

徐稚的才能更在于眼光。无论是陈蕃还是郭泰，都多次向当时在位的汉桓帝举荐他，汉桓帝还曾经派遣隆重的车马前来，以盛大的仪式邀请徐稚做官，却全被徐稚拒绝。终其一生，他只是在家中推广学问，甘于清贫。而对于东汉帝国此后的走向，他的看法却比别人清醒得多。他曾经在与郭泰纵论时事时对郭泰说：“您的才华就像一根绳子，可如今的国家，就像是一座腐烂的建筑，仅凭您一个人的力量又能挽救得了什么呢？”在徐稚的劝说下，郭泰回家闭门谢客，以教书为生。就在郭泰回家仅一年后，东汉历史上第二次“党锢之祸”爆发，大批清流文士被捕，郭泰却因抽身较早得以幸免。

郭泰

与徐稚交好的郭泰，曾经也是一个著名的“愤青”。他出身贫苦，从小受尽饥寒。年轻的时候，他的母亲求爷爷告奶奶，才为他在县衙找了一份差事。郭泰却放弃了这个成为“公务员”的机会，反投奔在大儒屈伯彦门下，做了一名穷学生。经过三年苦学，他成为当时著名的青年儒生。后来他游学京城，在屈伯彦好友，彼时名臣李膺、杜密等人的力捧下，很快名满京城。有了名气的他，同样以淡泊名利著称，不但多次拒绝东汉政府的邀请，相反还游学太学，参加当时清流士大夫举行的清议，多次在演说中抨击宦官乱政，甚至把外戚宦官的丑事编成民谣，四处散布传唱。当时越是位高权重的名臣做了错事，他就越编歌谣骂得厉害，以至于到后来，那些高官们竟然不敢去太学，生怕会挨骂。

在第二次“党锢之祸”中，郭泰虽然得免，但他的许多好友都在这场浩劫中殉难。悲愤万分的郭泰疾病交加，于公元169年去世。在他去世后的碑文上，当时的一位文学家写下了这样一番评价：“我为很多人写过墓志铭，大多数都是出于礼节和客套进行虚伪的称赞。唯独郭泰，是我由衷敬佩的人，为他写下多么华丽的称赞，我都毫无愧色。”说这番话的人，是东汉末期另一位文化名人——才女蔡文姬的父亲蔡邕。

李固

从公元145年汉质帝登基，至公元159年汉桓帝亲政，这十四年是东汉最后一段外戚专权时期——大将军梁冀专权时期。这十四年里，梁冀权势滔天，三代皇帝都是由他一手扶持，文武百官更在他的淫威下缄口不言。唯一一位敢对他说“不”的人，就是大司农李固。

早在汉顺帝健在时，身为议郎的李固就曾上奏要求限制外戚权力，防止梁家外戚夺权，反遭梁冀陷害罢官回家。晚年的汉顺帝也深感外戚势力日益膨胀，在人生的最后一年，也曾再度召回李固等文臣，并升李固为大司农，意图限制外戚力量。可一切已经太晚，李固升迁后没多久，汉顺帝就英年早逝。随后梁冀扶持的汉冲帝仅在位不到一年也病逝。这之后，围绕着接班人问题，梁冀与李固曾展开一场争斗。李固曾经主张立清河王刘蒜为帝，但未承想，当年和李固一起接受汉顺帝重托的文臣如司空胡广等人，却在梁冀的威逼下改弦更张，纷纷附和梁冀。孤立无援的李固，也在这场争斗中失败。

汉质帝登基后，因深感梁冀专权，与之矛盾渐深，最终被梁冀派人在食物里下毒杀害。当时汉质帝在确信自己中毒后，第一件事就是召李固觐见，面对李固，汉质帝只说出“我吃了饼，肚子有些疼”，就溘然去世了。目睹了汉质帝死亡的李固，抱着汉质帝的尸体号啕大哭，并联合众臣追查真相。然而他的同僚们却再次背叛了他，不但汉质帝之死不了了之，李固本人也遭梁冀嫉恨。

即便如此，刚直的李固却依然天真，他甚至在事后还向梁冀写了一封信，希望梁冀能够匡扶朝局，做汉室的忠臣。然而这封信只带来一个后果——逼梁冀快点杀他。

公元147年十一月，李固以谋反罪被逮捕入狱。在他入狱后，那些当初曾背叛他的同僚们也有多人竭力营救他，有数十名官员主动戴上枷锁，到牢狱外为李固静坐鸣冤。他巨大的威信，也再次震动了梁冀——如此人物非杀不可。结果，李固虽然在舆论的压力下一度得到释放，但回家没两天，又被重新投入监狱，最终被含冤处死。

李固（公元94年—公元147年），字子坚，东汉大臣，司徒李郃之子。少好学，与江夏黄琼等并知名于时。历任荆州刺史、太山太守，政称天下第一，官至太尉。遭梁冀忌恨，后遭梁冀诬告被杀害。

李固在与梁冀的斗争中，一度倚重的最主要的盟友是大司徒胡广。这位胡广也是东汉官场的一位奇人，他历仕汉安帝、汉顺帝、汉冲帝、汉质帝、汉桓帝、汉灵帝六代帝王，几乎在每一次政治斗争中都得以保全，高官厚禄终身。此人最大的本事就是见风使舵，汉顺帝在位时，他眼见梁家外戚专权，就很知趣地辞官回家，直到汉顺帝晚期，才和李固一起再次得到汉顺帝重用。汉顺帝死后，李固与梁冀争斗。胡广起初和李固一道反对梁冀专权，后眼见梁冀势大，又很识趣地缄口不言。李固死后，他也因此得到好处，接任了李固当时担任的太尉职务。汉桓帝即位后，与梁冀之间矛盾日深，在看不清政治动向之时，胡广又一次选择了退休，直到汉桓帝诛杀梁冀后，再次得到起用。之后的汉桓帝和汉灵帝两朝，在宦官专权、国家日衰的局面下，他通常的把戏，也都是遇事不好立刻躲，两场株连文官甚广的“党锢之祸”，他也都平安躲过。如此八面玲珑，在当时也得了个评价：天下中庸唯胡公（胡广）。

两次“党锢之祸”的较量

从汉桓帝亲政开始，东汉由外戚专权转入了另一个政治常态——宦官专权。士大夫阶层与宦官的争斗，成为此时东汉高层政治争斗的主要内容。这场争斗引发的重大政治事件，就是两次“党锢之祸”。而“党锢之祸”的爆发，却起于一场看似平常的治安案件：公元166年，东汉天灾不断，汉桓帝欲大赦天下来避祸。消息传出后，诸多宦官的亲信们趁机肆意妄为，企图借大赦来脱罪。然而士大夫阶层的报复也开始了：宦官徐璜的侄子徐宣在东海犯法，被东海相黄浮羁押。宦官张成的儿子张泛也在河南犯法，被河南尹李膺逮捕。之后，这俩倒霉蛋并没有因为大赦而逃过惩罚，相反，黄浮与李膺更是在大赦令下后，依然将二人处死。这一下子捅了马蜂窝。事情发生后，士大夫阶层的领袖太尉陈蕃火速上书汉桓帝，要求汉桓帝宽恕涉案官员，并以前朝诸多宠信宦官而亡国的例子，苦劝汉桓帝疏远宦官。但事与愿违，宦官张成等人只用了一句话就说服了汉桓帝：“这些士大夫们在民间四处收徒，遍布党羽，更加相互呼应，诽谤朝政。”这些所谓的“党羽”，便是“党人”。结果汉桓帝果然大怒，下诏逮捕党人。太尉陈蕃拒绝执行诏令之后，汉桓帝索性绕过正常行政程序，直接由宦官执行命令，逮捕涉案文官。牵涉此事的李膺、陈寔、范滂等大臣不等宦官动手，就自己慨然走进监狱，并受尽酷刑。第一次“党锢之祸”爆发了。

在第一次“党锢之祸”中，东汉的官员们展现出了士大夫高贵的气节。所有涉入案件的士大夫没有一个人逃脱保命，更没有一个人苟且偷生，甚至有许多本与此事无关的官员在逮捕令发布后故意投案自首，自称自己就是党人。度辽将军皇甫勋在逮捕名单公布后，竟然以自己不是党人为耻，主动向汉桓帝上书说：“我也是一个党人，求陛下您快点把我逮捕吧！”闹得汉桓帝本人也哭笑不得。负责拷打涉案官员的宦官王甫，在亲眼见识了士大夫们在酷刑下的宁死不屈后，也被他们的精神感动，主动上书向汉桓帝鸣冤。而东汉帝国的另一大势力外戚集团也从中施以援手，汉桓帝岳父窦武向汉桓帝上书，力陈官员无辜。

窦武（？—公元168年），字游平，东汉外戚、大臣，窦融玄孙。桓帝时，因长女被立为皇后，入朝为官。任职时，多方辟召名士，所得赏赐也都捐助给太学诸生，得到士大夫的拥护。后与陈蕃定计翦除宦官，因事机泄露，兵败自杀。

真正导致事情草草收场的，却是投案自首的李膺的巧妙应对。他在接受审讯的时候故意散布消息，说许多宦官的亲信也是自己的同党。眼看火烧到自己这里，宦官头目侯览等人这才慌了，于次年一月借口要大赦，请求汉桓帝了结此案。公元167年六月，汉桓帝改元永康，并下诏赦免“党人”，但所有的涉案官员们一律遣送回乡，终生不得录用。这些吃够牢狱之苦的官员，出狱后受到了英雄一般的欢迎。比如涉案官员范滂，在被押送回家的路上被沿途成百上千的群众围观，并向他赠送食物礼品。回乡之后，家里每天更是高朋满座，各地仰慕他的人不远万里前来拜访，着实成了政治明星。

第一次“党锢之祸”结束没多久，汉桓帝病故。之后，同情士大夫的外戚集团首领、汉灵帝的外公窦武成为大将军，文官集团首领陈蕃官升太傅，与窦武一起掌握大权，而宦官集团的首领则换成了拥立汉灵帝有功的曹节。本来陈蕃与窦武合谋，欲借助此时临朝的窦太后力量彻底清除宦官势力，但窦太后却临阵犹豫，始终下不了决心。是年九月初七，窦武休假在家，而其要求驱逐宦官的奏章不慎被宦官盗走。得悉计划的曹节火速行动，抢先劫持走了汉灵帝与窦太后，并下令逮捕窦武与陈蕃。事件发生后，陈蕃愤然率领太学的八十多名学生持刀攻打皇宫承明门，与守备在此的宦官王甫发生激战。窦武也以大将军名义调动步兵营攻打皇城。双方相持不下时，曹节以皇帝名义下令，调抗匈名将张奂前来助战。误以为窦武叛乱的张奂随即介入，将窦武打得全军覆没。局势陡然转变，兵败的窦武愤然自杀，陈蕃被生擒并遭当场处决。随后宦官们再次大肆搜捕“党人”，在第一次“党锢之祸”中涉案的李膺、范滂等人纷纷被处死。持续数年的大搜捕，有三百多人遭处死流放，另有七百多人遭关押，这场规模更加空前的浩劫，是为第二次“党锢之祸”。

与第一次“党锢之祸”一样，面对风云再起的搜捕，东汉士大夫们再次以高洁的品质相对。窦武的亲信议郎巴肃起初并未遭到逮捕，但他得知窦武身死后，主动到县衙投案自首。结果办理此案的县令和他抱头痛哭，甚至要扔下官印和他一起逃跑，被巴肃拒绝，不久后巴肃被害。陈蕃的好友朱震在事发后解救了陈蕃的儿子陈逸，随后他全家被捕，宦官们用尽酷刑，逼他说出陈蕃家小的下落，他却咬紧牙关不松口，最终全家遇难。名士范滂当时远在家乡，依然被宦官们遣人逮捕。负责逮捕他的督邮吴导，进了范滂家乡河南漯河就一路失声痛哭。漯河县令郭揖试图和范滂一道逃跑，也被范滂婉拒。视死如归的范滂临走前唯独牵挂的就是他的老母，然而范母却劝他说：“你这一去，可以同李膺这样的名士一道赴死，还有什么遗憾呢！”随后范滂慨然拜别母亲，英勇就义。

在这场大搜捕中，还演出了一个东汉版的“赵氏孤儿”故事：窦武的孙子窦辅在当时年仅两岁，被窦武的部下胡腾冒充为自己的儿子收养，躲过了宦官搜捕，之后由荆州牧刘表做主才回复本姓。此外，名士张俭遭宦官通缉，一度四处逃亡，遇到人家就前去投奔。尽管之前宦官们就有严令，敢收留党人的百姓一律灭门，但依然有许多人冒着生命危险收留他，因此遭灭门的就有十多家。

第二次“党锢之祸”结束后，处境最尴尬的莫过于平定了窦武军队的名将张奂。事情结束后，明白真相的张奂悔恨不已，甚至拒绝了汉灵帝给他封侯的赏赐，一年之后，他主动上书为窦武、陈蕃等人鸣冤，结果遭到曹节等宦官诬陷。事后，张奂主动到廷尉府投案，之后被押解回家，囚禁终生，东汉也因此失去了此时最能征善战的将军。

第二次“党锢之祸”偃旗息鼓后，还曾发生过一次余震：公元176年，永昌太守曹鸾上奏，要求为党人平反，结果激怒汉灵帝，反而再次掀起大案，数百儒生遭株连关押。公元184年，黄巾起义爆发，在政权摇摇欲坠的情况下，汉灵帝终于下令赦免除被处死的李膺等首犯外的大多数党人。五年后汉灵帝死，军阀董卓入洛阳掌权，为收买人心，特意用盛大的仪式祭祀了在“党锢之祸”中殉难的士大夫们。这场东汉帝国末世的最大冤案至此才得以平反，而这时候的东汉帝国，也同样已是穷途末路。

四 大汉武将风采

开国良将："走狗"与"良弓"

韩信

西汉开国的诸多功臣军将中，战功最大、军事才能最高的，当数汉初"三杰"之一的韩信。公元前206年，韩信经萧何推荐，被彼时的汉中王刘邦以隆重的典礼拜为大将军时，还只是一位从未指挥过大战役且出身低微、犯了法度的毛头小子。他的麾下全是曹参、樊哙等刘邦的老弟兄，论年龄都比他年长，论军功更比他大，所以他们对他不服气，也是正常的。

第一个挑战韩信威权的，是刘邦的连襟樊哙。按照褚少孙的笔记记录，韩信就任大将军后执行的第一条谋略，就是"明修栈道，暗度陈仓"，即表面大张旗鼓，修筑从汉中入关中的栈道。这个任务，他交给了樊哙执行，并以军令严督樊哙施工。结果没出一个月，栈道工程进展缓慢不说，施工队更死伤近百人。本就不待见韩信的樊哙立刻爆发，气冲冲地拔剑找韩信质问，结果被韩信抓起来一通暴打。事后还是刘邦出面，当众表达了对韩信的支持，这才暂时压住了众将。

然而过了几个月，当韩信统兵暗度陈仓，以迅雷不及掩耳之势平定三秦后，原本对韩信不服气的众将开始对他敬佩无比。后来韩信平定齐地并迎接刘邦巡视时，刘邦惊讶地发现，原本最瞧不起韩信的樊哙在韩信面前竟然变得毕恭毕敬，甚至连说话的时候都小心翼翼，听韩信训话的时候更连大气都不敢出。

韩信在秦末楚汉战争中几乎百战百胜，无论是各地诸侯还是项羽，基本都是摧枯拉朽一扫而光。在战场上唯一给他制造麻烦的人，当数赵王陈餘的谋士李左车。刘邦彭城兵败后，派韩信统兵北进先平定陈餘称王的赵国。韩信以三万劣势兵力，与陈餘十万大军在井陉关对峙。大战之前，陈餘的军师李左车献出毒计，要陈餘以主力迎击韩信，再派轻骑断绝韩信粮道，从而将韩信一举歼灭，然而陈餘却自恃兵力优势，拒绝了这条建议。韩信派往陈餘身边的奸细向韩信汇报军情，先汇报了李左车的这条毒计，结果正在从容部署的韩信竟吓得当场冷汗直冒，差点栽倒下来，直到听说陈餘拒纳此计后，这才长出一口气，随后咬牙切齿地说了一句话：“陈餘的死期到了！”一场井陉之战，韩信以背水列阵的打法一举全歼陈餘军，平定了赵国。

此战结束后，韩信悬赏千金，撒网搜捕李左车。在李左车被俘后，他又主动为李左车解开绳索，诚心招纳，终将李左车感动，此后誓死效力。李左车对韩信最大的贡献，就是在平赵之战结束后，根据韩信部队人困马乏的局面，献上了“以静制动”之策，即并不急于进攻下一个目标燕国，而是表面虚张声势，摆出大举进兵的架势，再派使者劝降。依李左车筹划，燕国果然主动投诚。借助这难得的休养生息机会，韩信才得以集中兵力南平齐地，并最终杀向楚汉之争主战场，完成十面埋伏逼杀项羽的伟业。

能给韩信找麻烦的李左车，其人也出身不凡，他的祖父正是战国时期赵国名将李牧。精于兵法的李左车在辅佐韩信期间，留下了“智者千虑，必有一失；愚者千虑，必有一得”的名言。他还著有《广武君略》一篇，成为中国历代兵书中的经典。楚汉战争后，李左车被刘邦调到太子刘盈身边，成为刘盈的老师，受命教授刘盈兵法，于汉初善终。

韩信（？—公元前196年），西汉开国功臣，汉初“三杰”之一，中国历史上杰出的军事家。楚汉战争中跟随汉高祖刘邦立下赫赫功劳，先后封齐王、楚王，后贬为淮阴侯。遭到汉高祖的疑忌，最后被安上谋反的罪名而处死。韩信是中国军事思想“谋战”派代表人物，楚汉之时被评价为“国士无双”“功高无二，略不世出”，后人奉其为“兵仙”“战神”。

灌婴

和历代开国皇帝一样，西汉开国皇帝刘邦也有一支战无不胜的王牌骑兵部队，这支骑兵的统帅就是西汉开国名将灌婴。在刘邦麾下，灌婴是最擅长骑兵战的将领。他是睢阳人，原本只是一个卖丝布的小贩，早期是项梁的部下，在项梁兵败后投奔了刘邦，之后南征北战，地位节节攀升。而他开始独立指挥骑兵作战，却是拜刘邦公元前205年彭城大败所赐。当时项羽仅用三万骑兵，一轮快速冲击就打垮了刘邦五十多万大军。深受刺激的刘邦也下定决心，要组建自己的骑兵部队。

当时受命统率这支新生骑兵的是曾在秦军中做过骑兵将领的李必与骆甲，但这二人并非刘邦嫡系。为求稳妥，刘邦又命灌婴统军。从此，西汉帝国的第一支骑兵军团正式诞生。这支完全以秦国骑兵操典组建起来的新军，参加的第一场战斗，就是在荥阳之战中血战项羽骑兵军团，结果荥阳突围时，他们以声东击西之计，成功突破了项羽骑兵团的围困。

之后，适应了新角色的灌婴就开始屡建战功。比如协助韩信平定齐国时，他就曾长途奔袭，活捉了齐国守相田光；后来楚汉战争中，也一样是这支部队在十面埋伏中发动绝杀，将项羽逼至乌江自刎。在相当长的一段时间里，他们几乎无敌于天下。但在公元前200年对匈奴之战中，他们却第一次遇到了对手。当时他们随同汉高祖刘邦在白登山被匈奴围困长达七天七夜。最后依陈平的“美人计”策略，汉军才骗得匈奴在包围圈上撕开一个口子，得以突围。整个突围过程中，同样也是灌婴护卫在刘邦身边，全军拉满弓箭警戒，保护刘邦成功脱身。

灌婴（？—公元前176年），西汉开国功臣。随汉高祖刘邦南征北战，立下赫赫战功。历任汉车骑将军、御史大夫、太尉、丞相，封颍阴侯。吕后死，又与周勃等人斩除吕家势力，拥立汉文帝即位，可谓汉初三朝元老。谥号为“懿”。

夏侯婴

刘邦可以得到当时最杰出的军事家韩信辅佐，后人都把原因归结为“萧何月下追韩信”，然而事实上，那天晚上韩信本来已经下了决心要走，萧何苦口婆心的劝说一开始也没有说动他。韩信最终回心转意，是因为在萧何劝说韩信时，又跑来一个劝说他的人——夏侯婴。

韩信初投刘邦时，曾因事犯法，按军规当斩。行刑当日，悲愤的韩信当场高呼说：“汉王既然要成大业，为什么要杀害壮士呢！”这一幕恰好被监斩的夏侯婴看到，深感此人不凡，忙令刀下留人，这才保得韩信一命。换句话说，夏侯婴就是韩信的救命恩人。正是随后夏侯婴的到来与劝说，才令韩信真正回心转意，并有了之后辅佐刘邦统一天下的伟业。

夏侯婴是随同刘邦从沛县走出来的老朋友，刘邦起义前，他只是沛县县衙里一个驾车的，每次遇到刘邦都喜欢和他聊天。有一次刘邦喝醉了酒，甚至还误伤了他。按照当时秦朝的刑律，刘邦犯的这件事足够蹲大牢的了，但作为受害者的夏侯婴却主动为刘邦鸣冤，声称刘邦没有伤害自己。刘邦不久后押送犯人去修皇陵，这时案件的真相被查明，县令逮不着刘邦，就把夏侯婴以包庇罪下了大牢。事情偏就是这么巧，被派去修皇陵的刘邦正好在路上造了反，走上了“斩白蛇起义”的道路。若没有夏侯婴的厚道，他恐怕早就蹲了大牢，也就没有后来轰轰烈烈的楚汉争霸了。

夏侯婴在西汉的开国战争中军功并不算最多，但作用却无人可比。他除了为刘邦保下了第一军事家韩信外，还为刘邦保住了西汉王朝第二任皇帝——汉惠帝刘盈。彭城兵败后，夏侯婴驾车保护刘邦逃脱，路上又解救了被乱兵冲散的刘邦儿女刘盈与刘乐。逃亡路上，为减轻车子重量方便逃脱，刘邦曾多次把两个孩子扔下车去，幸亏夏侯婴忠厚，连续多次把孩子们救上来，这才保得他们最终活命。这桩旧事，即使多年后已是皇帝的刘盈依然念念不忘。他将临近皇宫的一处豪宅赐给了夏侯婴，宅子的名字叫“近我”，意思是“夏侯婴是我最亲近的人”。夏侯婴的家族在整个两汉都是显贵。

夏侯婴（？—公元前172年），西汉开国功臣，汉高祖刘邦少时的朋友，跟随刘邦起义，立下战功。西汉建国后，封为汝阴侯。曾担任滕令奉车，又称滕公。谥号为“文”。

刘邦当年扔下儿女的旧事，其实在做儿子的汉惠帝心里留下了非常浓重的阴影。而这桩心结，同样也是由夏侯婴解开的。《西京杂记》里记录，汉惠帝登基后，有一年夏侯婴做寿，汉惠帝亲来朝贺。晚上二人深谈，汉惠帝又情不自禁地回忆起当年被刘邦扔下车的旧事，结果夏侯婴说：“皇上您想想，当时的情况下，如果我们都被项羽抓住了，那大家一个都活不了；如果只有您和公主被抓住了，而先皇得以逃脱，那项羽一时也不敢加害你们。先皇当时那么做，也是为了救你们啊！”话音未落，汉惠帝已经当场垂泣，直到这时，他才真正原谅并理解了自己的父亲。

雍齿

西汉的开国军将中，最招刘邦恨的当数肃侯雍齿。他也是刘邦沛县起兵的老班底，刘邦率沛县子弟兵出去打天下时，派他留守沛县。谁想刘邦前脚刚走，后脚雍齿就造了反，在沛县自立为王，事后几经反复，又重新回归刘邦阵营。在整个楚汉战争中，雍齿也多次立功，但即使如此，刘邦依然无法原谅他。西汉建国早期，诸将为封侯之事相互争功，刘邦很是忧虑，一次找张良问计，张良劈头就问：“皇上您最恨的功臣是谁啊？”刘邦咬牙切齿回答说：“那还用说吗，当然是雍齿啊！”张良说：“那既然这样，您就赶快封赏了雍齿吧，如果大家看到您最恨的人都被封赏了，自然也就安心了。”依张良所言，刘邦封赏了雍齿。雍齿被封为肃侯，之后善终于家。在刘邦的仇人中，他应该是最幸运的一位。

周勃

刘邦的开国名将里多有性格莽撞豪放的粗人，这其中能称得上粗中有细的人，当数后来立下诛吕功勋的周勃。和其他军将一样，周勃的外表也是一个魁梧的彪形大汉，但是在跟随刘邦造反前，他做的多是精细活。他曾经做过编织，还给人做过吹鼓手。后来跟随刘邦打仗，他打的也是精细仗，既能冲锋陷阵、攻城拔寨，也讲究用兵方法，不动声色地给敌人打埋伏。周勃在战争年代最光辉的杰作，是在西汉建国后跟随刘邦平定韩王信与燕王谋反的战争中，在敌人必经之路设伏，用伏击战来打垮敌人。正是他这种用兵韬略，使临终前的刘邦给他留下了这样的评语：“周勃外表看起来愚笨，也不善言语，但内心却非常精明，将来安定刘家天下的，必然是他。”

周勃（？—公元前169年），西汉开国功臣，随汉高祖刘邦起义，屡建战功。西汉建国后，被封为绛侯。吕后死后，与陈平等合谋智夺吕禄军权，一举谋灭吕氏诸王，拥立汉文帝。后官至右丞相。谥号为“武”。

早期与匈奴的博弈

汉高祖刘邦在位时期的一大军事事件，就是公元前200年的白登之围，此事后，西汉王朝与匈奴媾和。公元前198年，汉帝国以刘敬为使节，与匈奴正式缔结了和平条约，约定汉朝以公主嫁匈奴，并附赠大量米粮财宝。同时约法三章：一、汉朝每年要送给匈奴大量礼品；二、双方在边关开设互市；三、两家以长城为界，互不侵犯。这个和平协议就是历史上赫赫有名的和亲之约。

按照史书普遍的说法，汉匈双方维持了六十年的和平。但事实上，就在汉匈双方和亲的第二年，即公元前197年冬，匈奴就再次发难。趁着代地守将陈豨造反的机会，匈奴人趁火打劫，攻掠河北、山西等地，逼得重病中的刘邦再次以老迈之躯御驾亲征。为了防止白登之围一幕重演，汉帝国不得不忍气吞声，在出征前派使节至匈奴，送上大量财物，请匈奴在大汉的平叛战中保持中立，得了好处的匈奴也就见好就收了。

西汉与匈奴之间的关系，以公元前197年冬的和亲协议为分水岭。之前匈奴主要是军事掠夺，此后一直到汉武帝反击匈奴前，匈奴的主要政策就是讹诈，即通过武力骚扰与外交勒索相结合的方式，不断向西汉狮子大开口。辅助的手段就是挑拨西汉诸侯王叛乱，牵制西汉的军事力量。在韩王信叛变投靠匈奴后，公元前195年，燕王卢绾又造反，率领部下数千人投降匈奴，被匈奴封为东胡卢王。之后他主动担任向导，引匈奴骑兵攻掠州县，做了“铁杆汉奸”。汉王朝曾多次出使匈奴，送上金银财宝，想请匈奴“引渡”卢绾，匈奴每次都是钱收了，不办事，最多就是承诺会约束卢绾的行为。在汉初，匈奴对西汉边境的骚扰几乎没有停止过。但毕竟垂涎于和亲的巨大财富，匈奴大多数都是小打小闹，通常是几十、几百骑兵在边境打劫后，再对汉朝说是“误会”，大规模的战争并未爆发。

汉武帝反击匈奴前，匈奴对西汉的政策也因其内部单于的变更而改变。固有的定律是：每一个新单于上任后，总会想方设法制造事端，挑起汉匈冲突，冲突过后又改弦更张，对汉朝重新转为和亲通好。汉文帝在位初期，匈奴的老上单于也即位不久，他不但多次发动军事进攻，而且在外交上也颇多挑衅，比如匈奴和汉帝国的往来文书在尺寸上都更大，以示压倒汉帝国之意。而汉景帝在位初期，匈奴在位的军臣单于就曾与西汉诸侯吴王密谋，企图趁机南下夺取汉地。虽然权衡利弊后军臣单于没有贸然行动，只是派重兵屯于汉朝边境以做牵制，但西汉的北部精锐骑兵也因此被牵制在北方边境，无法参加平叛战争，导致“七国之乱”持续数月。如此情景，汉文帝在一次遣使至匈奴的外交辞令中就有说明：“汉朝自和亲以来，始终以友好相处为愿望，反而是匈奴不止一次破坏和亲的协议。”

汉朝反击匈奴最大的困难就是战马数量不足。为了扩大骑兵规模，西汉从开国后就厉行马政，鼓励养马。但是中原马种远远不及匈奴，为汉朝解决这个问题的，就是汉匈和亲六十年里那些游走于汉匈之间的商旅们。《汉武故事》中就有记录：多年以来，正是这些商人以各种方式进入匈奴地界，借贩运货物的机会把匈奴的马种贩运入内地。汉朝设在边地的各军马场就以此为基础，为汉军培养出优良战马。这些商人们同时还担负着为汉朝刺探匈奴军情，甚至配合各类军事行动的任务。汉朝反击匈奴的大业背后，是他们这些无名英雄一直在奉献。他们之中有一位代表人物，也在历史上留下了自己的一笔——策动汉武帝马邑诱敌战的聂壹。

西汉在军事上对匈奴最头疼的问题就是机动性不足。尽管汉军守城有优势，但是在运动战中却始终处于劣势，面对匈奴高机动性的用兵方式，更是办法不多。第一个为西汉找到在运动战中对付匈奴办法的，就是汉文帝时期的云中太守魏尚。魏尚防御匈奴主要有两法，一是实行纵深防御，并不单纯地依托长城进行死守，而是加深防御纵深，在堡垒后面布置足够的机动性二线兵力。通常采取诱匈奴进入，再以重兵合围的方略。二是在前线常年部署足够多的侦查骑兵，在第一时间掌握匈奴活动的动向，并及时做出应对部署。西汉军队第一次在野战中击败匈奴，就是汉文帝年间魏尚指挥的云中之战。但得胜后的魏尚不但没有获得封赏，反而因为报错了斩首的数目，被汉文帝罚做苦役。后来经大臣冯唐进谏，汉文帝才悔悟，派遣冯唐持符节至云中，宣布魏尚官复原职。消息传来后，云中地区军心大振。这以后的魏尚，在任期间爱抚兵卒，甚至把自己的俸禄拿出来抚恤死难士兵，并加紧训练骑兵，靠近匈奴要冲的云中郡从此成为令匈奴胆寒的铁壁。而汉文帝再次起用魏尚的这段佳话，也成为后来苏轼词作中的名句：“持节云中，何日遣冯唐？”

文景时代的老将与新星

周亚夫

汉文帝至汉景帝两朝，西汉帝国最杰出的将星当数周勃的次子，平定“七国之乱”的名将周亚夫。周亚夫在年轻的时候也曾遇到过与汉文帝母亲薄氏一样的命运——由相士许负看相。许负给周亚夫看相后断定，这个当时尚名不见经传的年轻人三年后就会获封侯爵，八年后更会成为丞相。对这个断言，就连周亚夫自己都不信，他当时就苦笑着回答：“且别说我能不能当丞相，就说封侯吧，我爹的侯爵是由我哥哥继承的，就算我哥哥死了，还有他儿子，哪里轮得到我呢？”谁知三年以后，周亚夫的哥哥周胜之犯法，被剥夺了侯爵位，其爵位改由周亚夫继承；而八年之后，已经平定“七国之乱”的周亚夫因丞相陶青病退，被汉景帝委任为丞相，两大预言全都应验了。然而周亚夫未曾想到的是，许负当时还给他做了另一个预言：“你脸上的纹路不太好，将来很可能是饿死的命。”不幸的是，这条最后也应验了。

早在继承爵位之前，周亚夫就是个口碑相当好的人。他为人豪爽诚恳，毫无官二代架子，生活也朴实低调。周胜之犯事的时候，汉文帝下令让大臣推举周勃子女中最贤德的一位继承爵位，推举的结果就是周亚夫。周亚夫的军事才华除了受其父周勃熏陶外，也因他在担任河内郡守期间曾饱受历练。

周亚夫的成名，始于公元前158年。当时匈奴老上单于大举进犯，汉文帝命周亚夫率军屯兵细柳抗敌。与周亚夫一道出击的还有屯兵霸上的刘礼及屯兵棘门的徐厉。大战之前，汉文帝先视察徐、刘两部，两部兵将山呼海啸，以隆重的礼仪迎接天子。等到了周亚夫部，却见全军上下剑拔弩张，见了汉文帝的车架不但不行礼，反而先谨慎盘查汉文帝身份。等汉文帝进了军营后，又有人用军令向汉文帝传话，要他们一行人按照军规，不要在军营里跑马。之后周亚夫拜见汉文帝时，更没有脱下甲胄行叩拜礼，反而慨然对汉文帝说："臣甲胄在身，不便行礼。"这样的行为放在当时可以算是无礼，但汉文帝不但不怒，反而赞赏说："这才是个带兵的样子。像徐厉和刘礼两部人马，那么松松垮垮的，敌人来了不做俘虏才怪。"从此之后，周亚夫便成了汉文帝心中的大汉第一能将。值得一提的是，就在这次会面中，被周亚夫震撼的汉文帝手扶着马车的栏杆，轻轻躬身向周亚夫致意。这是西汉开国以来，汉朝皇帝第一次通过军礼的方式向大汉军人表达敬意。

周亚夫的军事才能得到了汉文帝极高评价，汉文帝临终之前，曾特意叮嘱接班人汉景帝刘启说："国家以后一旦有危难，周亚夫就是可以被委以带兵重任的人。"公元前154年"七国之乱"爆发后，彼时在位的汉景帝任命周亚夫为主将，统帅三十六将军南下平叛。而身肩大任的周亚夫从一开始就让汉景帝受不了。战事开打之后，吴王刘濞的叛军很快进抵关中门户梁国，守卫梁国的正是汉景帝的弟弟梁王刘武。结果周亚夫为了消耗敌人，放任梁国被围不救，后来汉景帝几次派人下诏让他救援，他都置之不理。直到叛军士气消耗殆尽后，他才发起决战，最后仅用三个月就平定叛军。但他和梁王及皇室的梁子，从这时候就结下了。

周亚夫最大的优点就是他有着过人的心理素质。“七国之乱”的时候，吴楚叛军曾经动用一切手段来挑战周亚夫的心理忍耐底线：先是在两军相持的时候不断派人挑战，企图诱使周亚夫贸然决战，随后甚至派细作混入周亚夫军中，煽动汉军内部骚乱。如此种种，周亚夫都不为之所动。即使是汉景帝不断派人下诏催促，要求他迅速决战，他也能扛住压力。在后来与吴楚联军决战中，敌人假意攻击周亚夫的东北方向，企图声东击西。但周亚夫不为所动，反而在西北角设伏，最终成功打开局面，击溃叛军。他是一个可以用坚韧和忍耐扛住任何压力，并将正确的抉择贯彻始终的人。

周亚夫（公元前199年—公元前143年），西汉著名的将军、军事家，绛侯周勃次子。善于治军，在“七国之乱”中统率汉军，三个月平定了叛乱。后死于狱中。

栾布

在平定“七国之乱”的过程中，还有一位带有传奇色彩的老将军——栾布。“七国之乱”爆发时，他已经是西汉王朝仅存的参加过昔日楚汉战争的老将军。而他的身份也极为特殊，在秦末农民战争前，他只是河北的一个奴隶，直到快三十岁的时候才当上燕王臧荼的部将，和另一诸侯王彭越是布衣之交。在西汉开国早年，他曾是西汉的敌人，先是跟随燕王臧荼谋反，后来彭越被害，他又冒着生命危险为彭越收尸发丧。刘邦将他捉拿后，他非但不惧，反而当众指责刘邦的不仁不义。一番怒骂后，刘邦不但没有杀他，反倒任命他为都尉。到汉景帝在位时，他已经是手握兵权的将军。

“七国之乱”爆发后，栾布统率大军进攻叛军的侧翼齐地，一举平定齐地叛乱四王，这场胜利也成为西汉平定“七国之乱”的转折点。随后汉军南下，最终彻底消灭吴楚叛军。战后，栾布因功官封燕国相，两年后去世。

这位在当时堪称“活古董”的老将，生活中也是个恩怨分明的人。他为官的时候，凡是遇到有德行的忠厚长者，必然会给予厚报；凡是遇到恶人，必然想尽办法消灭。恩怨分明的他，也最终从汉帝国的敌人，变成了汉帝国的守护者。

李广

文景时代最杰出的军界新星，当数后来留下“飞将军”美誉的李广。李广崭露头角，始于公元前166年匈奴大举入侵事件。李广在此次战争中作战英勇，并被提拔为郎官。但之后的好多年，李广的主要工作却是陪汉文帝在长安打猎。他精湛的射术常令汉文帝惊叹不已，汉文帝有次感慨地对他说：“可惜啊，你要是生活在高祖的年代，就算封个万户侯，也没什么难的。”

李广再次捞到仗打，是在公元前154年的“七国之乱”中。当时身为骁骑都尉的他随同周亚夫出征，并在战斗中立下了关键战功。昌邑之战中，李广率领骑兵奔袭，一战夺取叛军帅旗，促成了汉军大捷。此战之精彩，连与周亚夫不睦的梁王都大为赞叹，并私自授予李广将军印信。然而弄巧成拙，这事犯了帝王大忌，立下大功的李广也就因此错过了封侯的机会。这是他人生里的第一次，却不是最后一次。终其一生，他一直重复着这样令人惋惜的情景，以至于“李广难封”成了后人代代相传的慨叹。

“七国之乱”后，李广被派到上谷任太守，从此开始了他与匈奴的搏杀。按照《汉书》上的记录，到任后的他频繁和匈奴接战，而且几乎每一战都带头冲在前面，惨烈的作战景象让当时的朝臣也纷纷咋舌。典属国公孙昆邪就曾上奏说：“李广打仗很勇敢，但是他为人太过自信，一不留神就可能中敌人埋伏牺牲。”话虽如此，李广依旧我行我素。他带兵的风格相当“匈奴化”，部队以骑兵为主，而且扎营也效仿匈奴逐水草而居，行军打仗，军队更甚少繁文缛节，几乎一切随意。带着这支匈奴化的骑兵，李广打了不少胜仗，也得到了“飞将军”的美誉。

李广（？—公元前119年），西汉名将，秦朝名将李信的后裔。汉文帝时，从击匈奴有功；汉景帝时，参与平定“七国之乱”，并先后任北部边域七郡太守；汉武帝时，屡与匈奴作战，匈奴畏服，称之为“飞将军”，数年不敢来犯。漠北之战中任前将军，因迷失道路未能参战，愤愧自杀。

程不识

在汉景帝时期，北方抗击匈奴的将领中还有一位和李广齐名的人物——程不识。如果说李广的军队是当时西汉最精锐的骑兵，那么程不识的军队就是最精锐的步兵。两人的带兵风格也截然相反，李广随意，而程不识严谨。程不识的军队，全军上下有严格的纪律条令，行军扎营一板一眼，都要按照规矩行事。全军上下号令森严，部队行动整齐划一，即使是休息的时候，部队也时刻处于高度警戒的状态。关于他和李广的特点，程不识自己也有看法。他认为李广带兵随意，士兵士气高昂，但是如果遭遇敌人偷袭，就很容易因为准备不足吃败仗；而他带兵虽然条令复杂，行事严苛，但部队时刻保持高度的注意力，因此不容易吃败仗。事实也正如他所说，李广带兵，往往不是大胜仗就是大败仗；而程不识虽然胜仗的次数不如李广多，却也极少吃败仗，遭到敌人攻击，即使不能获得胜利，也能做到最大限度减少自己的伤亡。在当时，这两种作战风格都在实战中取得了良好战果。在文景时代西汉对匈奴的隐忍期里，正是程不识与李广用一场场胜利，为西汉守住了边疆，也等来了大汉朝吹响反击号角的那天。

韩安国

在文景时代，还有一位文官带兵的典型人物，就是韩安国。他年轻时师从邹平的田生学习法家学说，后来在梁王刘武的王宫里担任过中大夫，相当长一段时间都是梁王刘武的近臣。他第一次在军事上崭露头角是在“七国之乱”中。在吴楚叛军气焰最嚣张的时候，正是他统率兵马为梁国守住了东线，成功拖住了优势叛军，才为周亚夫的反击赢得了时间。“七国之乱”后，他一度做了四年御史大夫。在此期间，正值汉武帝登基，匈奴前来请求和亲，打过仗的韩安国却对与匈奴开战采取了非常谨慎的态度。他对汉武帝说：“匈奴的国度非常偏远，我们就算占领了他们的土地，也没有用处，抓到了他们的子民，也无法把他们变成我们的百姓。所以对匈奴开战，一定要谨慎啊！”而他这几句话后来也被历代文臣沿用，每当后世文臣反对国家对外战争时，往往是照搬他这套说辞。

韩安国再次带兵是在公元前127年。当时汉匈战争已经开打，韩安国受命屯兵渔阳，结果刚到没多久，就遭到匈奴入侵。准备不足的他惨遭痛击，人员财产损失极其严重。战败的韩安国遭汉武帝责备，之后迁往右北平。愤懑加内疚使他患上了严重的咳血病，不久后病故。

北击匈奴：攻守之势逆转

卫青

在反击匈奴的战争中，为汉武帝打开局面的将领是卫青。论军事能力，恰如南宋名将岳飞的评语所说：“以战法革新破匈奴，卫青始。”与现代人的想象不同，卫青的军队并非纯粹的骑兵军队，其军队的重要特点就是配备了大量战车。战车的作用一是行军中作为营地，二是在战斗中摆成防御工事。卫青的战车主要是弩车，即配备精良弓弩的战车，其弩箭的射程与杀伤力远远强于匈奴人使用的马弓。比起李广单纯以硬碰硬、以骑兵对冲的作战方式，卫青的战法往往比较复杂。在野战遭遇敌人时，卫青首先用战车固阵，再用密集的弩箭阻遏匈奴骑兵的进攻。而且，在战斗中，战车作为移动的堡垒，有时候更能起到合围匈奴人、断绝匈奴人退路的作用。比如在漠南之战中，卫青就是以战车断绝右贤王逃路，射杀大量匈奴骑兵，迫使匈奴残部投降，一举俘虏一万五千多匈奴人。

卫青（？—公元前106年），字仲卿，西汉名将、外戚。为平阳公主府中骑奴，后因姐姐卫子夫得到汉武帝刘彻宠幸，得以为官。率军与匈奴作战，屡立战功，是西汉时期能征惯战、为汉朝北部疆域的开拓做出过重大贡献的将领，也是中国历史上为人熟知的常胜将军。后奉汉武帝命娶平阳公主。谥号“烈”，葬于茂陵。

卫青的另一个贡献是开发了轻重骑兵的配合作战。在卫青的骑兵部署里，有专门用来冲锋的重装骑兵，也有用来掩护和包抄侧翼的轻骑兵。战斗之中，轻重骑兵相互配合，先以轻骑兵射杀，重骑兵中央突破。战局相持时，又以轻骑兵包抄，切断匈奴骑兵队形。这种轻重骑兵加战车协同作战的战法成为骄横的匈奴骑兵的噩梦。也正是从这一时期开始，面对人数相等甚至人数占成倍优势的匈奴骑兵，汉军不但不再躲避，相反可以勇敢亮剑，甚至战而胜之。

卫青在对匈奴战争中遭受的第一场挫折，是公元前123年的河套反击战。是年匈奴以一万骑兵进入代郡，大肆烧杀抢掠。汉朝一如既往采取以攻对攻的策略，以卫青率领十万大军出河套，直扑匈奴单于王庭，但这一次汉军却碰了“软钉子”。匈奴人不再以大兵团阻击汉军，而是且战且退，一旦战事不利，就有组织地节节抵抗后撤。结果卫青虽然累计斩首匈奴军一万多人，却始终无法捕捉到匈奴主力。前锋赵信部的三千多人反而在孤军深入后，遭到匈奴重兵围困，全军覆没不说，赵信本人也在被俘后投降了匈奴。这场损失不大的挫折给汉军出了新难题：在且退且战、伺机反击的这种情况下，匈奴骑兵的机动性完全可以诱引汉军深入匈奴境内，趁汉军兵力分散时予以围歼。他们不再是彪悍的战狼，相反变成了狡猾的毒蛇，表面缩头，趁你不注意的时候，突然咬你一口。

河套反击战中，汉军因为赵信的叛变而遭受损失。而替叛徒赵信顶罪的就是与赵信一道出击匈奴的将军苏建。这场战争失败后，本有权处置苏建的卫青将苏建交给汉武帝发落，汉武帝也做出了公正的裁决，命苏建出钱赎罪。遭罢官的苏建多年后又被任命为代郡太守，死于任上。他的儿子中，有一位后来上演“留胡节不辱”的壮举，被扣匈奴十九年却宁死不屈，就是苏武。

苏武（公元前140年—公元前60年），字子卿，西汉大臣，将领苏建之子。持节出使匈奴，被扣留，又迁到北海（今贝加尔湖）边牧羊，匈奴人扬言要公羊生子方可释放他回国。苏武持节不屈，居匈奴十九年方获释回汉。

苏武身为汉使，被扣押匈奴十九年，却始终未曾屈服。他的光辉事迹感动了整个汉民族。然而这段典故，同样引出了一个当时知名的“汉奸”——卫律。他早年与李广利交情颇好，并在李广利兄长李延年的举荐下，以汉使身份出使匈奴。但到了匈奴后他就立刻叛变，而后招降、迫害苏武几乎都是他出的坏主意。事实上，他原本就是个匈奴人。在投降匈奴后，被封为丁灵王。公元前89年，李广利第三次出征匈奴，兵败被俘后投降。因嫉恨李广利得到匈奴优待，卫律向单于诬陷李广利谋反。结果投降没多久的李广利就被匈奴狐鹿姑单于处死。

卫青在历代兵家中得到的称赞比较多，除了因其高超的军事能力，也因其人品。一是他会做人。卫青收复河套平原时，正值汉武帝宠爱的王美人喜得贵子。当时汉武帝下诏赐卫青黄金五百斤，结果卫青转手就把这份赏赐送给了王美人，如此君臣同乐。二是他爱抚士卒。卫青是一个生活极其简朴的人，每次出征路上，他一日三餐都是和士兵一起吃，用这种方式告诉士兵们大将军永远与他们同甘共苦。三是他为人谦和。无论是对汉武帝还是对待朝中大臣，卫青都极其谦恭。尤其是文臣对他提意见时，他往往非常礼敬，却又刻意与文官保持距离，不给别人留下“结党”的印象。卫青晚年最要好的朋友，正是被汉武帝疏远的文官汲黯。

卫青做大将军时的部将，后来有两位弃武从文，一度官至丞相。一位是公孙贺，另一位则是李蔡。李蔡是李广的堂弟，在汉武帝反击匈奴战争打响时，他年纪已经不小。但比起一生未封侯的堂兄，他的运气要好得多。公元前124年，西汉发动漠南战役，卫青率领大军奇袭右贤王部，李蔡在这场战争中身先士卒立下大功，战后被封为乐安侯。而他也见好就收，随后弃武从文。这以后，他参加了汉武帝的多项经济改革，尤其是币制改革，并在公元前121年公孙弘去世后被任命为丞相，这之后西汉著名的“盐铁官营”改革，他是实际的执行者。三年后，李蔡因侵占陵园罪遭逮捕，和堂兄李广一样，他同样不甘心受司法审判，最后自刎以示清白。

卫青早期最得力的助手当数李息。李息的生卒年不详，但可以确定的是资格比卫青老得多，早在汉景帝在位时，他就已是汉景帝身边的贴身侍卫。汉武帝反击匈奴的第一战——马邑诱敌战中，卫青当时还是一个骑奴，而李息已经作为韩安国的部将参加了战斗。李息一生参加的战斗，大多都在啃硬骨头。西汉对匈奴的第一场成建制的歼灭战雁门之战，正是李息与卫青密切配合打出来的。当时匈奴骑兵深入雁门，镇守雁门的李息以劣势兵力向匈奴发起数次殊死攻击，在付出了所部大量阵亡的惨重代价后，终于等来了卫青的援军，并成功斩首匈奴军六千多人，从此，李息与卫青也成了一生亲密的战友。公元前124年，在卫青率军夺取河套平原的朔方之战中，李息受命从右北平出击，成功牵制了匈奴援军，确保汉军顺利对河套平原发起总攻。这场战争的胜利也令李息受封关内侯。

在卫青收复河套平原及漠南之战这两大战役里，还有一位出名的“无名英雄”——拓通西域的杰出外交家张骞。在公元前125年和公元前124年这两场重大战役中，张骞的角色是行军司马，相当于参谋长。十年被扣押匈奴的生活，已经使他十分熟悉这片土地。他最大的贡献就是能够准确为汉军找到水源和水草。正因为有他这样的好向导，汉军才敢于深入草原，长途奔袭匈奴主力。张骞在汉武帝时期也得以封侯，封号就是著名的“博望侯”。他得到这个封号并非因为拓通西域的大业，而是这两场重大战役的功勋。

张骞（约公元前164年—公元前114年），字子文，西汉卓越的探险家、旅行家与外交家。奉命出使西域，封博望侯。开拓了汉朝通往西域的南北道路，对丝绸之路的开拓有重大的贡献，并从西域诸国引进了汗血马、葡萄、苜蓿、石榴、胡桃、胡麻等。

李广在汉武帝反击匈奴战争开打后，前后经历了两场近乎全军覆没的战役。第一次是公元前129年，他率领一万骑兵出击，遭匈奴主力合围，几乎全军覆没；第二次是公元前121年，这次他与张骞一道，率领一万四千骑兵出右北平，打击匈奴左贤王部。结果还没等大军开拔，李广就率领四千骑兵提前出击，在出塞数百里后，突然与左贤王部四万主力相遇。面对敌人十倍于己的不利局面，李广毫不慌张，命令士兵们排列成圆阵防御，并派遣自己的儿子李敢打头阵，居然对优势数量的敌人发起反冲锋。惨烈的战斗整整打了一天一夜，在汉军的顽强抗击下，匈奴军居然寸步不能前行。到第二天天明时，李广部已经伤亡大半，连箭镞都已经消耗殆尽。眼看覆灭的局面无法避免，李广不慌不忙，命令战士们拉满弓弦和敌人对峙，他自己则拿过杀伤力巨大的黄弩，瞄准匈奴主将点射，当场射杀匈奴将官多人。他精湛的射术再一次震撼了匈奴人，一时之间，兵力占优的匈奴人居然不敢靠近。李广部成功守住了阵地，终于在清晨等来了驰援的张骞。眼见汉军大部队开到，左贤王随即下令全军撤退。而张骞部也因人困马乏，无力对敌人再进行追击，这场你死我活的搏杀，就这样草草收场。

这场战役将李广的军事才华展现得淋漓尽致，却也同样暴露出李广最大的缺陷：他是一个勇敢的剑客和杰出的将才，却不是一个帅才。

霍去病

就在李广这场战斗进行的同时，汉军在西线的河西走廊却打了一场漂亮仗。同样是深入敌人重围，同样是敌众我寡，同样是没有援军，一个年仅十九岁的青年将军，以无与伦比的胆气和睿智的头脑，率领一万汉军骑兵深入河西走廊，将匈奴浑邪王和休屠王两大主力全数击败，累计斩杀敌军近四万人，并成功将河西走廊纳入汉朝版图。这个青年将军，就是大名鼎鼎的霍去病。这两场战斗结果的差距，就是霍去病与李广两个人的差距。

霍去病是皇后卫子夫的外甥。而按照褚少孙的记录，他有一位默默无闻却了不起的母亲——卫少儿。卫少儿是卫子夫的长姐，也是平阳公主家的侍女，她与平阳县的小吏霍仲孺私通，之后生下了霍去病。在发现卫少儿怀有身孕后，做了父亲的霍仲孺不但不高兴，相反惊慌异常，担心与公主的女奴私通会令自己遭到严惩。当时，卫少儿身边几乎所有的人都劝她打掉这个孩子，霍仲孺甚至还一度不承认这孩子是他的。在这种情况下，卫少儿却下了决心，不管有什么后果都要生下这个孩子。之后，这个孩子就在公主府由诸多奴婢们接济着长大。在霍去病出生两年后，卫子夫被汉武帝册封为夫人，卫家一门逐渐显贵，霍去病也得以重见天日，并在锦衣玉食的幸福生活中长大。他后来在战场上的果决坚定，很大程度上都来自母亲的影响。

霍去病用兵有很多被人诟病的地方，比如不爱惜士卒。他行军打仗时贪图享受，随军还带着专用厨师，甚至汉武帝还派自己的御厨一路伺候他，然而他手下的士兵却不好过。每次他出征归来，普通士兵常常因为断粮挨饿，而他自己的专车里还装着大批吃不完的美食。行军路上，当士兵们累得人困马乏的时候，他还经常要士兵们摆开球场，陪他踢球取乐。然而有着这些问题的霍去病，《汉书》中却说几乎所有的士兵都视他为军神，渴望成为他的部下，这大概是因为不愿与士兵同甘共苦的他从来不会忘记士兵的功劳。他的弟弟霍光后来谈到兄长的带兵之道时，称赞他是西汉开国以来最懂得赏罚分明的将军。总的来说，这位饱受非议的青年将领和他的舅舅卫青一样，是个深受士兵爱戴的统帅。

霍去病用兵素来以胆大著称，在“胆大”这点上，他可以藐视任何人。他也是中国历代少有的不喜欢读兵书的将军，汉武帝曾经劝他多读一些兵书，然而霍去病却回答说：“我自己的脑子就是一本兵书，已经不需要再装任何东西了。”在实战中，霍去病更把兵法的虚实结合发挥到极致。他每一次都让主力部队出现在匈奴人最意想不到的地方，在敌人最薄弱的环节上给予最重的打击。

藐视兵书的霍去病，在作战中却从来不是一个刚愎自用的人。每次大战前的筹谋阶段，他都喜欢倾听身边将领的看法。在用人上，霍去病更是不拘一格，他的部下里除了汉族将军之外，还有匈奴、羌族等少数民族将领，比如他非常亲近的司马赵破奴就是匈奴出身，但一经任用就给予了推心置腹的信任。

霍去病军事生涯的妙笔，除了河西战役与漠北会战外，还有一场孤胆英雄般的演出——招降浑邪王。河西战役后，浑邪王和休屠王联合投降汉朝，霍去病受命率军受降。然而事到临头，休屠王却突然反悔，意图重新归降匈奴。情急之下，浑邪王与休屠王火并，最后休屠王被浑邪王所杀，然而休屠王的部下也因此哗变。浑邪王在哗变兵将的逼迫下，一度也改了主意，欲重新投向匈奴。关键时刻，霍去病不顾危险，仅带数名亲兵闯入浑邪王大营。赵破奴担心浑邪王会趁机把霍去病抓了向匈奴单于邀功，结果霍去病朗声大笑说：“他在战场上都不是我的对手，又怎么敢伤我分毫？”进入浑邪王大营后，霍去病厉声呵斥，一番痛骂说得浑邪王诚心降汉。之后，霍去病从容布置，以一万汉军制服了哗变的两万休屠王部，当场斩杀叛军数千人，终于稳住了局面。浑邪王随后带领数万部下正式归降了汉朝。这场归降在汉匈战争历史上有着重要意义：一支匈奴王族整军向西汉投降，并得到优厚的待遇，这对于整个匈奴无疑是极其巨大的打击。

汉匈战争具有决定性意义的大战，当数公元前119年的漠北之战。汉武帝以卫青、霍去病兵分两路，深入漠北草原追击匈奴，以几十万士卒护送物资，倾举国之力发动了这场中国历史上规模空前的大远征。这场远征在部署完毕后却出了意外。以持重著称的卫青原本受命扫荡匈奴王庭，以擅打歼灭战著称的霍去病原本受命歼灭匈奴单于主力，但两路大军打到漠北后才发现弄岔了。霍去病碰到的是相对较弱的匈奴左贤王部，而卫青碰到的却是匈奴实力最强悍的单于主力军团。

霍去病依然延续了其高速突击的作战风格，以五万骑兵快速突破，对匈奴左贤王部发动夜袭，一战斩首匈奴军高达七万多人，匈奴左贤王部全军覆灭。从此之后，匈奴对汉朝河北、辽西地区的侵扰不复存在。而卫青也同样延续了持重的特点，面对养精蓄锐的伊稚斜单于主力，他没有贸然发动进攻，相反以战车环绕为营，吸引匈奴主力前来攻打。等到长达一天的拉锯战消耗掉匈奴军锐气之后，卫青迅速发动反击，将匈奴骑兵分割包围，最终迫使伊稚斜仅带数百骑兵逃窜，其部大部分被歼，匈奴被斩首一万九千多人。

这场空前的大远征，给匈奴造成了沉重的打击，匈奴王庭不得不西迁至西蒙古地区。原本作为汉朝边地的上谷、雁门、渔阳等地，从此再不受匈奴的侵扰。虽然之后汉匈战争还在继续，但那都是围绕着汉朝新开辟的河西诸郡展开的。匈奴与汉朝之前的强弱形势，从此逆转。

霍去病（公元前140年—公元前117年），西汉名将，杰出军事家，皇后卫子夫及名将卫青的外甥，名臣霍光的异母兄。好骑射，善于长途奔袭，多次率军与匈奴交战，留下了“封狼居胥”的佳话。任骠骑将军，后升任大司马。后病逝，年仅二十三岁。谥号为“景桓”，葬于茂陵，其坟墓仿照祁连山形状修筑。

路博德与李陵

汉武帝执政时期，西汉对外战争不断。如果说北线对匈奴作战中最杰出的将领是卫青与霍去病，那么南线最杰出的统帅当数伏波将军路博德。路博德最大的建树，当数平定南越。公元前112年秋，路博德出桂阳、下湟水，向南进发。他以军纪严明著称，南征路上执行开明的民族政策，一路与民秋毫无犯，以至于大多数地区的百姓都是主动向他投诚。公元前111年冬，他攻克南越重镇广东番禺，平定南越。接着他集合兵马，从番禺出发攻克海南岛，汉武帝后在南越设置南海、苍梧、郁林、合浦、交趾、九真、日南、珠崖、儋耳等九个郡，统一管辖。在这场作战中，汉军使用了一种高大如楼的新型战舰楼船，这种军舰可装载三千人，也是当时世界上最强悍的巨无霸战舰。

为人朴实、治军严格的路博德晚年却犯下了一个大错误，间接坑害了李广的孙子李陵。公元前99年，汉武帝再次派贰师将军李广利出征匈奴，李广的孙子李陵受命率五千步兵为李广利护送辎重。然而心高气傲的李陵却不甘心这个安排，他主动上奏汉武帝，说自己不用骑兵，仅凭这五千步兵，就能横扫匈奴。汉武帝闻言很高兴，批准了李陵的作战计划，并命令路博德率军策应他。但此时已经战功卓著的路博德并不甘心给李陵打下手，于是他给汉武帝上奏折，声称这时候漠北荒凉，不是北伐的最佳时机，建议春天再动手。但他这封给自己磨洋工找借口的奏折，反而让汉武帝误会了。在汉武帝心中，路博德一直是个老成持重的厚道人，汉武帝以为路博德写这封奏折，是由于李陵夸下海口后后悔了，却没脸自己上奏，就让路博德代奏，结果恼火的汉武帝反而勒令李陵提前进兵。

就这样，李陵的五千孤军在毫无援助的情况下进入了匈奴地界，并遭遇了匈奴单于率领的主力军团。双方在居延泽北展开血战，在消灭数万匈奴骑兵后，李陵部全军覆没。这一战打得异常悲壮。因为攻击受挫，匈奴单于几度欲撤退，而弹尽粮绝的李陵部，最后连军中的笔墨都拿来做武器，与匈奴军死磕到最后。五千步兵最终得以逃回的不过几十个人，李陵本人也被俘。之后，因恼火李陵被俘，汉武帝收押了李陵的妻子和老母。具有讽刺意味的是，这场战斗开打之初，李陵部连战连捷，汉武帝非常高兴，不但对李家多有厚赏，还召李陵母亲入宫饮宴。短短几日之后，翻脸比翻书还快。

李陵案株连极广，连太史令司马迁都因替李陵辩解惨遭宫刑。不过，即使认定李陵投敌，但从对待李陵家小的态度看，汉武帝对李陵还是怀有希望的。李陵的母亲和妻子下狱后，并没有立刻被处死。真正导致李陵倒霉的，是在一年后。公元前98年，汉武帝派公孙敖深入匈奴想寻回李陵，可公孙敖无功而返，还对汉武帝说："我听说，李陵帮助匈奴练兵，导致匈奴的战斗力强盛。"汉武帝闻讯后大怒，这才下了处死李陵妻母的命令。

李陵（公元前134年—公元前74年），字少卿，西汉将领，名将李广之孙。曾率军与匈奴作战，战败后投降匈奴，汉朝夷其三族，致使其彻底与汉朝断绝关系。李陵的一生充满国仇家恨的矛盾，因而对他的评价一直存在争议。

公孙敖这么说，倒不是故意陷害李陵。他从被俘的匈奴人那里得知，有一个被俘的汉朝李姓将军正为匈奴人练兵，于是认定了此人是李陵。得知家人被害后，李陵悲愤万分，最终迁怒于投降匈奴并为其练兵的汉军塞外都尉李绪，寻机将其杀害。而后李陵娶了匈奴单于的女儿，彻底断了回乡的念头。汉武帝过世后，辅政的大将军霍光因早年与李家交好，给李陵写信劝他叶落归根，李陵叹息说："我回去是容易的，可是我已经投降了，回去只能再次蒙受耻辱。"最终，李陵终老于匈奴。

赵充国

汉武帝在公元前97年再次发兵匈奴，这场战争无意中成就了一位名将。在余吾水（今蒙古土拉河）之战中，李广利的主力部队一度惨遭匈奴军合围。先前誓言要“横扫匈奴”的李广利慌了手脚，横扫匈奴是不指望了，此时跑路保命要紧。可这次匈奴准备得非常充分，动用了近十万精锐骑兵，组织铁壁合围。汉军左冲右突，虽然杀伤敌人一万多，却始终无法冲出包围圈。眼看着全军覆没在即，关键时刻，赵充国挺身而出。

在汉军断水断粮陷入绝境的局面下，赵充国主动请缨。有人提议干脆分散突围，三万兵马能跑出去一个是一个，甚至连主将李广利都丧失了斗志。但赵充国当场怒吼道：“与其忍辱投生，不如死战为荣。”在其感召下，李广利终于决定赌一把，为他精选了数百壮士开路。赵充国敏锐地发现了匈奴包围圈的薄弱环节，带头猛冲出去。一番猛打猛杀之后，在匈奴的包围圈上撕开了一条口子，三万汉军终于全身而退。战后盘点，赵充国率领的几百死士，幸存者不过三十多人，赵充国本人也身中二十处刀伤，可谓惨烈之至。李广利虽然打仗草包，这次做人还算厚道，事后在向汉武帝总结汇报时，大赞赵充国之功劳。汉武帝闻讯后亲自接见，当场称赞：“真壮勇也。”赵充国也因此飞黄腾达，被提升为中郎将，之后又被提拔为车骑长史。

赵充国（公元前137年—公元前52年），字翁孙，西汉名将。曾随贰师将军李广利出击匈奴，率百壮士突围，被拜为中郎，后屡任将军。在当时屯田政策上做出了卓越贡献。为人沉着勇敢，有远见深谋。谥号为“壮”。

西征大宛：一匹马引发的战争

汉武帝晚年的大规模征战，除了北伐匈奴外，就是西征大宛。大宛位于今天乌兹别克斯坦费尔干纳盆地一带，是彼时中亚地区的强国。它对汉武帝最大的诱惑，就是盛产天下第一名马——汗血宝马。为了得到汗血宝马，汉武帝先礼后兵，先命使者车令携带着一批纯金铸造的马，到大宛国换取汗血马。让汉朝恼火的是，大宛国收了钱却不办事，不但赶走了汉朝使团，大宛国王毋寡还密令附属国郁成国国王沿途劫杀汉使，将汉朝使团全部杀害。消息传来后，汉武帝震怒，公元前104年，命李广利为贰师将军，统帅六千骑兵和数万步兵远征大宛。但毫无用兵才能的李广利到达大宛后，所部士兵只剩了不到千人。而后，强弩之末的汉军被大宛人杀得几乎全军覆没。战败的消息传来，汉武帝几乎气疯了，他严令玉门关守将关闭城门，不许败归的汉军进入，随后更集结兵力，于公元前101年发动了一场规模更加空前的远征：调动三万骑兵和九万步兵出征，再调十八万大军沿路布防，作为后援。在漠北之战结束十八年后，汉帝国的倾国之力再度被调动起来，整个河西走廊一片繁忙。

这支浩浩荡荡的大军几乎把整个西域都吓傻了，汉军所过之处，西域各国无不以美食款待。进至大宛后，汉军切断大宛都城水源，围城攻打四十多天，最终激得大宛国内政变，大宛国贵族提着国王毋寡的人头议和，由大宛国亲汉势力组成的“临时政府”同汉军签了城下之盟，规定大宛国从此成为西汉友好国家，并每年进贡宝马，这场规模空前的远征以胜利告终。

后人说起这场战争的时候，无不指责汉武帝穷兵黩武，为了几匹马就劳民伤财。但这场战争其实对汉帝国有另一个意义：汉军用强大的军威，震撼了整个西域。从此之后，汉朝在西域的影响力大大加强。

“明犯强汉者，虽远必诛”

打了一辈子匈奴的汉武帝，其人生里最后一次大规模出兵，即公元前90年李广利远征匈奴之战。此战以李广利兵败投降而告结束，而好不容易打了场胜仗的匈奴狐鹿姑单于竟然也因此嚣张起来。公元前89年，痛感多年征战劳民伤财的汉武帝发布了著名的《轮台诏》，宣布停止对外战争，集中力量恢复国民经济，与民休息。但匈奴人的侵扰并没有停止，狐鹿姑单于志得意满，竟然向汉朝下书，自称匈奴是“天之骄子”，要求汉朝恢复汉文帝时期开始的和亲。公元前87年，在位五十四年，一生“大有为”的汉武帝，终于闭上了疲劳的眼睛。就在他去世的同年，匈奴发动了对汉朝五原、张掖、酒泉等边塞的侵扰，杀掠无数。所幸此时匈奴对于汉朝的山西、河北等传统边地早已鞭长莫及，主要的侵扰对象变成了新开发的河西地区，因此对汉朝传统北方经济区破坏不大。

汉武帝死后，即位的汉昭帝在霍光等大臣的辅佐下，开始厉行休养生息政策，对外战争日益减少。而此时却是匈奴人侵扰日益加剧的时期。地处前线的甘肃地区，在汉武帝过世到汉昭帝登基的头三年，遭受匈奴的进犯就多达八次。这一时期为汉朝稳住战局的，就是在余吾水之战中扬名立万的赵充国。负责坚守河西的他多次挫败匈奴入侵，更以积极防御的战略，最终给匈奴以重创。公元前81年，赵充国再次统兵，大破入寇河西走廊的两万匈奴骑兵，斩俘万人，生俘其头领西祁王，这是汉昭帝即位后对匈奴取得的一场重大胜利。因为此胜，匈奴乖乖地答应与汉朝通好，并放还了大批被扣押的汉朝使臣。著名的“留胡节不辱”的苏武，也正是因此得以重归汉朝。

尽管后人对汉武帝以倾国之力攻打匈奴之事颇多指责，但他过世后相继在位的两代帝王汉昭帝与汉宣帝却一定会感激他的。汉武帝之前，匈奴对于中原的侵扰遍布从辽东到关中的整个北方边疆；而在汉武帝半个世纪的打击下，匈奴的势力范围急剧萎缩，往昔遭受匈奴侵扰的重灾区如辽东、辽西、云中、五原等地，已经不必担心战火的袭扰，当地饱受边患的百姓们也从此可以真正休养生息。“昭宣中兴”时代的汉朝，面对匈奴有了更大的优势：对手只是居于西域和蒙古草原西部地区，侵扰的范围也多限于汉帝国新开发的河西地区。对汉朝来说，无论损失还是战争成本，早就大大降低。但这一时期的匈奴对西汉王朝也采取了一个新战略，就是策动西汉河西境内的羌族叛乱，用以分化西汉的力量。从汉宣帝时期开始，河西羌族的叛乱成为新边患。

解决西汉河西羌族叛乱问题的名将，依然是赵充国。公元前65年，西汉爆发了建国后最大规模的羌族部落叛乱事件。当时的赵充国已告老多年了，无奈之下，汉宣帝再次将赵充国请回来问计。对河西羌族的情形，赵充国早就了然于胸，他详细分析了当地的形势，反对部分大臣提出的对羌族实行残酷镇压的政策，提出应该甄别，即重点打击其中蓄意叛乱的，对大部分的部落则应该遣使安抚。

汉朝派出安抚羌族的使臣，却偏偏惹出了事情。公元前61年，汉朝使臣义渠安国政策失当，在河西当地滥杀无辜羌族，引发当地羌族大规模叛乱，几乎到了不可收拾的局面。已经七十六岁高龄的赵充国主动请缨，要求到河西去收拾乱子。他采取了谨慎的政策，依然是“百闻不如一见”，缜密地侦察敌情，弄清楚羌族部落的内部情况，然后分化瓦解，制定了三步走策略。首先重点打击其中叛乱最严重的先零部落；然后对其他叛乱部落围而不打，采取对峙政策；最后在当地修筑堡垒，准备屯田长期坚守。他的稳妥引起了汉宣帝的猜疑，急于解决问题的汉宣帝几次下诏书申斥，但赵充国不为所动，反而屡次上书陈述自己的方略，其中“攻敌易，攻心难”一句昭示了其解决边防问题的态度：在战场上打败对手容易，但真正要解决问题，还是要攻心。

在他的坚持下，西汉帝国最终同意了他的平叛方略，一面在当地继续进行分化招抚，一面经过调查查清了先前侵扰汉地的是其中的先零部落，随后火速动兵，重创先零部落，以迅速解决战斗的方式，给周边的羌族上了一课。恩威并施的策略果然奏效了，随后诸多羌族诚心归附，向汉帝国投诚，之后直到西汉末年，河西羌族部落甚少与汉帝国发生冲突。

陈汤

西汉与匈奴大规模战争于汉宣帝时期落幕。南匈奴呼韩邪单于来降，从此以后，西汉与匈奴的大规模战争结束。而继续给汉王朝制造麻烦的却是一直坚持与西汉为敌的北匈奴。最终了结北匈奴的人是汉元帝时代的名将陈汤。当时西汉已经在西域设立都护府，把西域大地纳入中华版图中。而这一时期的北匈奴在首领郅支单于的率领下，已经远逃到了中亚阿富汗地区，在当地扎根不说，更时常骚扰西域。

那时的陈汤，是西域都护甘延寿的副使。在此之前，陈汤在西汉的名声很臭。他早年家境贫寒，虽然爱好读书，但为生活所迫曾一度做过乞丐。后来靠着攀附权贵张勃，得以入朝为官。刚当官没几天，就碰上他父亲去世，为了官位，陈汤居然连爹也顾不上了，拒绝回家为父亲奔丧守孝。此举在当时激起了众怒，最终陈汤遭下狱。后来为了脱罪，他托关系走门路，才得以到西域效力。谁都没想到，就是这个名声极差的人，却完成了之前历代名将都没完成的伟业——击毙匈奴单于。

> 陈汤（？—约公元前6年），字子公，西汉将领。汉元帝时任西域副校尉，曾和西域都护甘延寿一起出奇兵攻杀与西汉王朝对抗的匈奴郅支单于，为安定边疆做出了很大的贡献。王莽执掌朝政后追谥“破胡壮侯”。

作为陈汤领导的甘延寿出身名门，天生神力，不但骑射娴熟，更精通搏击。按照《汉书》的说法，他还会飞檐走壁，能从原地凭空跳上高台楼阁。和陈汤一样，他也是犯了错误才去西域的，之前他在辽东太守任上犯错误，之后被任命为西域都护以期戴罪立功。和陈汤不一样的是，他是一个出了名的老实人，素来以性格宽厚、为人谦逊著称。

在老实领导甘延寿手下，成天惹事的陈汤从长安出发到西域的这一路上也一直很老实，唯一不老实的事，就是将沿途遇到山川地形都仔细地绘制下来。每经过城邑山川，他总要停下来观察一番。到任之后没几天，甘延寿生病歇班，陈汤趁机偷了他的兵符，以领导的名义把驻西域的四万汉军全都集结起来。等甘延寿发现的时候，大军已经黑压压集结了一片。这时候陈汤才向甘延寿摊牌：“我来西域就是要惹事的，而且是惹大事，我要砍了那个常年侵扰西域、屠杀汉朝官民的北匈奴单于郅支。”甘延寿一下子就傻了：擅自调动部队，发动对敌人远征，按照当时的制度，跟谋反差不多了。但陈汤详细为甘延寿分析了西域局势，认为此战必胜。眼见木已成舟，甘延寿也无法阻拦。

之后汉军兵分六队，于公元前36年再次跨越帕米尔高原，杀入了中亚地区，先收拾了郅支单于的帮凶康居国副王，接着兵临郅支单于的老巢单于城（在今阿富汗境内）。大战开始后，郅支单于派麾下精锐骑兵冲阵，汉军弩兵瞄准了一顿猛射，“天之骄子”的骑术到底是有敏捷迅速的先人遗传，“嗷”的一声又逃回本阵，反把郅支单于的城防冲得七零八落。陈汤大手一挥，四万汉军齐杀过去，匈奴兵顿时丢盔弃甲。关键时刻，郅支单于的阏氏几十位夫人也齐上阵，竟然又坚守到半夜。直到郅支单于几十位夫人死伤殆尽，汉军终于彻底攻陷单于城。郅支单于的脑袋被一个叫杜勋的汉军士兵砍了下来，成为匈奴数百年历史上第一位被汉军阵斩的单于。

大胜之后的陈汤随即给汉帝国写奏折报捷。然而当他率军返回故国的时候，迎接他的不是鲜花与美酒，而是廷尉府的镣铐。原因是在大胜之后陈汤又犯了“贪”的老毛病，贪污了郅支单于的家产财物并遭人告发。人在囚车的陈汤随后写信向汉元帝叫屈说：“我们辛辛苦苦打败了郅支单于，然而朝廷却派人来拘捕我，这些人是不是要给郅支单于报仇啊？”读到奏疏的汉元帝随即下令撤销对陈汤的逮捕令，沿途以盛大的礼仪欢迎这位凯旋的将军。

怎么安置这位功臣，也成了当时汉元帝的一个难题。汉元帝宠信的宦官石显等人认为，陈汤劣迹斑斑，而且此事属于他未经请示擅自调动部队，没有处罚他就不错了，绝对不能封赏。改变汉元帝主意的是大臣刘向的一番话，他认为陈汤立下的是不世之功，一定要给予封赏。为了说明陈汤的功劳有多大，刘向还举出了汉武帝时外戚李广利的例子：当年李广利远征大宛，几乎耗尽天下财力，才打出了一个惨胜。而陈汤没花国家多少钱，只靠西域本土的屯垦军队就轻松把郅支单于给解决了。汉元帝这才下旨，册封甘延寿为义成侯，陈汤为关内侯。其实，打动汉元帝的还有陈汤在报捷奏章中那句名垂青史的豪言：“明犯强汉者，虽远必诛！”

陈汤的这番战功也同样引出了一段千古之谜。得胜凯旋的陈汤，带回了一群特殊的战俘，这些战俘们都长得金发碧眼，而且身穿重甲，擅长使用刀剑和步兵方阵。现代许多西方历史学家认为，这群战俘就是欧洲历史上古罗马东征波斯时失踪的士兵。按照《汉书》的记载，这些人被汉王朝安置在甘肃永昌县，令他们为大汉朝屯垦戍边。直到今天，仍有许多西方历史学家造访此地，以查明他们的来历。

陈汤在汉成帝刘骜在位时又遭到丞相匡衡告发，说他私吞战利品。陈汤由此下狱，并差点被处死。在太中大夫谷永的求情下，陈汤才得以免罪，但还是被罚去了爵位，成了个普通士兵。几年以后，西汉边事吃紧，汉成帝这才想起了陈汤。等把他召来的时候，却发现他的身体早已大不如前，几年的劳动改造还让他落下了严重的风湿病，双臂都不能随意屈伸。而见到汉成帝后，陈汤的表现也相当有性格。汉成帝一提事由，陈汤就赌气说："这些事，朝中那些大臣们都有办法，我只是一个小官，哪里有发言权呢？"汉成帝拉下脸来连说好话，陈汤这才认真给汉成帝分析形势，并又说了一段名垂青史的豪言："当今的大汉朝，边境的局势根本不值得忧虑。因为按照战斗力来说，五个匈奴兵的战斗力，才只能顶得上一个汉兵。"事实果然如陈汤所说，不出五天，边关传来奏报——大捷！

几起几落的陈汤，晚年有一个好友——王莽。每次陈汤遭难的时候，为他上奏求情的人里，通常都有王莽。陈汤后来还因贪污罪再度被免职，并被流放河西，直到晚年才被允许回长安居住，并在不久后去世。他的好朋友王莽当权后给予了陈汤隆重的表彰，追封陈汤为破胡壮侯。这个为大汉朝建立不世功业的军人，最后还是得到了公正的评价。

云台二十八将：大丈夫当立不世之功

邓禹

东汉光武帝刘秀建国时期的诸位军将功臣，在汉明帝执政时，由画工绘制画像，悬挂在东汉皇宫云台上，史称“云台二十八将”。而在光武帝建国后，执行的是“退功臣，进文吏”的政策，即把诸多在打天下时建立功勋的军将用高官厚禄恩养起来，国家的实际行政权力则掌握在诸多儒生出身的文臣手中。因此，“云台二十八将”中大多数人的结局多是解甲归田，成为富甲一方的豪强地主，过上不问政事的清闲生活。但凡事总有例外，也有一些功臣并没有被光武帝“退”掉，典型如“云台二十八将”中排第一的邓禹。

邓禹（公元2年—公元58年），字仲华，东汉开国名将，“云台二十八将”之首。少时敏慧，十三岁便能诵诗，后游学长安。当时汉光武帝刘秀也游学于长安，遂跟随刘秀，协助其建立东汉，封高密侯。谥号为“元”。

东汉统一天下后，邓禹一开始被封为高密侯，他拥有的食邑数量及爵位等级都是诸功臣中极高的，邓禹也很识趣地淡出权力场。在教子方面，他不但制定了一套严格的家族伦理规范，更要求每个儿子各学会一门手艺，不去争权夺利。他自己的日常生活开支主要靠食邑供给，甚至不置产业。他的不争也得到光武帝赏识，于是，邓禹之后担任了东汉的司徒，成为实际上的丞相，这在光武帝执政时期东汉的功臣中当是唯一。

邓禹认识刘秀，是在王莽新朝年间的公元15年。那年他只有十三岁，是以学问著称的神童，游学洛阳的时候，认识了是年二十岁、正在太学读书的刘秀。两人一见投缘，引为知己。八年后正值刘秀打天下，二十一岁的邓禹拄着拐杖，从家乡新野出发渡河，跑到河北邺城投奔刘秀。在老友重逢的那个晚上，邓禹和刘秀密谈到深夜，他以自己的眼光和才学为刘秀详细分析了天下大势。当时刘秀问他："你愿意在我手下做官吗？"邓禹很肯定地回答："不愿意。"刘秀愕然："那你干吗来了？"邓禹回答说："我要来帮你成就大业，这样我也可以成为名垂青史的人物了。"正是这番话激起了刘秀逐鹿天下的雄心壮志。而后，邓禹更为刘秀解读了当时各派军阀的前景走势，确信绿林、赤眉这些起义军绝对没有统一天下的实力，而刘秀则不然，他纪律严明、胸怀大志，如果想笑到最后，就需要首先耐心积累自己的力量，不急于称王，并积极物色英雄豪杰。这番对策，与后世"高筑墙，广积粮，缓称王"的谋略异曲同工。两人之间的这番深谈堪比《三国演义》中的《隆中对》。

邓禹不仅能说，更能打。他在刘秀军中的第一个建树，就是率军击败了河北地区最强的军事力量铜马军，并将这支部队收为己用。后来他受命西征，相继打下了山西地区和汉中平原，为刘秀屯积了逐鹿天下的最大本钱。而后他又历经胜败，最终为刘秀彻底剿灭了另一大农民军力量——赤眉军。这事关东汉开国的"三大战役"，都是由邓禹亲自完成的，刘秀一统天下的大局也因此而奠定。对于刘秀的称帝大业来说，邓禹好比是张良和韩信的结合体。

邓禹带兵有两个特点：一是仁；二是犟。他带兵以纪律严格著称，大军所过之处与民无犯。西进关中平原的时候，很多州县听说是邓禹带兵，都纷纷主动打开城门归附。他进入西汉故都长安前，先命大军妥善保护好西汉帝王陵寝，然后庄重地沐浴斋戒，以隆重的仪式拜祭了西汉的列位帝王，一下子赢得了汉朝遗民的心。另一方面，凡是他认定的战略，谁也不能干涉；凡是他认定的仇人，更要由自己消灭。他进兵关中的时候，因为当地常年兵乱，人口锐减，百姓寒苦，邓禹担心军粮会因此供应不上，于是放慢了行军速度。这下刘秀可不愿意了，连续三次派使者催促，邓禹却不为所动。后来讨伐赤眉军时，他在蓝田地区连吃败仗，甚至被对手反攻打到了长安。邓禹当时已经陷入军队断粮的险境中，就连刘秀也下诏书要他不要急于进兵。但因蒙受战败耻辱而恼火的邓禹再次抗旨，多次带着饥肠辘辘的士兵与赤眉军血战，结果不但没打赢，连长安也没有保住。全军覆没的邓禹只带着二十四个部将逃了回来。此事引得刘秀震怒，并削去了他的爵位。也正是经过这次教训后，以往心高气傲的邓禹从此变得谦虚待人，成为彬彬有礼的君子。

吴汉

“云台二十八将”中，最为凶狠的当数排名第二的吴汉。吴汉是河南渔阳人，早年的经历和汉高祖刘邦类似，也曾做过亭长，后来又做过马贩子。他得到刘秀赏识，却是“造假”造出来的。投奔刘秀前，他是卜安县令，除了自己有心投奔刘秀外，还想拉着当时的渔阳太守彭宠一起去。可彭宠虽有心投奔，部下却多不愿意。结果吴汉灵机一动，他自己虽然笨嘴拙舌，却找了一个能说会道的儒生，两人伪造了一份刘秀的檄文，在渔阳境内四处散发，果然收到奇效，拜服于这篇檄文的渔阳官民最后爽快地同意投靠刘秀。

但给刘秀送来这么大一份见面礼的吴汉一开始并没有得到刘秀的赏识，因为他外表普通，又笨嘴拙舌，乍一看并不像有才的人。之后他崭露头角，是因另一个机会。当时刘秀意图收编幽州的军队，想派个能说会道的人做使者说服当地守将，但手下却无人可以胜任。结果邓禹推荐了吴汉，开始刘秀还不放心：这人看着傻乎乎的，说话也不利索，能行吗？没想到吴汉仅带了十几个人赶到幽州，就把事办成了。当地守将起初还想抗拒，吴汉不跟他废话，当场手起刀落将守将砍了，然后拿着缴获的兵符，一夜就控制了幽州的局势。这支河北地区最强大的骑兵军团从此落入刘秀的手里。表面傻乎乎的吴汉，却是一个心机深重、做事狠毒的人。

吴汉（？—公元44年），字子颜，东汉开国功臣，“云台二十八将”位居第二。少时家贫，在县中任亭长，后来资用匮乏，便以贩马为业，往来于燕、蓟之间，每到一处便结交豪杰。后率众归顺汉光武帝刘秀，支持其称帝，屡建战功。东汉建国后，封广平侯。谥号为“忠”，葬礼效法霍光。

吴汉最大的恶习就是纵兵为祸。他虽然建功不少，但经常放纵士兵抢掠，甚至还因此给刘秀惹祸。其中一次，因为他纵兵抢掠新野地区，导致新野籍的刘秀部将邓奉火线叛变，反投奔了刘秀的对头隗嚣。另一个祸更大：吴汉受命平定四川军阀公孙述时，因先前连吃败仗恼羞成怒，于是在平定公孙述后大开杀戒，公孙述的妻女都被他杀害，连公孙述的宫殿都被他一把火烧干净了。事后刘秀非常愤怒，下诏书斥责吴汉说：“老百姓家放在墙角里的扫帚，都要倍加爱惜，何况四川的百姓已经是国家的子民。你这样的暴行，我想想鼻子就发酸啊！”成语“敝帚自珍”就是因此而来。

凶狠的吴汉却也有朴实优秀的一面。他带兵最大的特点就是稳重，任何日常情况都安排得井井有条。他麾下的士兵，无论在什么样的情况下，只要接到命令，就可以很快投入战斗，堪称东汉早期素质最高的“快速反应”部队。而在私德上，他也有令人称道的一面。他妻子曾劝他多置办产业，他回答说："部队在外面常常军需不足，士兵忍饥挨饿，你让我怎么能忍心过好日子呢？"他的资财不是分给家族兄弟，就是拿来资助别人。对自己的缺点，吴汉本人也心知肚明。他临终的时候，刘秀来看望他，问他还有什么要说的，吴汉回答说："我是一个愚笨无知的人，请皇上永远不要原谅我曾经犯下的过错。"吴汉死后，被追封为忠侯，刘秀特意下令，命令北军五校、兵车、甲士用车载着吴汉的尸体，为他举行盛大的送葬仪式。在此之前，汉朝得到如此殊荣的将军只有霍光一人。

耿弇

"云台二十八将"中排名第四的耿弇是东汉开国功臣中攻城略地数量最多的军将，在他的征战生涯中，共攻克四十六个郡，三百多个县。他出身儒家大族，父亲耿况是上谷太守，也是当时名儒。耿弇小时候学问就非常精进，原本可以成为一名文士，但一次偶然机会，他参观郡尉选拔骑兵的场景，当场被那辽阔沙场上的风姿所吸引，也因此改变了人生的志向，立志成为一名战将。二十岁那年，耿弇本想投奔当时打着"汉朝"旗号的绿林军，却遇到了尚是绿林军部下的刘秀，从此开始追随他。耿弇最初只是刘秀手下的一个门下吏，但是在刘秀遭到邯郸叛军威逼，局面异常危险的时候，耿弇勇敢地阻止了当时欲逃跑的刘秀，并说服自己担任上谷太守的父亲归顺刘秀。从这时候起，刘秀开始对耿弇刮目相看，他对耿弇认真地说："小伙子，你就是我的向导啊！"二十二岁那年，耿弇成为刘秀麾下的建威大将军。

耿弇（公元3年—公元58年），字伯昭，东汉开国功臣，"云台二十八将"排名第四，上谷太守耿况之子。少而好学，尤爱兵事。辅佐汉光武帝刘秀，战功卓著。东汉建国后，封好畤侯。用兵灵活，指挥果断，富于创造，是中国战争史上卓越的军事天才。谥号为"愍"。

耿弇对刘秀最大的贡献，就是平定了盘踞山东的军阀张步，这场战斗在刘秀看来与楚汉战争时期韩信破齐地有着同样的意义。在张步败局已定并且逃跑的情况下，刘秀还曾大发感慨，先称赞耿弇是自己的韩信，又把张步比作西汉的田横。明白领导意图的耿弇抓到张步后不但没有杀他，反而主动带他到刘秀军中，最终迫降了张步。但比起刘邦对韩信的猜忌来，刘秀对耿弇却相当信任。耿弇受命征讨张步前，曾担心自己率领重兵在外容易使刘秀生疑，因此拒绝这个任务。明白耿弇心思的刘秀随即开解说："你全家都在为我效力，我信任你还信任不过来，怎么会猜疑呢？"东汉统一天下后，耿弇退职归养，善终于家。他得以全身而退，除了刘秀厚道外，也因为他本人听话。比起经常犯倔的邓禹，耿弇是一个非常听指挥的人。他征讨张步时，对手负隅顽抗，战斗打到白热化，而刘秀此时也正往山东巡视。有部将建议暂停进攻，部队先休整下，耿弇大怒说："皇上马上就要来了，我们要把胜利献给皇上，难道还要把敌人留给皇上吗？"结果汉军将士不顾生死，一顿穷追猛打，终于击败对手。终其征战一生，他一直都是这样给刘秀献礼的。

冯异

"云台二十八将"中，还有一人获得了"大树将军"的美誉。在东汉统一战争中功勋卓著的冯异，在东汉建国后，最大的美德就是不争。当时，骄兵悍将们凑在一起，争论最多的就是谁的功劳最大。每到这个时候，冯异都缄口不言，默默地躲在旁边一棵大树下。日久天长，他就得了"大树将军"这个称号。

马援

刘秀的开国将领多是在东汉国内统一战争中立功的，而在抵御外族入侵战场上功勋最卓著的将领，却并不在"云台二十八将"之列，他就是东汉的伏波将军马援。马援的家世也很不简单，他是战国名将赵奢的后人，到他这一代却已经破落了。他年轻的时候，三个哥哥都在王莽手下为官，本来家族也希望马援能走仕途，但马援不感兴趣。他从小最喜欢的就是养马和射猎，长大之后不顾家族的反对，醉心于养马技艺，还打算去北方搞畜牧业。当时他的亲人里唯一理解他的只有哥哥马况，马况私下里对他说："你可能需要到了年龄很大的时候才能有出息。"

新朝末年天下大乱后，马援因为犯罪流落到西北地区，并实现了他人生的第一个梦想：搞畜牧业。他在北地郡创办牧场，以武功折服当地游牧部落，很快成了一方豪强。他家业最大的时候，有骡马上千、粮食万石。但不甘心过舒服日子的马援突然有一天把家里的财产全分了，并告诉手下人自己要去建功立业，愿意跟自己去的欢迎，不愿意去的也随便。结果他手下的几千家兵个个为他殊死效力。带着这支军队，马援投奔了陇西军阀隗嚣，很快得到了他的信任。但马援自己不满足，他期待的是一个能够统一天下、结束战乱的明主，能力平平的隗嚣显然不是。这期间，他还曾寄希望于盘踞四川的公孙述，此人曾是他旧日的朋友。然而他作为使者觐见公孙述的时候，却发现在四川称帝的公孙述态度已变得极其傲慢，毫无礼贤下士之意。他期待的明主究竟在哪里呢？

马援（公元前14年—公元49年），字文渊，东汉开国功臣，战国时赵国名将赵奢后裔。初为陇右军阀隗嚣的属下，后归顺汉光武帝刘秀，立下赫赫战功，官至伏波将军，封新息侯，世称"马伏波"。死后受人构陷，被光武帝收回新息侯印绶，汉章帝时平反，追谥"忠成"。

马援遇到自己期待的明主刘秀是在公元28年。四十二岁的马援受隗嚣委派到洛阳出使。马援到来后，刘秀极为礼敬。几次交谈后，刘秀豁达的气度、亲和的待人方式也吸引了马援。两人第一次见面，刘秀特意选在洛阳宣德殿。马援一进门，刘秀立刻迎上前去，拉着马援的手走进来，与他亲切交谈。此举令马援大为感动，联想起上次去公孙述那里遭公孙述“摆谱”的耻辱一幕，他不禁问刘秀：“如今天下大乱，陛下却对臣毫无防范之心，您怎么知道臣不是刺客、敌人呢？”刘秀坦然回答：“你不是刺客，只不过是个说客罢了。”刘秀的推心置腹，令马援直言相告：“陛下恢弘大度，跟当年的高祖一样，今天见了陛下，才知道这世界上真的有帝王。”至此，马援与刘秀这对君臣之间，真正开始了“宝刀配英雄”的佳话。

马援有一个习惯，和刘秀讲话的时候总喜欢打比方，而他的许多比喻有时候也令刘秀忍俊不禁。有一次，在向刘秀陈奏怎样剿灭山林叛乱者的问题时，马援打了个比方，说要剿灭山林的叛乱者，就必须打掉他们的巢穴，这就好比一个人头上生了虱子，就必须要剃掉头发，这样头上的虱子就无处藏身了。刘秀听了后很是欣赏，竟一时心血来潮做了个实验：让宫里凡是头上有虱子的太监统统剃成光头。

没有进入“云台二十八将”的马援，却是当时东汉的外敌们最惧怕的将领。除了平定隗嚣外，他的另一大功劳就是为刘秀平定了陇西羌族的叛乱。公元35年，就任陇西太守的马援受命平定当地的羌族叛乱。他采取恩威并施的方式，先是用自己强悍的骑兵数次击败叛乱部落，继而又实行开明的民族政策，对当地各部平等相待，优加抚恤。他镇守陇西的六年里，陇西地区战火渐熄，民族仇恨消弭，汉羌两族和睦相处，经济高速发展。和当年的赵充国一样，沙场上威风八面的马援更是一个边防的建设者，他追求的同样是国家的长治久安。马援对羌族的种种恩惠也让他在羌族人中树立了极高的威望，马援自己对此也很有自信。公元38年，临洮发生了一起当地村民为抢水而组织的械斗，当地县令以为是羌族造反，慌忙报告马援。马援不慌不忙，朗声大笑道：“笑话，有我在，羌人怎么可能造反！”大国名将的慷慨自信，千载之下音容宛然。

当时，匈奴和乌桓频繁进犯北部边疆，连汉帝国的皇家陵园也时常遭受侵扰，马援随即主动请缨要求到边疆御敌。公元44年开始，马援带兵在雁门、代地、上谷等地巡逻，多次击败匈奴、乌桓等军队的进犯，打到后来，强悍的匈奴和乌桓骑兵见了马援的战旗竟主动遁逃，根本不敢接战。

姓马爱马的马援，最重视的就是骑兵建设。他曾献上用交趾特产铜鼓做成的铜马，以此进谏刘秀：国家要长治久安，必须要有一支精良的骑兵；要建立精良的骑兵，首先在于选择战马。刘秀采纳了马援的建议，以马援铸造的铜马作为选拔天下战马的模版。征战一生的马援，也抱定了献身国防事业的决心，他曾经对好友孟翼说："好男儿就要战死边疆，用马革裹着尸体运回来安葬，岂能在国家危难的时候沉迷于安逸的生活呢？"著名的成语"马革裹尸"就是从此而来。

戎马一生的马援死于东汉平定湖南五溪部的战场上。死后不久，他就蒙受了不白之冤，被遭他训斥过的外戚梁松报复，诬告他贪污。事情的真相是这样的：长期以来，年迈的马援患有严重的风湿病。为了治疗，他从南方买了一车形似珍珠的药材回来。结果梁松借题发挥，硬说马援贪污受贿，并说他趁着南征的机会，曾经搜刮了一车珠宝回来。这一状告得相当狠，本来刘秀对马援很是欣赏，而且他为人又以宽厚著称，但唯独对贪污这件事情，他不能容忍。梁松上奏后，刘秀果然勃然大怒，当场下令收回马援的侯爵位。结果，马援的遗体运送回洛阳后，家人竟不敢公开安葬，只能草草地找了一块坟地掩埋。丧礼上，马援平时的好友纷纷躲风头，大多不敢来吊唁。刘秀却还不罢休，竟然将马援的妻儿子侄们用草索捆了，押到宫里来问罪，还当着众大臣的面将梁松的奏折摔给他们全家看。一代名将马革裹尸竟遭如此折辱，诚为可叹。

舍身守边的铁血男儿

东汉开国以后，迫于国力原因不得不对匈奴侵扰采取守势，并放弃了西汉时期的国土西域。而东汉反击匈奴的战争，是从公元73年时开始的。担当这个重任的就是汉明帝时的大将军窦固。东汉兵分四路，对北匈奴展开全面进击。但北匈奴早有防备，匆匆与汉军接战后即后撤，汉军仅斩敌数千人，未能达到重创北匈奴的目的。但此战的一个重大收获是，一位年轻的行军司马大胆地提出率军奇袭的策略，采取大迂回奔袭，成功占领匈奴南进的要道——新疆伊吾。这个年轻的行军司马，就是后来再度拓通西域的班超。这个胜利在当时有着非同小可的意义：伊吾的丢失，使匈奴失去了南进中原的跳板。此战之后，匈奴对汉地的侵扰变得非常困难，得到伊吾的东汉却打开了走进西域的第一扇门。

班超

比起西汉的张骞，班超拓展西域最大的困难就是领导经常不待见。在明帝、章帝两朝，东汉政府对于恢复西域的决心始终不坚决，每次班超游走列国，成功恢复西域后，东汉政府往往因为匈奴的突然入侵又主动放弃西域，甚至拒绝救援驻扎在西域的东汉军队。比起张骞凭借着国家强有力的支持，班超凭借的更多是东汉的大国影响力，以及自己卓越的口才和行动力。他用自己的力量团结西域各族百姓，共同对抗匈奴。面临这般的艰难，他自己也曾想过放弃。汉章帝在位时，匈奴大举入侵西域，东汉政府命令班超撤回。万念俱灰的班超走在回家的路上，一路遇到西域王侯百姓们争相挽留。当时忠诚于汉朝的疏勒王抱着班超的腿大哭不止。西域的王公贵族们拦在班超回去的路上，用自尽的方式劝阻班超，最终也坚定了班超的决心：即使没有朝廷支持，他也要用自己的力量为东汉保住国土。

从公元75年开始，班超开始了他在西域最艰难的孤军奋战之旅。没有部队，就招募当地人为兵；没有粮食，就带着部下在当地屯垦种粮食；没有武器，就自己制造武器；没有盟友，就四处活动寻找盟友。他的努力终于收到了成效，到公元95年，随着最后一股反汉势力鄯善国臣服，西域大地终于重新归于汉帝国的版图之下。这时候他已因大功被封为定远侯，后来的“班定远”之称就是由此而来。

耿恭

在东汉经营西域的过程中，还发生过一场悲壮的战争。公元73年，北匈奴大举进犯西域，东汉帝国消极防守，不思救援。但留守西域的汉军的抵抗却格外壮烈。将领耿恭率领两千士兵坚守疏勒城，在箭矢消耗殆尽、断水断粮的绝境之下，面对数倍于自己的匈奴军的围困，依然不屈不挠，死战不退。其慷慨壮烈，连北匈奴单于都大为敬佩，一度主动劝降耿恭，允诺要把女儿嫁给他。但耿恭不是李陵，不但严词拒绝了匈奴人的利诱，甚至杀掉劝降之人表示死战之心。恼怒之下，北匈奴对疏勒城发动猛烈的进攻。

为了营救这支部队，已经决定放弃西域的东汉还是派出了七千大军。这支部队由名将范羌率领，长途奔袭后终于赶到了疏勒城，成功击溃了匈奴的围城部队。两支汉军会师之后，当场“涕泪交流”。此后经过数日跋涉，范羌护送着这支英雄部队回到中原。进入汉地后，耿恭部原先的两千汉军此时竟然只剩下十三人。

耿恭，生卒不详，字伯宗，东汉将领，东汉开国功臣耿弇的侄子。多次与北匈奴作战，保卫西域。后因违忤外戚马防，坐罪下狱，免官回乡。

赵苞

东汉灵帝时期宦官专权，尤其是“十常侍”把持朝政。然而十常侍之一的宦官赵忠虽然自己作恶多端，却出了一个好弟弟，这就是东汉晚期铁血将军赵苞。性格耿直的赵苞因鄙视其兄的所为，多年不与赵忠往来。他本人更是兢兢业业，常年为东汉戍守边疆。他的母亲和妻子也都为他做出了表率。汉灵帝年间，担任辽西太守的赵苞接母亲妻子至辽西团聚，孰料半路被长期侵扰辽西的鲜卑人掳走。鲜卑人意图以赵母为人质逼迫赵苞投降，赵母却在两军对阵时慨然对焦急万分的儿子说：“每个人都有自己的命，你不要管我，记住你的守土之责。”赵苞忍痛进军，将这支鲜卑军彻底剿灭，但其妻母也在战斗中遇害。事后得知消息的赵苞当场呕血数升，死于军中。忠孝不能两全，不是一句简单的话，而是赵苞作为军人刻骨的伤痛。

皇甫嵩：东汉最后的忠良

把东汉推向分裂与灭亡边缘的，是汉灵帝时期的黄巾军起义。而在镇压黄巾军起义的战争中，也出现了东汉最后一位忠良将领——皇甫嵩。他出身于辽西世代抗击鲜卑入侵的大族皇甫氏，家族的传承让他从小立下了志愿：匡扶社稷，以身许国。他从小就在战火中长大，少年时代就多次与鲜卑骑兵交手。他后来在战场上的精明果敢，对骑兵战术炉火纯青的使用，就是培养于此时。但皇甫嵩并不是一个简单的武夫，史载他“少有文武志介，好诗书，习弓马”，是难得的文武全才。

在平定黄巾之乱的战争中，他数次击败各处黄巾军。他曾解除了黄巾军对洛阳的包围，还以骑兵快速突袭，干掉了黄巾军首领张宝，多次令汉帝国转危为安。多年的平叛战争里，皇甫嵩俨然成了东汉帝国的救火队员，而他也在历次征战中拥有了一支完全听命于自己的军队。当时也有人劝皇甫嵩自立为王，却被皇甫嵩拒绝。与此相反的是，每次战斗胜利后，他都主动交出兵权，避免朝廷的猜忌。而一旦到了朝廷用人之际，不管之前朝廷对待他多么刻薄，他都甘当“螺丝钉”，每次都无怨无悔，出生入死。在当时东汉的诸多将领里，他麾下军队的战斗力是最强的，其用兵能力也是那一代人中的翘楚。

> 皇甫嵩（？—公元195年），字义真，东汉名将、“凉州三明”中皇甫归的侄子。黄巾军起义爆发后，任左中郎将，与朱儁一同平定“黄巾之乱”。封槐里侯，后改封都乡侯。追赠骠骑将军印绶。

对东汉忠心耿耿的皇甫嵩，却也干出一件把东汉推向灭亡边缘的错事——拒杀董卓。公元188年镇压西北叛乱时，他曾和董卓共事，并目睹了董卓借平乱为名排斥异己、培植私人势力的行为，深感此人将来必是朝廷祸害。当时他的侄子皇甫郦就劝他当机立断，诛杀董卓。那时候的皇甫嵩，军力远远强于董卓，杀他易如反掌。但对朝廷忠心耿耿的皇甫嵩拒绝了这个提议，还是走了正常渠道——上书揭发董卓罪行。结果是他得罪了董卓，而董卓仅仅遭到朝廷的一顿呵斥。

两年以后，董卓以“清君侧”的名义率兵进入洛阳，拥立汉献帝，成了把持国政的太师。而此时身为洛阳中郎将的皇甫嵩，兵权早已交给了朝廷，自然成了董卓案板上的弱肉。董卓到洛阳后的第一件事就是逮捕皇甫嵩，企图罗织罪名将其杀害。但幸运的是，皇甫嵩的儿子皇甫坚寿与董卓交好，在他苦苦求情下，董卓没有痛下杀手。但小心眼的董卓还记恨着当年的事，一心要让皇甫嵩屈服。他故意要朝臣当着皇甫嵩的面向自己下跪，问皇甫嵩怕不怕自己的威严。即便是在绝境之下，皇甫嵩依然平静以对，他回答说：“如果您用圣德辅助皇帝，我有什么可怕的？如果您用暴力治理天下，天下人都会害怕。”他的不屈不挠，令杀人如麻的董卓也不得不折服。董卓主动释放了皇甫嵩，并委以要职。但在董卓的朝廷里，皇甫嵩始终“不献一策”，俨然一个摆设，在朝臣纷纷趋炎附势的情形下，他是少数保有气节的人之一。